前言

李治亭　杨东梁

《数读清史丛书》经构思、组稿、成稿、定稿，历经数年，现在终于可以与读者见面了，这首先要感谢辽宁民族出版社的鼎力相助。

那么《数读清史丛书》究竟是一部什么样的书呢？为什么把"数字"与"清史"联系在一起？这是必须要首先交代清楚的。

提起清史，人们并不陌生，但清朝全史的研究及有关清史图书的出版，在中华人民共和国建立前后一段时间内却显得较为冷清（部分涉及中国近代史、农民战争史者除外）。进入改革开放时期后，清朝的历史和故事受到社会的广泛关注，一方面，学术界不断掀起研究清史的热潮，从地方到全国，国家级暨国际性的研讨会频频举行，研究成果如论文、著作、资料、通俗读物等层出不穷；另一方面，文艺界如戏曲、小说、评书、电影、电视等，也介入清史领域，将其演绎成一部部艺术作品推向社会，从而使清史故事和知识普及千家万户。至今，自20世纪80年代掀起的"清史热"不减不退。可以说，清史的普及率是其他断代史无法比拟的。清史一跃成为史学界之"显学"，不能不使各断代史相顾"失色"！这与改革开放前数十年相对冷清的局面形成鲜明对照。

清史研究的大发展和空前繁荣，实非偶然。清朝距我们当代社会最近，自其亡国至今，也只有百余年；说起清朝的人和事，似在昨天，如在眼前，很容易引起人们更大的兴趣。清朝的历史漫长，经历的时代多变，其丰富多彩的内容，为文学艺术创作提供了取之不尽的素材。坦率地说，把清史故事搬上舞台、银屏，也许比创作关于现实生活的作品来得容易些。因为编导者们受到的约束较少，创作发挥的天地较为广阔，这是不是也算一种"捷径"呢？

对于史学界来说，清史园地既广大又富饶，还有许多待开垦的"处女地"，确有强烈的吸引力。学者们为之付出辛勤劳动，研究成果难以计数，近40年所取得的进展，远胜前60年的总和！

有清一代，比它以前任何一代王朝更受到当代人的重视与关注，这也许是清朝的幸运。但其中也有颇多是非曲直、重重疑点，现在学术界还在争论不休，难以达成共识。不同观点已成对峙状态，能延续多久，尚难预料。不过，争论绝不是一件坏事，学术就需要百花齐放，百家争鸣。如果没有争论，学术也就失去了它的生命力。

现在的问题是，有关清史的歧见，已远远超出了学术争论的范畴。例如，文艺小说及影视、戏剧"戏说"成风，更有甚者，某些清宫影视剧，荒诞无稽，莫此为甚！诚然，文艺作品既然是艺术创作，自然允许虚构，但不能脱离生活，特别是历史题材的作品，更不能天马行空，颠倒、篡改历史，我们常说的"大事不虚，小事不拘"，就是这个道理。文艺界的"戏说"风也刮进了学术界，一些"学者"跟风而上，打着学术的幌子，对三国史、清史，乃至孔子、庄子恣意解读。特别是清史，标榜"正说"者未必不是邪说，其公开宣扬历史唯

数读清史

开创盛世

李治亭 杨东梁 主编

袁飞 著

壹
一文景见证施琅平
海疆治行称扬一
索伦会盟，一统外蒙
台湾朱一贵起义
圣祖在位一甲子

叁
陈鹏年三起三落
三次亲征噶尔丹
派使三次赴罗马
且审江南科考案
"朱三太子案"再起

辽宁民族出版社

© 袁飞 2020

图书在版编目（CIP）数据

开创盛世 / 袁飞著. —沈阳：辽宁民族出版社，2020.1

（数读清史丛书 / 李治亭，杨东梁主编）

ISBN 978-7-5497-2012-5

Ⅰ.①开… Ⅱ.①袁… Ⅲ.①中国历史—清代 Ⅳ.①K249

中国版本图书馆CIP数据核字（2019）第142000号

开创盛世
KAICHUANG SHENGSHI

出版发行者：辽宁民族出版社
地　　　址：沈阳市和平区十一纬路25号　邮编：110003
印　刷　者：辽宁新华印务有限公司
幅面尺寸：180mm×250mm
印　　　张：20.25
字　　　数：310千字
出版时间：2020年1月第1版
印刷时间：2020年1月第1次印刷
责任编辑：李　璜
助理编辑：杜璐珊
封面设计：杜　江
责任校对：张　卉
标准书号：ISBN 978-7-5497-2012-5
定　　　价：58.00元

网址：www.lnmzcbs.com　　　　　　　邮购电话：024-23284335
淘宝网店：http://lnmz2013.taobao.com
如有印装质量问题，请与出版社联系调换　联系电话：024-23284340

心主义，信口开河，实则搞乱了清史。任意涂改历史，胡乱编造之风必须煞住，因为不得民心，终将被弃之如垃圾。

尽管"戏说"荒诞，谬说悖理，却仍在社会中流传，清史难"清"。这促使我们决意写一部"新清史"，阐明我们的"清史观"，表述对清史的基本认识，希望能尽量做出科学评断，向社会传达准确的历史信息。这大抵是我们编纂本丛书的初衷，是否如愿，有待实践检验。

撰写一部王朝断代史，首先遇到一个问题，即王朝的起始与终结时间。这似乎是个常识，无须讨论。清以前的历代王朝姑且不论，只说清朝，确有特殊之处。它的终结时间，为宣统三年（1911），清帝宣布退位，清朝统治就此结束。对此，没有任何疑义。那么，清朝的历史又始于何时呢？说法有三：一说，以清顺治元年（1644）入主北京为其始，清有国应为268年；一说，以明万历四十四年（1616）努尔哈赤创建后金政权为清史开端，至终结，共296年；一说，从努尔哈赤于明万历十一年（1583）起兵算起，直至清亡，共历329年。

这三种说法都有一定道理。正如一个人的人生历程，如从参加工作算起，至退休，强调其人的工作时间。如从出生算起，直到去世，这是表示一个人的寿命。清朝的三个"开始"时间，各有所重。学术界采用的是第一种说法，约定俗成，从未受到质疑。因为从入关后清朝才开始统治全国，到其退出历史舞台，就是清朝统治中国的全史。入关前的历史只是清史的序曲，被视为清史的楔子，可不计入清史的时间统计。

我们的意见，取第三种说法：从努尔哈赤创业，到确立在全国的统治，直到溥仪退位，这是清朝历史的一个漫长而完整的过程。其中各个时期，都是清史不可分割的一部分，而各个部分的总和，就是清史的全部。可以说，清史的绝对时间应为329年，举其概数，可称"清史三百年"。同大多数王朝一样，清朝三百年经历了兴、盛、衰、亡的漫长过程。考察清朝三百年，可以说有其独特的经历，这就是：创业、盛世、衰亡，而这三段恰恰是各占百年左右。

先说创业。如前指出，明万历十一年（1583），努尔哈赤起兵，为被害的父祖报仇，即为清朝创业之始，已无疑问。那么，创业于何时完成？进一步问：创业完成的标志是什么？很简单，全国完全统一之日，就是创业完成之时。清在关外时期，仅占有东北与内蒙古地区，统一大业远未完成。清军入关后，于顺治十八年（1661）消灭南明最后一个政权——永历政权，至此，已完成对中华大陆的统一，但台湾仍被郑氏集团控制，故清之创业还不能说完成。直至康熙二十二年（1683），郑氏政权兵败投降，台湾归入清朝版图，至此，清朝才完成了创业。收复台湾，是一个标志。到收复台湾之时，清朝创业正好历时一百年。所谓百年创业，名副其实。

那么何谓百年"盛世"？"盛世"是指最好的历史时期。经济全面发展，文化繁荣昌盛，社会长治久安，国力空前强大等，都是构成盛世不可缺少的条件。清史学界主流意见，认定康熙、雍正、乾隆三朝为清之盛世，史称"康乾盛世"。这个"盛世"，从何时开始？何时结束？学界并无具体界定，学者们见仁见智，但整体上差异不大。我们认为，无论开始、结束，必有一标志性事件，为其时间的界标。进入盛世的标志，恰好是收复台湾的第二年，即康熙二十三年（1684），圣祖首次南巡，非为娱乐，而是专程亲临治理黄河工地，阅视河工。黄河之重要，实关中国历代王朝兴衰，亦为中华民族之命脉。在以农业立国的时代，治理黄河水患，如同治国，是国家头等大事。在收复台湾后，圣祖立即转入治河，说："今四海太平，最重者治河一事。"① 治河即治国，国家形势已由前期的战乱转为相对稳定，此即盛世开始之时。从大乱走向大治，治河是标志。

盛世何时结束呢？嘉庆元年（1796），高宗刚退位还不到一年，就发生了一个重大的事件，即川、楚、陕、豫白莲教大起义，引发社会矛盾总爆发，社会动乱。以此事件为标志，宣告"盛世"结束。至此，盛世历时112年，取其概数，称为"百年盛世"。

以嘉庆元年为由盛转衰的时代分界线，清朝转入衰落。历嘉庆、道光、咸丰、同治、光绪、宣统等六朝，经时115年，可称"百年衰亡"。

清朝全史，三个"百年"，并非是人为机械地划分，恰恰是清朝本身自然形成的"三段式"，此说只是我们的一种看法，有待学界形成共识。

我们就是依据上述认识，按照三个百年的历史时期，设计出三个阶段，每个阶段各由3册书组成，共计9册，约180万～200万字。

这套丛书，可以说是一部完整的新清史。清朝灭亡百年来，研究清朝历史的成果不断问世，近30年最为突出，已出版长短不一的清朝全史不下10部。本套丛书则有自己的独特之处：其一，给清史定位三百年，按百年创业、百年盛世、百年衰亡"三段式"撰写清朝全史，似乎尚无先例。其二，予清史以新的解释，反映近30年学界清史研究的新认识、新水平，不落俗套，并非老生常谈，而是对清史的一种新解读，着重阐述我们新的清史观。其三，我们在理论上坚持求

---

① 《圣祖仁皇帝祖训》卷33，"治河一"。

实求真的中国优良学术传统，吸收已有的研究成果，抵制西方史学中的败笔和不良影响，不跟风，不媚俗，也不接受所谓"山寨"的"雷人"之语，更与"戏说"划清界限。一句话，坚定文化自信，坚守中国学风中的优良传统，挡住学术歪风之诱惑，坚定地走自己的路！其四，本丛书的体例与以往不同。近代以来写史多采取西方的章节体，千篇一律，有的节以下再设目、小目，结果节、目重叠，不胜繁杂。本丛书体例设计打破惯例，采用更为灵活的纪事本末体，每件事都是一个故事，通过将这一件件大小事串联起来，以展示清朝三百年历史长编，再现清朝波澜壮阔的历史画卷。

本书更为明显的特点还在于用数字写清史。前文已指出，近40年来，学界或文艺界对清史颇多"创造"，如"戏说"风，风靡各界，以致清史学界也不能幸免！跟"风"而起，"戏说"起来。当"戏说"渐失市场时，又有"正说""实说"相继出笼。所谓"实""正"不过是作者主观意识的表达，能否真做到"正"、做到"实"，那就得看作者的史识、史才、史德如何了。事实表明，标明"正说"者，未必正；声明"实说"者，未必实。凡此种种，一个共同特征，就是作者或编导顽固地表现其主观随意性，却弃事实于不顾。我们则希望坚持以历史事实为依据，并通过数字来述说清史之由来。

数字之重要，在于它是代表人类存在的一种符号！在社会生活中，如果没有数字，人类社会将会怎样？毫无疑问，人类必将重返蒙昧时代。考察历史，可知数字与历史的关系至关重要，不容忽视。从《史记》到《清史稿》共26部所谓"正史"中，留下了大量用数字论述历史的资料，在其他各种史书，包括私人著述中，也留下了不少数字的记录。应当承认，我们的祖先对数字远不如西方人那么重视，故史书中有关数字的记录并不多。以数字为基础的统计，其涵盖面颇受局限，而且所记数字也未必都准确。如同文字记述之不确，当考者必考之，以求其真。尽管缺憾多多，但史籍中所留数字仍弥足珍贵。数字与文字记述同等重要，两者互证且互补，数字表明事物存在的形式、规模与质量，是人类从事政治、经济、军事及生产、生活实践活动的依据，亦是政府决策、做出判断的参数；而文字是对数字的说明，如果没有文字的解读，数字也就失去了意义。

如上所言，中国古代不如西方那样重视数字，历来不重视数学发展，数学古称"算数"，即便出现过祖冲之、刘徽这样杰出的算数家，国家整体科技还是没有发展起来。因为古人治国不靠科技，唯专仰经书而已。已故美籍华人、历史学者黄仁宇就晚清百年中国动乱做出独特的分析，称"中国过去百多年来的动乱，不是所谓章法不良、人心不古，也不是全部军人专横、政客捣乱"，却是因为中国未能像西方那样实行"在数目字上管理"的治国手段。

当然，中国古代也并非完全不重视数学，如把"数"列为六艺之一，以数字为基础的学问称"算数"。清朝人对算数的认识颇为深刻，大学者阮元曾说过一段很精彩的话："数为六艺之一，而广其用，则天地之纲纪，群伦之统系也。天舆星辰之高远，非数无以效其灵；地域之广轮，非数无以步其极；世事之纠纷繁赜，非数无以提其要。通天地人之道曰儒，孰谓儒者而事以不知数乎！"① 阮元一席话，可知数字无处不在：上经天，下通地，社会生活不可离。阮元之数字论，无疑是对几千年数字之用的正确总结。

---

① 阮元：《揅经室三集》卷5，"里堂学算记序"。

回顾历史，历代史籍对数字的应用、用数字记述史实的例子，俯拾皆是。如《史记·高祖本纪》载：刘邦率大军攻入咸阳，金银财宝、后宫美女皆不取，独取户籍、地亩、图册，此意是在掌握全国的土地与人口数，以备将来治国之用。其后历代史书皆记载本朝的人口、土地及税收等大量人文经济信息，及至国家各级官吏设置、行政区划、军队及军事活动等，均有数目统计。这些宝贵的具体数字，为后世展开学术研究提供了实证。清代所载各项数据，远比前代更为全面而丰富，如官方编纂的《清实录》、国史及其他官书（如《四库全书》等），还有大量的地方志书、私人著述，无不包含用数字记述的史实。特别是清朝诸帝在位的每一年都要统计并公布该年度的土地增长面积及人口变化，乃至国库存储、蠲免钱粮、水利工程投资、军费支出、官员薪俸等情况，可见数字在国家政治、经济与社会生活的一切领域都占据重要地位。

毫无疑问，数字就是史料，是各种史料最值得重视的组成部分。数字同文字记录一样，都是历史的载体，其独特之处在于，它把历史的内涵具体化，彰显其真实的存在。

数字与历史的关系如此密切，对于史学研究不是可有可无，而是必不可少。应当承认，我们的史学研究往往不那么看重数字，总是偏重于研究事件始末、人物的实践活动、是非的评断，数字只是其中的附属，很少有人把它视为主要依据。这里，还有一个认识误区，即以为"摆弄"数字与统计，是经济史学家的事，似乎跟史学其他方面的研究无关。这一认识显然有失偏颇。我们应当树立"数字历史"的新思维，重新认识数字在史学研究中的特殊价值，若能如此，将深化我们对历史的理解，并做出新的判断。

基于以上认识,我们提出了用数字写清史、读清史的学术概念。同时,清代个别学者对数字的重视与分析,无疑给予我们很多启发,促使我们对这个问题的认识又有了新的升华,具有新的学术意义。

本文开头就提出何谓"数读清史"的问题,现在可以回答:简言之,即以数字为纲,将清史中的各种事件与人的实际活动用具体数字加以量化,展开对清史的叙述。说得更明确些,就是应用数字史料来写清史、读清史。本丛书共9册,每册的标题全用数字表述,此即"数字标题",体现数字为纲之意。一个"标题"中的数字,构成一个历史事件的中心内容,叙其始末,如此相互衔接,清史全通。试举几例说明之:

例一,努尔哈赤于后金天命三年(1618)率八旗伐明,发动抚(顺)清(河)之役,揭开了明清(后金)战争的序幕。伐明前,发布"七大恨"檄文,阐述其伐明的正当性,此"七大恨"之数字"七"即构成此事件的本质内容,故列题"以'七大恨'伐明"(见第一册《清朝兴起》)。

例二,康熙中期,国家已进入"盛世",为与万民同享"盛世"太平,圣祖两度举办"千叟宴",招请全国60岁以上老人代表共4000余人至京,参加他举办的盛宴,这是"盛世"中的盛事,反映了中国封建社会发展到顶峰的盛况,故以"盛世两举千叟宴"为题,记述其事之始末(见第四册《开创盛世》)。

例三,高宗刚即位,还不到一年,监察御史孙嘉淦上疏,陈述他的治国之见,提出防止"三习"之恶俗与杜绝"一弊"之办法。此疏向新即位的乾隆帝发出了警告。其识见之深、文笔之犀利、预见性之强,一时震动朝野,士子争相阅读。清人即誉此疏为"三习一弊疏"。书中以此为题，评叙其事，为此卷之必不可少，故照此疏之名录下为标题（见第六册《乾隆鼎盛》）。

例四，"103天变法"又称"百日维新"，是晚清时期一次重要的政治变革。"百日"足见其时间短促，反映了顽固派与改良派力量对比之悬殊，也说明当时资产阶级改良派政治上之不成熟。此一数字包含了深刻的政治内涵（见第八册《危局求变》）。

例五，"江楚会奏变法三折"，此折是光绪二十七年（1901）湖广总督张之洞、两江总督刘坤一联合向清政府提出的全面改革方案。三份奏折共计三万多字，代表了朝野上下改革派政治改革的基本框架和思路，成为"清末新政"的纲领性文件。"三份"和"三万"的数字足见其内容之丰富（见第九册《清朝覆亡》）

"数字标题"，涉及如何选用数字。可以肯定地说，我们不会随意采用。如同选择史料，必选有重要价值、内涵丰富、具有代表性的，且数据可靠的数字。具体筛选数字的方法，可概括为三种：

一是直接取用于清官方各书中的准确数字。如以上例证中，"七大恨""千叟宴""三习一弊"等，皆来源于《清实录》中的明确记载。

二是归纳或统计后得出的数字。如努尔哈赤先后三次征讨乌拉部，最后一次将乌拉部灭掉，由此归纳为"三征乌拉"；世祖去世前，命索尼、遏必隆、苏克萨哈、鳌拜等为"辅政大臣"，辅佐年幼的少年皇帝圣祖，即成"四大臣辅政"；余类推。

三是概数，将不确定的数字，予以约定。高宗执政时，诛杀多名贪官，有的已计入"实录"，有的则未入录，不能完全确定诛杀贪官的数目，便用"众贪官"表述。因为"众"字及"多""少"等字，也是数字概念，只是不甚具体而已。如"盛世修书百余种"，其"百余种"系作者据史籍的统计，而"余"字则表明为概数。

数字之用，在于无隐晦，不夸张，不修饰；看数字即识内容，不露作者的主观意图，亦不直接反映作者的观点倾向，一切都通过数字来反映历史的真实客观，其是非、长短，概由读者自行判断，不致被作者表述失当而误导。

书中每一个数字都不是凭空捏造的，甚至可以引申出一篇精彩的故事，读来饶有情趣。那么，为写好每一篇数字故事，采取什么样的体例最适合？比较再三，最后，我们认为采取纪事本末体为好。前已说到，当代盛行的章节体例，过于复杂而烦琐。纪事本末体，为我国传统史书的体例之一，更简捷、明快，尤其便于记述事件的过程，娓娓道来，有引人入胜之效。

与此相适应，本书的文字表述，力求通俗易懂而不失生动，朴实无华而不失美感。时下，文风、学风颇多不端之处，尤其是文风浮华，玩弄"概念史学"，把文字写得晦涩难懂；更有甚者，将中国话"洋化"，引来时尚名词，写的是中国字，讲的却不是"中国话"。我们坚决反对这种坏文风，并与之划清界限，要坚持体现中国传统的优良学风与文风，体现当代中国特色的史学新风。本丛书的各位作者共同约定：要写自己的话，也就是要用自己的语言文字把每件史实写明白，以让读者读懂为最高要求。至于能否做到，效果如何，我们不敢自夸，只能以此为努力目标，并有待广大读者检验。

研究历史，撰写史学著作，目的是经世致用，正如清代学者所倡导："夫学不经世，非学也！"如果下笔成书，还不明白对社会、对读者有何价值，写书又有何用呢？我们明确宣示：撰写本套丛书，除意在正确传播清史知识外，更重在总结清史中的经验教训，把人生感悟与历史启示贯穿于本丛书的各个篇章，让人读后，多有获益。读者是否有此感受，只可待读后而论也。

以数字写清史、读清史，是我们的大胆尝试，不完美、不完善是必然的。我们不知，此举是否是清史研究和清史著述的新通道，如果这条路径行得通，"数读"对任何一代王朝都适用的话，就会有"数读唐史""数读明史"等。果真如此，那么中国通史的写法能否跳出原有形式，有所创新呢？

本丛书既然是一种新尝试，难免有诸多不足之处。读者诸君如发现不当，尚祈给予教正。

2019年4月6日于北京

目录

一 重用干臣 政治清明 ……………………………… 001
    正江南百年颓风 ……………………………………… 002
    郭琇弹劾三大疏 ……………………………………… 007
    一文亭见证施青天 …………………………………… 012
    陈鹏年三起三落 ……………………………………… 018
    海疆治行称第一 ……………………………………… 023
    仰慕彭鹏二十年 ……………………………………… 028

二 抚绥边疆 初奠版图 ……………………………… 033
    两战沙俄订条约 ……………………………………… 034
    乌兰布通之战歼敌数万 ……………………………… 045
    多伦会盟 一统外蒙 ………………………………… 051
    三次亲征噶尔丹 ……………………………………… 056
    台湾朱一贵起义 ……………………………………… 068
    经营台湾四十载 ……………………………………… 073

三 用兵西北 维护主权 ……………………………… 079
    真假博弈三达赖 ……………………………………… 080
    僧格之子初乱藏 ……………………………………… 085
    两千清兵血染喀喇乌苏河 …………………………… 089
    十四阿哥平藏乱 ……………………………………… 093
    六世达赖终入藏 ……………………………………… 098

四　怀柔远人　广布教化 … 103

　　首次颁布"容教令" … 104

　　宗教礼仪初交锋 … 110

　　派使三次赴罗马 … 114

　　多次博弈终禁教 … 119

　　俄国使团四百人 … 125

　　使团往返数万里 … 131

　　九十俄人再使华 … 135

五　巡幸皇舆　周知国情 … 141

　　圣祖第一次南巡 … 142

　　圣祖第二次南巡 … 147

　　第三次东巡祭祖 … 153

　　圣祖第三次南巡 … 158

　　最后三次巡江南 … 163

　　第一次巡幸西安 … 171

六　严饬吏治　重视民生 … 177

　　父廉子贪两大臣 … 178

　　三审江南科考案 … 184

　　督抚两大臣互参 … 188

　　开海设立四海关 … 193

　　恩遇叠邀三织造 … 198

　　开矿禁矿两难定 … 204

　　三次争论治下河 … 209

　　八次修治永定河 … 214

七 剪除异心 维护统治 …… 219
  兵变两月被平息 …… 220
  "朱三太子案"再起 …… 225
  牵连数百人的"南山案"文字狱 …… 230
  百艘海船梦破碎 …… 234
  两次废黜皇太子 …… 238
  康熙九子谋夺储 …… 244

八 励精图治 开创盛世 …… 251
  科学典籍修百卷 …… 252
  两年重建太和殿 …… 258
  盛世两举千叟宴 …… 262
  重视西学五十年 …… 266
  减赋免粮逾万万 …… 273
  第二个政治中心 …… 280
  编纂典籍近百种 …… 285
  圣祖在位一甲子 …… 291

主要参考文献 …… 295
后记 …… 303

一 重用干臣 政治清明

正江南百年颓风

清代的江南不但是风景秀丽的鱼米之乡，也是清王朝财政收入的主要供应地，同时更是全国人文荟萃之地，各种文化、思想、风俗等在这里"百花齐放，百家争鸣"。长期的繁华使得江南民风崇尚奢靡，这不仅不符合传统的儒家思想，也是最高统治者所不能允许的。康熙二十三年（1684），河南人汤斌被选中出任江宁巡抚，担负起整饬江南民风民俗的重任。

汤斌，字孔伯，别号荆岘，晚号潜庵，河南睢州（今河南商丘市睢县）人。顺治九年（1652）中进士，之后进入仕途，历任国史院检讨、潼关道副使、江西岭北道参政。康熙五年，拜在著名理学家孙奇逢门下学习，成为当时程朱学派思想的代表人物，是程朱理学见诸实践的倡导者。十七年，圣祖为了更有效地笼络汉族地主及知识分子，决定举办博学鸿词科。汤斌于第二年参加应试并考中，被授予翰林院侍讲之职，并参与纂修明史。不久被派往浙江，主持浙江一省的乡试。二十一年，担任明史总裁①。二十三年，升任

---

① 赵尔巽：《清史稿》卷265。

内阁学士兼礼部侍郎。而就在这一年江苏巡抚员缺,朝廷大臣们经过讨论后提出了他们拟定的人选,圣祖看过后对众大臣言道:现在被称为道学的人很多都言行不一,听说汤斌是孙奇逢的弟子,操守很好,而且他在主持浙江乡试时表现很好,可以让他担任江宁巡抚一职。在圣祖的钦定下,汤斌很快被任命为江宁巡抚①。

二十三年(1684)九月,汤斌将要前往江宁上任,上任前按规定都要去宫中聆听皇帝的教诲。圣祖对汤斌言道:之所以选你担任江宁巡抚,是因为你老成持重,参与经筵日讲的时间也很长,而江苏又是东南重地,所以就选了你。另外,他还告诫汤斌当官要以正风俗为首要之事,江南一直以来风俗奢侈浮华,所以到任后必须加以引导,移风易俗,逐渐使江南人改心易虑。接着赏赐汤斌金五百两、表里十端、鞍马一匹、御馔和御书三轴。

汤斌南下就任,没几天,圣祖就开始了他的第一次南巡,御舟到达江宁,汤斌同众官至江北迎驾,并随驾至苏州。在苏州,圣祖对汤斌说:"以前听说苏州繁华,今天观其风土,大略崇尚虚华,安于佚乐,从商的人多,务农的人少,所以民间积藏很少,人情淡薄。当官者应该去奢返朴,事事务本,以达到家给人足,整饬颓风。"②之后,汤斌在他的江宁巡抚任上不折不扣地按照圣祖的训诫施政。

三藩平定后,社会经济得到了很大的发展,江南更是日渐富庶,随之而来的社会奢靡之风也大盛,作为江苏最富庶地区的苏州尤盛。

当地的庙会会首绅耆在暮春之时往往齐集在庙中,商讨向百姓收钱,置办庙会的各种物料。庙会活动则是翻新出奇,争奢斗富。如寿星的衣袍则用珍珠在袍子上缀出一个寿字。庙会上的各种节目,如百蛮进宝,则用直径

---

① 参见赵尔巽:《清史稿》卷265。
② 《康熙起居注》,康熙二十三年十月二十七日。

近尺大的翡翠圆盘，装着金叶火齐珠；钟馗嫁妹，则用二尺多高的白玉瓶装着珊瑚，场面极其奢华。因此，无论远近，前来观看的人成千上万。临街的楼上，妇女们描眉施粉凭栏俯瞰，而一些年轻人争着来看这些打扮入时的妇女。他们百十成群，来来往往，品头论足。或以今年某人为花魁，并经四五天的讨论，达成一致意见，之后便前去探问花魁的父母或者夫家，皆有垂涎美色的邪念，一时民风淫靡，急需整饬。汤斌便是这革除江南颓风的不二人选。

当时的江南地方寺庙遍布，其中分布最广的是五通神庙。其庙甚小，一般都是一间屋子，多分布在乡镇，江南信奉的人非常多，一年四季香火不断。"五通神"，相传是朱元璋打天下时，将跟随他作战牺牲的将士，每五人名讳写在一起，立庙祭祀。江南民间都传五通神非常灵验，如不好好供奉，必有灾殃降临。苏州又以楞伽山的五通神祠被传最为灵验，因而香火最盛，富家施舍千金，贫穷之家虽倾家荡产也在所不惜，劳民伤财①。当地人将上方山称为"肉山"，山下石湖称为"酒湖"。更有甚者，一些奸僧狼狈为奸，若有少妇少女身体不适，便说是"五通神将娶为妇"，勒令送进神祠，任凭他们侮辱。每年都有几十人被害死，但即便如此，前往五通神庙烧香祈祷的人还是非常多。可以说，江南苏州一带对五通神的信仰已经达到了痴迷的地步②。

当时，苏州一带流传着一个汤斌审五通神的故事，从中不仅可以看出江南的奢靡之风，更说明了汤斌对此进行整顿的必要性和紧迫性。

据说，苏州城内有一个十七八岁的小伙名叫赵五官，在钱庄做伙计，家人已经给他与一个姓孙的姑娘订了婚。有一天与众人观游，他得知这一次所

---

① 钮琇：《觚剩》卷1。
② 褚人获：《坚瓠八集》卷4，《毁淫祠》。

评定的花魁即是他的未婚妻，便很快娶回了家。婚后三天，赵五官备上牲醴带着刚迎进门的妻子前往五通神堂酬神。从庙中回来的当晚，其妻一本正经地对他说：我现在不是你家的人了，五通神将要迎我做他的夫人，马上就要到了，你速速回避，千万不要惹怒神灵。不久，其妻无故而亡。赵五官大为悲伤，殓葬之后便以神灵抢夺百姓妻子向县衙门告状，知县严斥其胡说八道而不予受理。赵五官又向知府衙门告状，知府见赵五官十分悲伤，姑且暂时收下了他的讼状，后因无法审理，只得将此案转呈巡抚衙门。

然而汤斌的正直之名即便是鬼神对他也有所畏惧。五通神夜里在藩库内拿走三锭金元宝，托梦给汤斌的夫人，请求汤斌予以庇护，三锭金元宝作为酬谢。汤斌夫人醒来之后，发现梳妆台上果然有三锭金元宝，立即命丫鬟将汤斌请入内室并将梦事详细地告诉了他。汤斌即将赵五官传上堂，证实了所控告五通神之事，并派人将邪神五通神作恶之事具牒道教正一真人府，请道教天师将此邪神予以诛灭。不久，天师府回文：革除五通神在道教中的名号。

这个故事不但说明了汤斌的正直秉性，也从另一个方面佐证了汤斌整顿江南颓风的事实。

当汤斌看到通往楞伽山的路上善男信女络绎不断，五通祠前人群如潮，勃然大怒道：从来都是听说鬼神是保佑好人惩办坏人的，如果说来祭祀者都能避免灾祸，而不祭祀的人都会遭殃，这与纳贿的贪官又有什么区别呢！况且神佛都是清心寡欲的，而这里的五通神每年都要娶媳妇，这岂不是个淫贼恶鬼嘛[①]！于是，汤斌下定决心，一定要禁淫祠、毁"神庙"，并向圣祖上奏汇报他将要采取的行动。

他在《请毁淫祠疏》中详细说明了五通神信仰在当地的实际情况，奏疏

---

① 《清史列传》卷8。

上达之后很快得到了圣祖的支持和褒奖。一些奸僧恶巫听说汤斌要毁五通神祠，又恨又怕。为了阻止汤斌的行动，他们大造谣言，说神灵已降下明示，汤斌毁掉"神庙"之际也是他进阴曹地府之时。当地民众敬佩汤斌为民所做出的功劳，但更信五通神，所以纷纷前来劝阻。汤斌不为所动，执意要拆掉楞伽山上的五通神祠。

拆庙当天，成千上万的百姓拿着香拦在道上，有的甚至跪在道上，都是求汤斌不要去拆庙。汤斌向百姓解释：之所以拆掉神祠，一是神祠不灵，皆是奸僧恶巫在作怪，请众乡亲不要浪费钱财；二是朝廷已下令拆毁此祠，不得违抗。于是他带领兵士亲自指挥拆掉了"五通神祠"，焚烧了神像。同时，还命令境内各个地方的官员都必须收缴五通神、五显神、刘猛将、五方贤圣等木像，凡是木头做的都要烧掉，泥塑或石刻的都要沉入湖里，所有的庙、祠都要拆除，拆下来的木料砖石用来修建学宫、修理城墙。为了防止五通神信仰死灰复燃，他还另塑关帝神像，鼓励正祀，导化人心[①]。另外，汤斌还奏请圣祖批准，使得禁淫祠令持续推行，推广到直隶及各省，海内五通庙悉行拆毁[②]。经过汤斌的努力，江南百年来的五通神信仰得到了很大程度的抑制，在一定程度上整饬了民风。

---

① 汤斌：《汤子遗书》卷2，《清代诗文集汇编》。
② 王士禛：《池北偶谈》卷4。

郭琇弹劾三大疏

郭琇，字瑞甫，号华野，明崇祯十一年（1638）出生于山东即墨郭家巷（今属即墨镇）。康熙九年（1670）中进士，康熙十八年授吴江县令。赴任后，郭琇施行多项有利于民生的政策，兴办学校，禁止私派赋税，革除火耗，清理漕弊，凡有关国计民生之事他都能公正为民，不畏强权。他在县令任上，通过仔细了解田赋征收过程，洞悉了田赋征收中的各种弊端，为了杜绝这些弊端，郭琇在征收田赋时实行"版串法"，以杜绝吏役舞弊贪污之风。他精明强干，在任七年，深得百姓拥戴。康熙二十五年，由江宁巡抚汤斌举荐，升任江南道御史。

河工是康熙朝的三大政之一，河工治理是圣祖施政的一个工作重心。郭琇升任江南道御史的前后几年，正是圣祖第一次南巡后清王朝全力进行水利建设之际。虽然靳辅被圣祖任命为河道总督，全面负责河道的治理工作，为康熙朝的河工治理立下了汗马功劳。但由于水利建设的复杂性、长期性以及当时水利技术的落后，靳辅不可能一劳永逸地解决清朝的河工问题。因此，尽管圣祖第一次南巡时靳辅在河道治理上已取得了一些成绩，但并没有从根本上解决问题，河道还时不时地出现问题，特别是当时江苏中部湖区水害不但没有减少反而有时还呈蔓延态势，这让圣祖忧心忡忡。

康熙二十四年，圣祖任命安徽按察使于成龙协办河工，负责下河事务的修防，仍归靳辅管辖。于成龙上任后按照圣祖挑深河床导水入海的治河方略，要挑深黄河下游一带的河道，而这一点则与靳辅的治河方案发生了矛盾，靳辅认为黄河下游一带地势本低，应在高邮和扬州附近建立水闸，以堤束水。于成龙则坚决抵制靳辅大筑河堤的方案。两人各持己见，互不相让，最后同至京城，在圣祖前相互辩难，甚至达到人身攻击的程度。这一争论逐渐形成两派，靳辅之所以能够担任河道总督，除了他自己有擅治水利的才能外，最主要的因素是得到了明珠的大力推荐。这次争论中除了有权臣明珠的支持外，户部尚书佛伦也支持靳辅的治河方案。

在这种论辩争执不下之际，郭琇向圣祖上了参劾靳辅的第一疏。他在参劾中指出靳辅完全听从幕僚陈潢的意见，动辄筑堤挑河，浪费国家财力数百万，最后河患还是如故；靳辅按照自己的个人好恶来题授官职；强夺民田妄称屯垦；还千方百计阻扰圣祖开浚海口的方案①。靳辅与于成龙之间的争论本属正常的水利治理分歧，但由于靳辅与明珠之间的关系在圣祖看来已结成朋党，这是圣祖绝对不能容忍的，再加上圣祖的治河方案竟然被靳辅阻扰和否决，而以明珠为首的很多大臣却还在大力支持靳辅。圣祖认为有必要打击这种阴结朋党之势，而郭琇的第一次参劾正好提供了一个难得的机会。郭琇的表现得到了圣祖的大加褒奖，很快便升任他为都察院金都御史，并当面问郭琇廷臣中是否有掣肘河务的人，在参劾中有没有说明确指？郭琇虽然答复没有，但他却明白了圣祖问话中暗含的深意。于是没过多久，郭琇对提问交出了满意的答案，这就是他的第二大疏《特纠大臣疏》。

---

① 郭琇：《郭华野先生疏稿》卷1。

康熙二十七年（1688）二月初六日，郭琇将他参劾明珠等人的奏疏上呈圣祖。明珠在顺治时任侍卫，后任銮仪卫治仪正，不久又调内务府郎中。康熙三年升为内务府总管大臣，成为宫廷事务的最高长官。康熙五年，任内弘文院学士，参与国政。康熙八年，参与消除鳌拜集团及其影响，更加得到重用，最后官至太子太傅、武英殿大学士兼礼部尚书，掌"内阁"十余年，在议撤三藩、统一台湾、抗御外敌等重大事件上都起了非常大的作用。作为康熙朝最重要的大臣之一，可以说明珠是名噪一时，权倾朝野，人以"相国"称之。就是这位被圣祖倚为左膀右臂的权臣却在暗结朋党，广植党羽，贪污腐败，刚直的郭琇不畏权势，弹劾明珠，揭露他的种种罪行。

据说，郭琇写好弹劾奏章那天，恰好是明珠大寿之日，他家里宾客满堂，高朋满座，郭琇带上写好的弹劾折子也去了。明珠听说郭琇也来为其贺寿，心中大喜，立即整理了一下自己的衣冠，很隆重地出门迎接，因为明珠知道郭琇素称刚直清正，从不对朝中权臣折腰，更不会屈服于权势，因此想让郭琇亲自上门实属不易。明珠将郭琇迎接入府内，郭琇对着明珠拱手作揖，落座时更是多次用手在袖子里面摸东西，明珠见状便高兴地问他：郭御史最近兴致不少，是不是今天也有贺寿诗词献上啊？郭琇一面予以否定，一面从袖子中拿出一本弹章，递给明珠。明珠接过弹章后翻开阅看，未等明珠看完，郭琇拍桌而起，说："我郭琇真是无礼，竟然弹劾老相国，应该受罚。"说完拿起桌上的大碗，倒满酒，一口气喝光后便快步离开，当时在场的人无不大惊失色，不久明珠下狱①。

郭琇在弹劾中指出明珠等人八条罪状，分别是"擅权""结党""贪贿""抗旨"，并向圣祖做了详细的说明。"擅权"主要表现在：明珠、余国柱等人把持内阁，票拟谕旨皆由己见，其他人不容置喙；市恩群臣；左右

---

① 徐珂：《清稗类钞·郭琇面劾权臣》。

言路。"结党"是指明珠广植党羽,任人唯亲。其党羽占据朝廷的重要部门,连同一气,以明珠马首是瞻。"贪贿"是指明珠等人将国家的官位私相买卖,以致贿积如山。郭琇特别说明了"抗旨"的具体情况,他指出明珠、余国柱为靳辅的后台,每年河工花费数百万两银子,其中大半都私自分赃,治河官吏都是由明珠等人指派。以明珠为首的中央官员支持靳辅等公然反抗于成龙所代表的圣祖治河方案,这就是公然抗旨。圣祖对明朝党争的危害知之甚深,也多次警告官员们。而明珠等人结党营私已让圣祖提高了警觉,郭琇的奏章让圣祖有了一个绝好的机会来打击"结党营私"的现象。

接到郭琇的弹劾后,圣祖立即将明珠等人罢官下狱,连最起码的审讯程序都免了,这恰恰说明了圣祖其实一直在等这样的机会。圣祖立即将内阁彻底撤换,内阁五位大学士除两朝元老王熙外,明珠、勒德洪、余国柱三人革职,要求李之芳退休,其他站在明珠这一边的官员,尚书佛伦、熊一潇,给事中赵吉士、达奇纳相机被去职,靳辅被罢官,支持靳辅的大小官员一律撤换。靳辅的治水幕僚陈潢被削职为民,并逮至京师下狱,后病死在狱中。

郭琇不畏权势参劾权臣的举动得到了圣祖的赞扬,对郭琇来说,有了圣祖做后台,就更加无所畏惧。康熙二十八年(1689)九月十五日,郭琇将第三封奏疏呈递给圣祖,弹劾圣祖的心腹近臣、当时任少詹事翰林院侍读学士的高士奇,这封奏疏即郭琇"三大疏"的最后一疏《特参近臣疏》。

高士奇是浙江钱塘人,幼年时家境贫困,但他却好学能文,书法又好。后由明珠推荐进入皇宫当差,授詹事府录事,不久升任内阁中书。圣祖因其书法似王羲之,破格收进南书房,让他书写密谕,讲论诗文。后因其陪伴圣祖在南书房有功,授为额外翰林院侍讲,寻补侍读,充日讲起居注官,迁右庶子,并累擢詹事府少詹事。郭琇在其弹劾中指出,原任少詹事高士奇、左都御史王鸿绪等表里为奸,植党营私,共四大死罪。高士奇在南书房得到圣祖的信任,久而久之羽翼丰满,开始广植党羽,与王鸿绪结为死党,科臣何楷结为义兄弟，与翰林陈元龙成了叔侄，与王鸿绪胞兄王顼龄结成了儿女亲家，他们之间狼狈为奸，在外招揽。京城有一个无赖名叫俞子易，在京师横行不法很多年，后害怕所做的不法之事暴露，潜逃到直隶、山东等地，逃走之前将其在虎坊桥价值8000金的瓦屋60余间送给高士奇，求高士奇帮忙逃过了一劫。高士奇还在顺城门斜街等各处购买房屋每次都是让其心腹出面置买，然后将房屋出租，由其心腹何楷代为收租；又在打磨场等处商号参与投资，资本约至40余万；此外又寄顿各处受贿银两达40余万两，在其家乡平湖县置田产千顷，大兴土木，修整花园，在杭州西溪广置园宅。在苏松淮扬，王鸿绪等人又与他合伙做生意，资本不下百余万两。

参劾上达皇帝案头，圣祖很快颁下旨意，命令高士奇等人休致回籍，至此宠信一时的高士奇被罢官丢职。郭琇这三次参劾，在当时引起了朝野哗然，让奸佞之辈侧目震慑，对正直之士是一个极大的鼓舞，郭琇不畏强权的行为令圣祖动容，当时在朝野中留下了很高的声誉。

一文亭见证施青天

《施公案》是与《彭公案》齐名的清末公案小说，妇孺皆知。书中的主人公施世纶非常特别，特别在于他是收复台湾的统帅靖海侯施琅次子，更在于他是当时官员中相貌最丑的一个。据清人的记载，施世纶长得眼歪，手卷，足跛，口扁，耳朵还缺了一半，相貌实在是丑陋无比。但就是这样一个貌丑之人却在历史上留下了浓墨重彩的一笔，在后世人心目中留下了千古美名。

施世纶并没有参加科举考试，而是因其父施琅的功劳以恩荫生之名被直接授以江苏泰州知州。按照惯例，刚刚履职的施世纶首先需要去拜见上司，上司见到施世纶如此丑陋，身不由己地掩口窃笑，施世纶看到这种情况并没有感到意外，因为类似的状况对他来说是家常便饭，他当即一本正经、不卑不亢地反问他的上司："大人是不是认为我长得丑？世上长着人面却怀有兽心的人是真的让人感到厌恶的，而我虽然长着兽面却怀着人心，这样有什么坏处吗?"听到施世纶这样的诘问,上司当时就哑口无言①。

上任后,施世纶非常清廉,从不取民一针一线,处处都为百姓着想,施行了很多惠民的政策,因此在他的治理下,泰州出现了路不拾遗、夜不闭户的繁荣安定景象。

康熙二十七年(1688),淮安一带发大水,圣祖派钦差来淮安监督大堤的修筑。钦差到来时,带了数十名随从,不但扰乱接待的驿站,还骚扰百姓,施世纶不畏惧钦差之权势,惩治了那些不守法纪的钦差随从。不久,由于朝廷裁撤镇压"三藩之乱"的绿营兵,导致湖北发生兵变,朝廷立即调兵前往湖北弹压。而大军所到之处,百姓财产纷纷遭殃。鉴于这种情况,当军队路过泰州,施世纶为了保护百姓不受骚扰,除了准备大量的军粮和军马饲料以作军队供给外,特别派属下衙役手持棍棒列在道路两旁,若有士兵骚扰百姓,立即拿下惩治。因为施世纶的监督,军民得以相安无事,官兵皆规规矩矩,不敢有扰民的行为。

次年,因为没有按期完成朝廷派下来的修理镇江京口沙船的任务,施世纶被降级调用。两江总督傅腊塔是一位能识千里马的伯乐,知道此事后立即上书圣祖,为施世纶声辩。傅腊塔在奏折中极力陈奏了施世纶清廉公正、造福一方的情况,随后圣祖下旨免除处罚,准予留任。

由于施世纶清廉刚正的品德和能干事的能力,不久被擢升为扬州知府。扬州自古以来风俗崇尚奢靡。施世纶针对这种情况,一面亲力亲为提倡俭朴的风气,一面大力禁止奢靡之风,并制定了相应的惩罚措施。在他的大力引导下,扬州的风气很快为之一变。

康熙三十二年,施世纶又被调至江宁任知府。三十五年三月,施世纶的父亲靖海侯施琅病逝,不久他的母亲也去世,按照礼制,施世纶定要辞职

---

① 龚炜:《巢林笔谈》卷1。

回家守孝。听闻此事后，江宁府的百姓一致到总督衙门联名上书，希望他们爱戴的知府能够在任守孝，恳求总督大人能够将江宁百姓们的心声向圣祖转达，恳请圣祖能够答应他们的请求。两江总督范成勋向圣祖上奏，指出百姓们非常爱戴施世纶，都一致要求施世纶能够在任守孝，但御史胡德迈上书极力反对，最后施世纶在任守制的提议没有被批准。在他临走之日，江宁百姓俱夹道跪地挽留，请求他不要离开江宁，但守孝乃为人子的大事，在没有皇帝特别旨意下任何人都不能破坏这个礼制，更何况施世纶是非常不愿意在任守制的，他要回去为父母尽最后的孝心。在无法挽留的情况下，江宁百姓为了感念他一文不取的清廉和为民造福的恩德，每人捐出一文钱，最后在府衙门前建了一座亭子，取名为"一文亭"，以示感恩和怀念。施世纶守了三年孝后被任命为江南淮徐道员。

康熙四十年（1701），湖南按察使一职空缺，因为按察使主管一省的刑名案件，需要清廉公正且善于断案的人，而施世纶正是这样的不二人选，因此六部九卿在廷议时都一致推举施世纶。而圣祖则表示反对，并说他深知施世纶廉洁，但性格比较偏执。遇到百姓与乡绅发生争讼，肯定会袒护百姓；而遇到乡绅与当官的或当过官的人打官司，肯定会袒护乡绅。按察使处事应该讲求中庸，怎么能够偏执呢？像施世纶这样的性格，让他管理钱粮最合适。圣祖的这一番话是施世纶造福百姓、关心弱势群体的真实写照。

在圣祖的授意之下，施世纶被任命为湖南布政使，管理湖南一省的钱粮之事。到任之后的施世纶革除各种浮费和陋规，取消了徭役之费，减少漕粮附加税的四分之一，大大减轻了百姓的负担，赢得了百姓们的衷心拥护和爱戴。百姓感恩于他，特地将他造福于民的事迹刻在石碑上，以颂扬他的事迹和恩德。他担任布政使兢兢业业，锱铢必较，使国家钱粮分毫不差。但期间却发生了湖南绿营兵抢劫当铺的事，由于此事属于按察使管辖的范围，施世纶没有权力插手，也就没有在意，此案一直没有破。几年后，施世纶调到京城任太仆寺卿，因为此案没有破，最后受到了牵连，以"失察"之名被革职。

康熙四十五年，施世纶被重新起用为顺天府尹。顺天府可以说是天下第一府，除了直管京城、大兴、宛平外，还兼管通州、霸州、蓟州等22个州县，其职责和地位何等重要是不言而喻的，因此顺天府尹一职一直以来都是皇帝最信任的人来担任。施世纶被任命为顺天府尹，可见圣祖对他的看重和信任。

一日，步军统领托合齐像往常一样带着大量随从出门，阵势非常大，正巧被在外行走的施世纶碰到。见到这样的阵势和礼制，施世纶当时就拱立在道旁，双手作揖，向轿中之人行礼。托合齐看到后，立即下轿询问。施世纶见到轿中之人是步军统领托合齐后，当即厉声诘问道：按照国家的礼制，非王公不能带骑兵侍从，今天我以为是哪位王爷到此，所以拱立在此等候，谁料原来竟然是你托合齐。回来后，施世纶准备上奏参劾托合齐。按当时的规定，一个人不论什么身份、地位和职务都应该遵守相应的礼制，如果超过了，就是非常大的罪。托合齐显然明白自己之事如果被施世纶上奏圣祖，其罪定然不小，为此急忙来到顺天府衙，亲自向施世纶登门谢罪，这才使施世纶没有上奏弹劾他。此外，施世纶坚持作为天子脚下、首善之区的顺天府，应该进行严格管理，为此他几次上疏圣祖，请求批准严禁顺天府内各坊各司擅自受理案件，严禁不轨之人包揽捐纳，不准牙行欺行霸市，不许青楼歌妓豪宴群饮，奏折上达之后，圣祖让六部讨论，最后作为一条法律颁布下来。

之后，施世纶先后被任命为左副都御史、户部侍郎、仓场总督，康熙五十四年被任命为漕运总督。上任之后，施世纶详细考察了漕运中存在的弊端，革除各种陋规，弹劾贪婪之漕官，剔除不肖吏役，严明各种漕运制度和规范，整个漕运体系面貌为之一变。由于施世纶的改革和治理，每年漕船运送的漕粮都按时完成，没有出现过迟延的情况。

不久，策妄阿拉布坦乱藏，朝廷用兵西藏，需要从内地转运大量的军用物资到前线，而处在前线桥头堡的陕西又出现了大旱灾，直接影响了前线军粮等物资的供应。圣祖特命施世纶立即前往陕西，协助陕甘总督鄂海办理军饷等事宜，此外还要他沿途勘察河南府至西安黄河的水路通行情况，到了西安后要把当地现存粮食数额查清上报。施世纶领命后，沿黄河逆流西进，经过沿途详细勘察，得到了详细的第一手实情，并向圣祖做了汇报。

他在报告中指出，从河南府孟津县至陕西的太阳渡，中间有大小滩涂数十个，纤道高低不一，有的在黄河南边，有的在黄河北边。其中渑池以下，如果顺流而下，一船可装载三百多石粮食，如果是逆流而上，则一船只能装一半的粮食；渑池以上，由于河道落差较大，水流非常快，每船只能装数十石粮食。而从砥柱到神门，更是纤道都没有，只有在河旁石壁上有石眼，可能是从前纤道的遗迹。从陕州到西安这一段水路，河流比较平稳，也有运输之路。而且其中从河南府到陕州的三门这一段水路至今还没有船运行驶，所以要想运送粮食，只能从太阳渡以下改用陆运。太阳渡以上至西安府的党家马头之间可以走水路，从党家马头以上又要改成陆运。如此运粮，损耗颇多。

考察完水路后，施世纶来到西安调查陕西的粮食储备情况，结果让施世纶非常意外，陕西各地粮食储备基本空虚，他便准备上疏弹劾鄂海。鄂海知道后，立即找到施世纶，对他威逼利诱，最后没有办法，甚至拿施世纶在会宁当知府的儿子的前途来要挟他。施世纶明白地告诉鄂海：自从当官后我连自己的身家性命都不顾，还怕什么用我儿子来吓唬我？最后，在施世纶的参劾下，鄂海落得个身败名裂的下场。

圣祖鉴于陕西的灾情以及无粮储备的情况，从户部拨银50万两，并让陕西各地打开常平仓，发放仓米，救济灾民。由于藏地兵起，很多官员都在前线效命，陕西一带人手缺乏，圣祖遂从各部衙门选派了很多司官前往陕西，并让施世纶总负责管理他们。施世纶将这些从京城来的司官分成12组，分别查看灾民，按人口分发粮食，不使一人挨饿。在施世纶的救济下，陕西百姓度过了最艰难的冬天，很快迎来了降雨，旱灾结束，救济也取得了很大的效果。施世纶处理完西安赈灾之事后，还是回到淮安继续做他的漕运总督。一年后，施世纶因病乞休，不久病逝，归葬家乡福建。

陈鹏年三起三落

陈鹏年，生于康熙二年（1663），字北溟，又字沧洲，湖南湘潭人。康熙十九年补县学生员，二十三年参加乡试后成为举人，三十年中进士。之后不久，陈鹏年就被任命为浙江衢县知县，任官之始即指天发誓：绝不做有违良心之事，从此开始了他清廉为官、勤政为民的仕途生涯。

康熙四十三年（1704），廉直能干的陈鹏年被提拔为江宁知府，而与陈鹏年同驻一城的两江总督为满洲镶蓝旗人阿山，其人沽名钓誉，贪贿不端，与陈鹏年的为人格格不入，两人的矛盾越积越深。康熙四十四年圣祖要进行第五次南巡，作为两江总督的阿山为了让主子高兴，想方设法设计一些与众不同的接待方案。而这一切都需要耗费大量的钱财，为此阿山要求增加赋税，让百姓来承担迎接皇帝的费用。为了不劳民伤财，陈鹏年以圣祖曾传谕南巡的一切都不允许转嫁给百姓作为依据极力反对，最后阿山增加赋税的计划没有成功，由此阿山对陈鹏年恨之入骨。总督掌管察举官吏之权，一个小小的知府竟然拒不听从他的命令，公开反对他的意见，并使他的计划泡汤，这是阿山绝对不能容许的，于是阿山寻找一切机会必欲除之而后快。

圣祖南巡就要抵达江宁了，阿山才通知陈鹏年，让他筹备龙潭行宫。由于时间仓促，行宫准备得比较简陋。阿山就是想利用这样的机会将陈鹏年除去。果不出阿山所料，陈鹏年的麻烦来了。圣祖抵达江宁，下榻龙潭行宫时发现铺在龙椅上的坐垫竟然不干净，似有蚯蚓爬过的样子，而且龙潭行宫准备得较为简陋，这让皇帝非常生气，并立即责问两江总督阿山。阿山利用这一机会在圣祖面前大说陈鹏年的坏话，极力丑化陈鹏年，此时一些趋炎附势的人也纷纷附和。俗话说：三人成虎，几个人一说陈鹏年的坏话，圣祖自然也就相信了，准备将陈鹏年治罪。后经致仕大学士张英的辩驳以及圣祖的亲自调查，得知陈鹏年是一个清正廉洁的知府，并不像阿山等人所说的那样不堪，便赦免了陈鹏年。阿山的计划落空后并没有罢手，而是继续设法寻找再次陷害陈鹏年的机会。

抵达江宁后没多久，圣祖要到京口（今镇江）检阅江南水师，阿山故伎重演，故意刁难陈鹏年，只提前一天通知陈鹏年，让他在江边搭建迎驾的彩棚，垒砌台阶。然而，京口临北固山，地处大江之边，浪高风疾，施工十分困难，进度相当缓慢。陈鹏年见状，非常着急。情急之下，陈鹏年卷起袖子，挽起裤腿，亲自参与到搭建工作中。他垒石拉纤，抬木扛竹，样样都身先士卒。由于陈鹏年任官清正，为百姓着想，很受百姓拥戴。附近的百姓见陈鹏年身先士卒，不辞辛劳地参加搭建工作，纷纷主动加入施工队伍。在百姓的帮助下，搭建工作第二天早上准时完成。消息传到总督阿山处，让他非常诧异。虽然陈鹏年没有耽误皇帝的检阅事宜，却使阿山的计划再次落空，这让阿山更加忿恨。

阿山的计划接连失败，他怎么都咽不下这口气，一计不成又生一计。阿山向圣祖上疏参劾陈鹏年私自接受盐商、典当行商人的各种年节陋规，侵贪江宁龙江关关税，关内胥役稍有违背其意，动辄无故枷责胥役。在阿山参劾中，陈鹏年俨然成了一个唯利是图的"小人"，"宁可信其有，不可信其无"的圣祖当即下令，将陈鹏年革职下狱，派漕运总督桑额与河道总督张鹏翮为钦差，前往江宁会同两江总督阿山审理。

在狱中，阿山甚至命人不给陈鹏年送食物，狱卒看到这样一位清官受到如此虐待，心中实在不忍，于是每天悄悄地送去饼食，后被发现，被杖责40大板，之后附和阿山的一些官员放下狠话，如果下次有谁胆敢给陈鹏年送去一勺水，其罪与陈鹏年一样。后浙江巡抚赵申乔路过江宁，听闻此事后找来狱官，当面怒斥，这样才改变了陈鹏年在狱中受折磨的境况。

江宁百姓闻听陈鹏年被冤枉罢官入狱，纷纷奔走相告。商人、市民纷纷联合起来罢市，有的人打起旗帜要替陈鹏年前往京城叩阍（即告御状）；百姓们填街塞户，争着给下狱的陈鹏年送酒送菜，一致声称愿代其受罪，还有很多人争着要到监狱里去陪监；句容县生童甚至焚烧试卷罢考。百姓们的诸多抗议行为让阿山坐立不安，害怕传到皇帝耳朵里，使他的谎言被揭穿，导致他的计划泡汤。就在此时，阿山又找到一个所谓的把柄。陈鹏年曾建了一座宣讲圣祖圣谕的乡约讲堂，每月月初、月末宣讲圣谕，阿山发现这座乡约讲堂却是妓院改建的，而乡约讲堂上还悬挂着"天语丁宁"的匾额，这显然是对圣祖的大不敬。在阿山的鼓动下，前来审案的两位钦差会同阿山判处陈鹏年"斩监候"。圣祖将此事问大学士李光地，李光地认为陈鹏年是一个好官，阿山弹劾陈鹏年有失民心。最后，圣祖免除陈鹏年死罪，罢官，让他戴罪立功，进京入武英殿修书处修书。

进入武英殿后的陈鹏年虽然是被闲置起来，但他清正的声誉却被很多人所熟知。入京后的当年除夕，陈鹏年去潞河买米，在一家米店询问时，米店主人在得知此人就是清官陈鹏年之后，当即将买米的钱还给他。第二天，陈鹏年的寓所外来了不少车，车上装了10担大米，并附上书函一份，写着：皇上肯定会再重用先生，先生一定要保持清正的节操，不要让天下人失望啊！信尾并没有署名，问挑夫，他们只知道主人姓魏，其他的一概不知。没过多久，圣祖就再次起用陈鹏年了。

康熙四十七年（1708），圣祖重新起用陈鹏年，由于他的廉直声望，还是被派往江苏任职，而这一次却是到当时最富庶城市之一的苏州任知府。刚到苏州任职没多久，苏州一带就闹起了饥荒，疫病流行，百姓不仅要挨饿，还要遭受疫病的威胁，陈鹏年一面请求朝廷发放救灾粮食，提倡节俭，戒除奢靡之风；一面还不顾危险，驾着小舟遍历乡村，查看疫情，并设法从府衙公费中挤出经费购置急需的药品。购买药品的费用不够，他就带头捐款，同时还劝募城中富户出资出粮行善。在他的积极努力下，筹集了大批的药品和粮食，无偿分发给百姓；他还根据苏州水网交织的特点，组织受灾百姓疏浚河道，以工代赈。在陈鹏年的努力下，百姓才不至于被饿死和病死。除此之外，他到任后很快将积压多年的案件一一解决了，深受百姓称颂。

没过多久，刚刚由山西巡抚升任两江总督的噶礼以库银亏空参劾江苏布政使宜思恭，江苏巡抚于准和按察使焦映汉因失察而受到处罚。江苏巡抚一职由张伯行担任，陈鹏年暂时代理布政使一职。而张伯行非常看重陈鹏年，无论大事小事都会听听陈鹏年的意见，两人之间的关系非常好。噶礼与张伯行之间有矛盾，自然与陈鹏年之间的关系不会太好。当陈鹏年拜见两江总督噶礼时，按照礼节行了三个作揖，噶礼当即怒道：你这个知府生死都掌握在我的手里，还敢不下跪。陈鹏年不卑不亢地答道：果真有罪，即使总督大人要对我手下留情，我也不会心安理得。由此，噶礼与陈鹏年之间矛盾更大。

不久，噶礼就以在前布政使宜思恭一案中查核不实向朝廷参劾陈鹏年，吏部拟定将陈鹏年罢官，充军黑龙江。圣祖施恩宽宥，仍然让陈鹏年来武英殿修书。即便如此，噶礼仍然不放过他，欲将其置于死地。噶礼找来了陈鹏年在康熙四十二年游玩虎丘时所作的一首诗，向圣祖奏报说陈鹏年在这首诗中有对大清的不满，流露出对朝廷的怨恨，想用文字狱将陈鹏年除去。甚至先下手为强，没等朝廷的处理意见下达，趁陈鹏年因公到镇江之际将其拘押在镇江城隍庙中。苏州百姓闻讯后非常痛心，集体罢市为陈鹏年鸣冤，甚至派出代表前往镇江探望。后圣祖看过陈鹏年诗作后认为此诗并无大碍，并表示陈鹏年有廉正的声誉，不会冤枉一个清官。圣祖知道陈鹏年是被诬陷的，但由于噶礼与陈鹏年之间的矛盾已经很深了，不能再让他回原任，于是索性让他继续修书，任为武英殿总裁，等待机会予以重用。

几年后，圣祖任他为霸州道，一直官至河道总督，兼摄漕运总督。

一 海疆治行称第一

康熙朝清官中有一位广东人名叫陈璸，他为官一生中曾先后三次治理台湾，为台湾经济、海防、吏治、文化等各方面的发展做出了巨大贡献，史称"治台第一人"。因其为官清正廉能，更被圣祖称为"清廉中之卓绝者""苦行老僧"，又因其在台湾和东南沿海地区的政绩，也被称为"海疆治行第一"。

陈璸，字眉川，广东雷州南田村东湖人，康熙三十三年（1694）考中进士。在家等待朝廷任命的陈璸见家乡百姓经常受海水之害，便倡议为民修筑东洋海堤，上书知府，亲自到琼州拜见道台，请求派捐助筑海堤，终因经费不足而未果。

三十九年，陈璸被任命为福建古田知县。古田县是一个多山少田之地，县内丁田混乱，百姓承担的赋役严重不均，人民纷纷逃亡外地，其中狡黠者或为盗为匪。陈璸到任后，整饬吏治，平均赋役，与民休息，经过一番治理后，古田境内呈现一片和谐气象。陈璸在古田的政绩得到了时任福建巡抚张伯行的赞赏。时台湾发生民变，台湾地区社会动荡，人心惶惶，清政府迫切需要一批廉干之人治理台湾，张伯行遂举荐陈璸任台湾知县。

康熙四十一年（1702），陈璸乘船从福建古田出发前往台湾上任。台湾县衙门大小官吏皆前往鹿耳门码头迎接新任知县大人，但等了很长时间却不见前呼后拥、鸣锣开道的仪仗，而陈璸则带着一个随从从码头上岸，在码头上等待的官吏们谁也没有想到新任知县会如此简朴。众官吏在焦急等待之时，县衙门一小吏跑来告知：新知县已到县衙了。众人急忙赶回县衙，陈璸与随从正在用餐，吃得非常简单，两人各一份米饭，共分一个咸鸭蛋，众人见状莫不惊呆①。

到任后的陈璸立即着手处理"民变"后留下的一系列问题。他经过明察暗访，了解到当时拘押在监狱里的数百名犯人，全是无辜受冤的老百姓。时值新年到来，陈璸便毫不犹豫地开监释放在押的百姓，让他们回家过年，与家人团聚。不料此事却触怒了知府，知府便将此事奏报朝廷，并诬告陈璸勾结"乱民"，不久朝廷立即派人前来台湾调查。此事很快传播出去，台湾县人人皆知知县陈璸被诬陷，而被释放出来的百姓闻听此事，生怕因此而连累了陈璸，便奔走相告，纷纷返回狱中，听候调查。最后，前来调查的官员在清点人犯时，被释放后返回的人员不但没有少一个，反而多出两个人。不久，此事真相大白，陈璸洗刷了被诬告的罪名，百姓也得还清白释放，清廷也了解陈璸为官确实清廉正直②。

然而，陈璸的廉能显然与当时的官场作风不合，这也使得陈璸一开始就陷入困境。台湾县有一条不成文的旧例：各衙门听差有按月赴县索银之陋例。有些差役本不在县衙编制之内，他们却总是狼狈为奸，月月都理直气壮地到县衙来领月银。陈璸当然拒付这项不合理的费用，并命令各处删除

---

① 余文仪：《续修台湾府志》，国家图书馆藏。
② 刘世馨：《粤屑》，国家图书馆藏。

这一陋规,而听差却千方百计敲诈,敲诈不成,就鼓动或逼迫衙役罢工。一时,陈瑸陷入进退两难的境地,仅一个随从跟随。在这十分艰难的时刻,深受陈瑸之恩的台湾百姓伸出援手,自愿去衙门听从知县陈瑸调遣,老者帮助守衙,年轻的跟随办事,在众百姓的帮助下,陈瑸很快渡过了难关。渐入佳境的陈瑸开始放手大干,对县内不合理的规定进行大刀阔斧的改革,开仓救济、平戢完饷、尊师重道、革去徭役杂费、革去污吏蠹役等,凡是事关地方利害,皆能兴利避害,而且陈瑸还通过亲自调查,向朝廷提出了治理台湾的十二条建议。在台湾短短一年零九个月时间,深受台湾县百姓的爱戴。

康熙四十二年十二月,陈瑸调任刑部主事。离开台湾之前,台湾县百姓集资为知县陈瑸立《邑侯陈瑸功德碑》,详细记载了陈瑸在台湾的功德事迹。

陈瑸入京任刑部主事不久,旋即迁兵部郎中。在京师生活的陈瑸依然不改其清苦本色,除了随身带去的书籍外别无长物,家里十分清贫,常常是好几天都揭不开锅,同僚以为迂腐,陈瑸则恬然处之,援笔写诗,执书吟哦,乐在其中。

康熙四十八年二月,陈瑸任四川学政。此时,管理台湾军政大权的台厦道副使王敏政升广东雷琼道,台厦兵备道一职空缺,此职重要,非一般官员所能胜任。福建巡抚张伯行上奏,举荐刚任四川学政的陈瑸补任台厦道一职,圣祖同意了张伯行的建议,任命陈瑸为台厦道道员,掌握台湾一府三县的最高权力。

同年六月二十日,陈瑸抵台就任。台湾百姓听说陈瑸主政台湾的消息后,扶老携幼夹道欢迎。台湾多山少地,严重缺粮,而不法商人为了牟取暴利,勾结官军将台湾粮食运销海外。陈瑸上任后不久,凤山县砻户张灿囤米千万石,勾结官军,运销海外,官府对此却不管不问,从而激怒了台湾的商民,六月二十六日台湾商民鸣锣罢市。陈瑸对此事非常重视,不但平息了商民们的罢市活动，还积极着手调查偷运粮食出洋的行为，最后陈璸向闽浙总督、福建巡抚上呈，请求他们同意在台湾颁布禁止贩米出海的规定。

为了解决粮食紧张的问题，除了禁止贩运粮食出岛外，陈璸还将原来弃之不用的旷土招徕大陆泉州一带的百姓开垦，并制定许多利好配套政策和措施。为了防止官场腐败，调动百姓生产的积极性，陈璸不但轻徭薄赋，苏民困，还大胆地革除官庄。所谓官庄就是各衙门所置办的土地，从中收取租息，以弥补经费不足。陈璸向圣祖痛陈官庄之害，要求坚决革除官庄。为了表示他的决心，他将台厦兵备道衙门所拥有的三所官庄每年所收3万两款项全部交给台湾府库。在陈璸的努力下，台湾官庄在圣祖一朝得到了革除。除此之外，陈璸还积极革除官场中的各种积弊，真正为百姓谋利。

陈璸在治理台湾的过程中对文化教育尤其重视，在其任台湾县知县时就把改建文庙、兴社学、定季考、举乡饮等振兴文教的措施放在施政的首位。

康熙五十年（1711），要求各县设立义学，修建教官廨舍，拨养廉麻租一项修筑文庙围墙等。康熙五十一年，修启圣祠、台湾府学，新建朱子祠。次年冬，又在朱子祠后建文昌阁，又修文庙泮池。

五十四年（1715），完成了台湾县学学宫的重建，增建台湾名宦乡贤祠，整顿学风，禁止学子冒考。此外，台湾地区的土族与汉人的矛盾比较尖锐，陈璸主台后，对番族采取安抚的政策，并制订政策保护土著人的土地，废除对土著人的滥派，加大稽查力度，很快将形势扭转过来，缓和了土族与汉人之间的关系，维护了台湾地区的稳定。

同年，陈璸调任福建巡抚。当年年底，陈璸来京陛见。圣祖问他：你做官带有多少口人同去？陈璸回：只带一两个仆人，妻室在老家。问：你儿子呢？答：臣儿子不相见已十多年了；因为无盘缠，不能来往相看。臣今年由台湾到福建就没有盘缠，后幸亏得到抚臣的帮助，给臣盘缠赴任。现在臣是得到了总督给的盘缠，才能来京陛见。圣祖听了，叹息久之，对身边的大臣说：此人就是一个苦行老僧①。

在接见陈瑸之后，圣祖亲赐御诗赞许他的清廉。陛辞后，陈瑸只带着一个苍头老仆上任。在福建巡抚任上，陈瑸将其入仕之前请求修筑海堤这一未能做成之事重新提上日程，上疏朝廷，要求拨款修筑东洋海堤。很快得到了圣祖的同意，并拨银5300余两，此外陈瑸把自己多年积攒的5000两俸银也捐献出来，用于修筑东洋海堤，为家乡人民做了一件福荫子孙万代的好事。出任福建巡抚的陈瑸更加关注台湾的治理，以及东南海疆安全。台湾海峡长期以来海盗猖獗，给两岸来往造成严重障碍。陈瑸自担任台湾厦门兵备道以来，就千方百计地防御海盗，为两岸商船保驾护航。

康熙五十五年（1716）五月，已任福建巡抚的陈瑸向圣祖上奏防海之法。他提出组建澎湖水师二营、台协水师三营、提标水师五营，分段护送；或者商船二三十艘同出港时，取各船连环保结，若在海洋中遇海盗，必须首尾相救；如不救，即以通同行劫究论。此奏上呈圣祖，得到了批准。为了保卫台湾安全，又会同总督满保、布政使沙木哈捐造澎湖新城。

康熙五十七年九月，陈瑸上奏病辞，圣祖勉励其在巡抚任上调理。十月初二日，已病入膏肓的陈瑸让其子将其任内所积蓄下来的13 000余两白银请接任巡抚奏请解京充饷，圣祖命留1万两于藩库充兵饷，余下3000两送给陈瑸之子。次日，63岁的陈瑸卒于巡抚衙门。陈瑸病逝的噩耗传到台湾后，台湾百姓深感陈瑸的恩德，以每人一把米的捐献方式，集资建庙纪念，并用檀香木雕刻两尊陈瑸像，一尊留台奉祀，一尊赠雷州，以表达对他的无限思念。圣祖笃念其贤劳，追授礼部尚书、赐国葬、谥清端。

---

① 赵尔巽：《清史稿》卷277。

仰慕彭鹏二十年

清末人所著的《彭公案》是一部家喻户晓的公案小说,主人公就是以清康熙年间的清官彭鹏为原型。书中主要是讲述了彭鹏惩恶诛奸、除盗平叛,最后邀得圣宠的故事,其中很多不免穿凿附会,虚构想象。那么,真实的彭鹏到底是怎样的?

彭鹏,字奋斯、兼山,号九峰、无山、古愚,生于福建省莆田县小横塘村(今莆田市黄石镇横塘村,后迁居莆田县城)。彭鹏自幼聪颖,6岁能诗,20岁中秀才,24岁中举人,虽并未出仕为官,但他已成为当地的名士。"三藩之乱"发生后,靖南王耿精忠追随吴三桂等附叛,树旗反清。耿精忠听闻彭鹏的名气,欲用他为官,并派人到彭鹏家强行征召。为了逃避征召,不为耿所用,彭鹏索性装病,卧床不食,每天只喝绿豆汁一碗,并在家中准备了一口棺材,以求瞒过耿精忠耳目。耿精忠也不傻,怕彭鹏装病,就多次派人明察暗访。每次在耿精忠的手下到来之前,彭鹏都以锥子刺破牙龈,让来人看到他是边咳边吐血,而且是吐血满地,最终彭鹏通过装病逃过了耿精忠的征用。三藩之乱被平定后,彭鹏"拒伪绝粒,不受伪召"的表现深受皇帝赞赏，于康熙二十三年（1684）春任命时年已49岁的彭鹏为京畿要地直隶三河知县，从此开始了他的仕宦生涯。

三河县离京城不远，地理位置十分重要。此县满汉杂居，向称难治。彭鹏到任之后，处处以百姓为重，而对劣绅豪强则毫不畏惧，对那些欺压良善的人从不留情。彭鹏来三河后很快处理完结多年积累下来的案件，也平反了很多冤假错案，百姓们都称他为"彭青天"。为此，很多邻近县如果遇到疑案无法破案时只要求助于他，案件就会真相大白。曾有一人冒充宫中为皇帝饲养猎鹰者，到知县衙门找彭鹏索取钱粮，彭鹏顿生警觉，一面安抚来者，一面让人查找来者的底细，果然不出彭鹏所料，此人就是前来诈取钱财的，当即将冒充者拘禁，施以鞭刑。

康熙二十七年，圣祖巡幸京畿，途经三河，特意召见彭鹏，询问他在三河县做官以及之前拒应耿精忠征召的情况，并赐白银300两作为他养廉之用。但不久，顺天府尹许三礼上奏，参劾彭鹏隐瞒案件，圣祖命令直隶巡抚于成龙调查此事。于成龙经过调查后向圣祖回奏道：彭鹏问案后并没有得到证据，但正在全力缉拿凶手，并不是隐瞒不报。后经过吏部讨论，拟议罢官，圣祖下令降级留任。之后，因为缉捕盗贼不力，屡次被吏部处罚，但圣祖都对他格外施恩，从宽留任。

康熙二十九年（1690），圣祖下诏，让官员们推荐清廉能干的官员。工部尚书李天馥举荐彭鹏，最后被圣祖提拔为科道官。次年，任工科给事中。

康熙三十二年，陕西西安、凤翔两府和山西平阳府遭遇饥荒，清政府从国库中拿出赈款救济百姓，此外还派人从河南运米十万石前往陕西救济灾民。然而，在救济灾民的过程中却滋生了很多腐败行为，很多灾民向素有"青天"之名的彭鹏揭露了其中的丑恶现象。彭鹏经过确切调查，将陕西、山西、河南三省中的一些官员不体恤民情、贪污受贿等情况向上奏报，语气非常恳切。奏报上达之后，圣祖让他据实指出。彭鹏指出泾阳知县刘桂克扣籽粒，猗氏知县李澍杖杀灾民，磁州知州陈成郊滥派运价，夏邑知县尚崇震派银包运，南阳知府朱璘从中分肥，闻喜、夏县两县知县匿灾不报。圣祖命令三个省的巡抚立即调查彭鹏所奏之事，结果巡抚们都奏报彭鹏所说不是事实，按照《大清律例》的规定，彭鹏罪当充军发遣，最后圣祖赦免了他的处罚。

同年十月，彭鹏又上一折参劾多人。他参劾在顺天府乡试得第一名的举人李仙湄，其考卷删改过多，似有作弊之嫌；第一百零八名举人杨文铎，其文荒谬狂妄，而给事中马士芳则在磨勘考卷时与外界交通受贿。不久，圣祖将彭鹏所奏发交九卿等查察讨论，结果和上一次一样，都以彭鹏所奏是虚捏的，不足为真。而彭鹏害怕重蹈覆辙，于是在奏疏中保证，如果他说了假话，请将我的项上人头劈开，一半悬挂于顺天府门上，一半悬挂在午门上。而九卿等人却抓住彭鹏这些话不放，都一致说他狂妄不敬，应该罢他的官，夺他的职。圣祖让彭鹏就此事说清楚，彭鹏答复道：九卿众大臣上了徐倬和彭殿元的当，都被他们欺骗了，反过来一致说自己谬妄，既然如此，请圣祖赐罪。最后，皇帝并没有责难彭鹏，反而惩罚了顺天府乡试正考官翰林院侍读徐倬、副考官编修彭殿元，罢了他们的官。

康熙三十三年（1694）四月，翰林院掌院学士、兵部侍郎兼顺天府学政李光地之母病逝，按照当时的礼制，无论是谁、做什么官都要辞掉一切职务，在家守孝三年。圣祖知道此事后向李光地传下谕旨，顺天府学政一职关系重大，要求李光地不必辞职回家守孝，而是让他在任上守孝。李光地对圣祖的知遇之恩感激涕零，立即回奏圣祖表达他的犬马之心。为了报答圣祖的恩遇，李光地只请假9个月回老家办理其母的丧事，十二月返回京城，他说如此就不会耽误顺天府的科举考试。而同为老乡的彭鹏听闻此事后对李光地的表现非常气愤，便上奏圣祖，参劾李光地贪恋名位，不肯自辞回家守孝三年，因此对于这种"不孝"之人应立即将他罢官，让其为母守孝。

彭鹏对李光地的弹劾让圣祖进退两难，于是圣祖传召彭鹏问个究竟。彭鹏在答复中很巧妙地给圣祖留了个台阶下，把"不孝"之罪全部归于李光地一个人身上。彭鹏指出圣祖让李光地在任守制，是为了以此考验李光地罢了。李光地之母去世，而李光地却只请假9个月，这种做法对外欺人，实则丧心；内则欺己，实则是玩弄权术，无论哪一个，李光地必居其中一罪。李光地被认为是理学名臣，满口忠孝，通过此事一试，李光地的品行就无所遁形了。彭鹏一针见血地指出，李光地是既要名也要位，并请求圣祖不应该遂了李光地的愿，应该不让李光地回老家，也不让他任职，只让他闲留在京为母守制。对此，圣祖将彭鹏所奏下发给六部九卿们商议讨论。在讨论中，彭鹏慷慨陈词，据理力争。最后，圣祖下旨如彭鹏所奏，让李光地暂时辞职，也不许他回老家，只让他闲居京城为母守制。

彭鹏这种较真的脾气和性格，很多时候往往会小题大做，这让圣祖既爱又恨。有一次圣祖召集众大臣商议国事，彭鹏又提起几年前所发生的顺天府乡试案中举人杨文铎考卷中处处皆是谬妄之语，并在讨论中与有些大臣发生了口角，大吵起来，有失体统。圣祖为了压一压彭鹏的气势，下旨让彭鹏解职，保留原来的品级让他到江南河工效力。

彭鹏在江南河工效力时，遇到洪水刷堤，他每夜都留宿在大堤上，誓言要与大堤同去留，一旦大堤发生决口，愿意用自己的身体填决口。次年，在江南河工效力一年多的彭鹏被召回京城，授刑科给事中。

康熙三十七年（1698），因为彭鹏清正，又善于断案，被提拔为贵州按察使，主管一省的刑名案件。同年十月，彭鹏因公至天水，此时浙江钱塘人冯山公也在。当地的士人听说彭鹏来了，都争先恐后地去拜见他，而冯公景当时恰在沐浴，等他洗好澡后彭鹏已经离开，这让冯公景难受了很多天，并说已经仰慕彭鹏近二十年，今天本来是个好机会，结果还是没有见到，大概是命吧①。

　　一年后，彭鹏升任广西巡抚。他到广西就任后大施仁政，减轻百姓的赋税徭役。广西原来有向宫中进贡鱼胶、铁叶等物的负担，但这些东西并非是广西所产，而是从广东采买来的，彭鹏调查后向朝廷奏请免除了这些负担。彭鹏还发现广西州县借端私派的情况很多，私派多者达3000两，少的也有一两千两。贪官污吏们往往是先征收这些附加税，然而才征正税。百姓所交的税中十之六七被贪官们所得，剩下的才是国家正税。百姓的负担非常重，为此彭鹏不但罢黜了相关的知县，惩罚了不肖胥吏，还上奏请求朝廷禁止这些陋规。除此之外，广西之前没有武科考试，在彭鹏的奏请下才设立武科考试。在巡抚任上辛辛苦苦干了一年后，彭鹏又被调到广东担任巡抚，一直至康熙四十三年（1704）正月病逝。

---

① 陈康祺：《郎潜纪闻初笔》卷3。

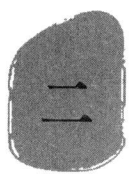

抚绥边疆 初奠版图

两战沙俄订条约

两战雅克萨

雅克萨位于今黑龙江省漠河县以东黑龙江北岸(今俄罗斯阿尔巴金诺)。"雅克萨"在满语中的意思是河岸倒塌弯曲的地方。雅克萨是黑龙江上的交通枢纽,是从贝加尔湖进入黑龙江的必经之地。17世纪上半叶,沙俄由于国力迅速增强,急剧向外扩张,并占领了雅克萨。沙俄侵略者在雅克萨修建城堡,不断对黑龙江中下游地区进行骚扰和掠夺,以此作为进一步侵略中国的跳板。对沙俄军的上述侵略行径,圣祖虽然多次遣使进行交涉、警告,均无效果。这使圣祖认识到,必须使用武力把沙俄侵略军驱逐出去,才能确保边境的安宁。于是,在平定三藩之乱后就开始着手准备解决沙俄入侵边境的问题。

康熙二十二年(1683)九月,圣祖派人前往雅克萨,勒令盘踞在雅克萨等地的沙俄侵略军立即撤离我国领土。但俄国侵略军却不予理睬,反而率兵窜至瑷珲劫掠,清将萨布素将其击败,并将黑龙江下游侵略军建立的据点全部焚毁，使雅克萨成为孤城，但俄国侵略军却一直在负隅顽抗。为了保卫疆土，清军在瑷珲筑起黑龙江城，作为准备打击侵略的前哨基地。经过三年努力，清政府修成了从墨尔根（今嫩江县）到雅克萨对岸总计25站，全长1300里的驿站；建立了黑龙江水师，修造了500余艘战船和运输船；存储军粮7000石，足够3000名士兵食用3年。

康熙二十三年五月，正红旗满洲副都统马喇与黑龙江将军萨布素向圣祖建议：将俄人栽种的庄稼全部割走，俄军没有粮草，过不了多久就陷入困境，然后我方再酌量派遣轻骑兵前去剿灭，这样比较容易取胜。这一方案得到了批准。为此，圣祖采取了一系列措施，加强边界军事建设，为剿灭沙俄侵略军做准备；此外还派人尽量详尽侦察地形和敌情，派兵割掉侵略军在雅克萨附近种植的庄稼，又命令蒙古车臣汗断绝与俄人的贸易往来，以困毙和封锁侵略者；同年七月，圣祖命令黑龙江将军萨布素等人领兵从陆路和水路两路向雅克萨挺进，按照之前的意见将俄国人所种植的田禾尽行踏毁，然后再派少量精兵前去剿除。然萨布素却以"徒劳士马"为借口，没有按照指令去办。圣祖对此十分恼火，严厉指责萨布素坐失机会，令议政王大臣拟议严斥。

二十四年正月，圣祖派都统公瓦山、侍郎郭丕等前往黑龙江与萨布素详细讨论攻取雅克萨之事，然讨论的结果并没有使圣祖满意，这让圣祖意识到不能只靠萨布素等人，必须从京城选派有勇有谋的将领前往黑龙江总领军事，负责雅克萨之战事。

圣祖清楚地明白"兵非善事，不得已而用之"的道理，所以在积极备战的同时并没有放弃和平的手段。在出兵之前圣祖致书沙俄，告诫沙俄如果沙俄兵能够遵旨撤回，并以雅库为界，则两国互不侵犯。倘若还是顽抗，则天朝将派大兵前来剿灭。没过多久，圣祖再次致书沙俄察罕汗，重申沙俄必须撤走所有在雅克萨的俄兵，以雅库地方为界，放还我方逃人，互不相犯，和睦相处。然康熙帝的几次和平要求并没有得到沙俄的积极回应，俄国人在雅克萨依然如故。在和平手段无效的情况下，圣祖最终决定用武力来维护国家疆土的完整，亲自遴选干员组成新的对俄指挥机构，任命都统彭春统帅大军对俄作战，副都统班达尔善、护军统领佟宝等为参赞军务，黑龙江将军印信交彭春掌管。

四月二十八日，清廷从各地调集士兵3000人，其中包括驻瑷珲的乌拉、宁古塔兵1500人，索伦、达斡尔兵500人，新调之京营八旗五六百人，及圣祖亲自组织的汉族官兵420人，分别从各自驻地分拨开赴雅克萨，于六月初抵达目的地，并在雅克萨对面的小岛上设立了作战指挥所。而此时把整个雅克萨城和周围农村的全部俄国农民、商人和猎户都搜罗在内，俄军也仅能集结起450人的部队，清军在人数上占有巨大优势。武器上，清军使用的火绳枪名为"兵丁鸟枪"，系铁制，枪长2.01米，铅弹丸重1钱，装填火药3钱。射程约100米，射速为每分钟1~2发。由于火绳枪的后坐力很大，故在木托下安有叉脚。火枪前头上夹有一根火绳，使用时先点燃火绳，然后扣动扳机，使火绳下落，接触火门烘药，引爆膛内火药，以发生巨大动力，推动弹丸飞出枪口。而俄军的火绳枪性能与清军鸟枪大抵相当，但俄军以战斧作为火绳枪兵的叉杖，这样在近战时还可以使用战斧进行肉搏，不像清军的鸟枪手需要和长枪兵混合使用以防敌方近身。俄军的人数虽然远少于清军，但火力配备上有绝对优势，俄军450名士兵拥有300支火绳枪，但清军的主要武器还是刀矛弓箭，携带的火枪不过100支。清军拥有的火枪虽然寥寥无几，但参战火炮却有不少，其中威力最大的当属20门"红衣大炮"，包括8门"神威无敌大将军"炮与12门"神威将军"炮，对打击负隅顽抗的俄国侵略者起了很大的作用。

五月二十二日，清军兵临城下，本着先礼后兵的原则，统帅彭春当即派被俘俄人向俄方送去了用满、蒙古、俄三种文字书写的两份文件，一份是圣祖给沙皇的国书，另一份是统帅彭春给雅克萨头目的咨文，要求俄军迅速撤离雅克萨，遣返逃人。但俄人仍然置若罔闻，并依靠坚固的城防不肯撤退，甚至还出言不逊，施放枪炮。于是清军在仁至义尽的情况下不得不水陆列阵，包围雅克萨城。

五月二十五日清晨，一支数百人的俄军从上游乘船赶来增援，清将领林兴珠见状立即率领藤牌兵进行拦截。藤牌兵英勇御敌，俄国援兵死伤大半，余众乘舟仓皇逃走。在阻击敌人水上增援后，清军当晚就开始发兵收复雅克萨城。副都统雅钦、营门校尉胡布诺等从城南出兵，在城下设挡牌、土垒，施放弓箭，摆出进攻的阵势，用来牵制俄人兵力；同时副都统温岱、护军参领博里秋、营门校尉乌沙、绿旗左都督何祐等人率兵从东西两翼用神威将军炮猛烈夹攻；副都统雅齐纳、镇守达呼儿（即达斡尔）地方提督白克率领水师于城东南密布战船，封锁江面，阻止敌人增援和逃跑。清军又在雅克萨城三面城墙下堆积大量的干柴，若不投降，便焚毁城堡。各路清军相互配合，城内顿时火光冲天，浓烟滚滚，俄军伤亡惨重。

俄军头目托尔布津见状，自知若继续负隅顽抗必将被全部歼灭，不得不向清军投降，并向彭春立下誓言，宣誓绝不再来雅克萨。清军遵照圣祖不滥杀一人的政策，将雅克萨城内俄人男女老幼600多人放归俄国，并允许其将财物一并带走。之前被俄人强迫拘禁在雅克萨作为人质的索伦、达呼儿等族160人也一概迁回原地。至此，被俄人强占20多年的雅克萨终于又回到了祖国的怀抱。得知收复雅克萨的消息，圣祖十分高兴，对从征人员进行了褒奖，同时还告诫彭春等人，雅克萨的防御工作不可疏忽。然而刚刚新胜的彭春等人并没有对雅克萨城采取特别的防御措施，不等圣祖的命令就擅自撤兵返回瑷珲等地，仅将雅克萨城堡付之一炬，城堡周围的庄稼并未割取，哨所也未设立，给沙俄重新侵占雅克萨留下了可乘之机。

同年七八月间，尼布楚沙俄督军符拉索夫又派遣士兵70人到雅克萨侦察清军动静，当他得知清军已撤走时，俄国人撕毁誓言，派托尔布津率兵800余人，大炮11门，重返雅克萨，并收割了清军撤走时没有割去的庄稼。托尔布津在旧址上重新筑城，城墙里外是木材，中间填土，墙宽一丈五，高一丈，墙外用泥涂上。同时在城内修建了粮库、火药库和军需仓库，储备了大量的粮食弹药和其他物资，以备长期固守。

康熙二十五年（1686）二月，圣祖得知俄人重新侵占了雅克萨，指出这次俄国人又回到雅克萨，筑城盘踞，如果不尽快剿灭，肯定会囤积粮草长期据守，到那时再去围剿恐怕不会那么容易，为此立即下旨部署第二次雅克萨之战。首先任命黑龙江将军萨布素为这次军事行动的统帅，并让他立即修造战船，统领乌拉、宁古塔官兵赶往瑷珲城。除了萨布素率领所部2000人外，圣祖又从福建藤牌兵中挑选400人，由林兴珠率领前往雅克萨，同时又命副都统博定从筑城、屯田官兵中挑选200人，驻扎在墨尔根，随时准备增援。免除索伦、达斡尔等地的赋税，让此地百姓饲养军马，帮助军队整修器械。圣祖还命参加了第一次雅克萨战役的郎坦、班达尔善前往萨布素军营参赞军务。萨布素、郎坦两路进兵，于五月二十八日会师查克开，逼近雅克萨。当时雅克萨城内有俄军826人、大炮11门。

六月初一日，郎坦令水师攻占黑龙江上游有利地形，阻止尼布楚的援军。萨布素率军围住雅克萨后致书雅克萨俄军头目托尔布津，告诫俄军立即返回俄国，否则武力消灭。然托尔布津却认为清军的大炮火枪比较少，大部分都是冷兵器，而他们却有着充足的火器、粮食和弹药，还有坚固的城墙。托尔布津凭借这些所谓的优势不但对清军的警告置若罔闻，而且还频繁出击，阻止清军接近雅克萨城。

六月初四日，清军以40门大炮攻城，数日内击毙俄军百余人。

七月初八日，俄军出城企图夺取被清军攻占的城北炮台，结果被清政府守军击退，至此之后俄军再没有出过城。两军相持进入八月后，天气很快转凉，北方的严冬即将来临，对在外作战的清军来说，若不周密筹划就会有大麻烦。萨布素遵照圣祖的旨意，根据敌我状况，避开城墙攻坚，决定长期围困俄军于雅克萨城，切断雅克萨城对外的一切联系，以达到迫使其投降的目的。清军于雅克萨城三面掘壕筑垒，壕外设置了木桩、鹿角，分块防御；在城西对面的古城岛上设立了指挥所和过冬军营，大炮直对雅克萨城，封锁江面。东西两岸由水师把守，严防敌人从江上逃跑；在离城六七里的上游河湾内，暗伏战船，以阻止俄军从尼布楚增兵。

在清军重重包围下，俄军始终被困在雅克萨城中。俄军虽然屡次想突围，但都被清军打回去，甚至连其头目托尔布津也在突围中被击毙。清军长期围困的策略取得了显著的成效。俄军困守孤城，所积贮的物资越来越少，城内疫病流行。至年底，800多俄军大部分死亡，仅剩150余人，粮食、弹药、饮水严重缺乏，士气低落，毫无战斗力，收复雅克萨城可以说是指日可待。

沙俄政府得知雅克萨俄军已濒临全军覆没，且多次救援均告失败，开始接受清朝的和平建议。康熙二十五年（1686）九月二十五日，俄国使团先遣信使文纽科夫、法沃罗夫等到达北京。两日后在午门呈递沙皇致圣祖书，表示愿意接受清政府的和平倡议，举行边界谈判，请求解雅克萨之围。圣祖接受了俄国的请求，派人前往前线宣布撤雅克萨城之围，允许城内俄人自由出入，等俄国使团到京后再做最后决定。圣祖还派医生给雅克萨的俄军治病。同年冬，萨布素奉命将军队撤到雅克萨三里以外地方驻扎，等待圣祖下一步的行动指令。次年五月，清军又主动撤退20里，完全撤除了对雅克萨城的封锁。八月二十日，清军又后撤至瑷珲、嫩江一带。至此，第二次雅克萨之战以中国军队的胜利而告终，历时两年多的雅克萨之战最终结束。

第一个中俄条约

两次雅克萨之战后，俄国被迫派使团前往北京议和。康熙二十五年

（1686）九月二十五日，俄国使团的先遣信使到达北京后，早已到达色楞格（今蒙古国中北部）的俄国使团却故意拖延时间，迟迟不启程南下。在圣祖的一再催促之下，俄国使团才派出科罗文等人组成的代表使团于二十六年十一月底从色楞格出发，经过近四个月的行程，于次年三月二十四日到达北京。二十七日，科罗文代表使团在午门单腿跪地向圣祖呈递沙皇国书。沙皇在书信中却颠倒黑白地声称：俄国人并未生事滋恶，中国皇帝却为何不顾两国祖先所建立的友好关系，事先不通报原委就出兵？同时要求中国人不能过境挑衅生事，并退还刚刚取得的土地，参与战争的将领也应予以重惩。书信的最后表示愿意与清政府进行议和，科罗文提出中俄之间的和谈在色楞格进行。虽然沙皇颠倒是非，但圣祖对此并没有计较，同意与俄国在色楞格进行谈判。

二十七年三月，清政府选派以领侍卫内大臣索额图、都统佟国纲为首，尚书阿喇尼、左都御史马齐、护军统领马喇、兵部督捕理事张鹏翮等人组成和谈使团，并命都统郎坦、班达尔善、副都统纳泰和札萨克图率领八旗兵200、护军400、火器营兵200，共800人护送和谈使团。在出发之前，圣祖给和谈使团订下了和谈的要求和底线，指出：恒滚、牛满、精奇里江都汇合于黑龙江，黑水周围都是我鄂伦春、奇勒尔、毕喇尔、赫哲等部人民生活居住的地方，如果不把这些地方收回来，那么边境百姓将永不安宁。因此，尼布楚、雅克萨、黑龙江上下及汇于此江的所有支流都是我国的土地，切不可将这些地方让与俄国人。同时，向俄方索要我方逃过去的逃人，如果俄国人按照我们的要求一一都做到了，则我方与之划定边界，准其贸易，归还他们的逃人及我方所俘获的俄人；否则，你们就回来，不与他们谈判。同年五月，以索额图为首的和谈使团从北京出发，前往举行谈判的目的地色楞格。七月下旬，使团到达克鲁伦河，而此时正值准噶尔部攻打喀尔喀蒙古，使团北上的道路被阻断。清政府派前锋参领索罗希等人设法通过喀尔喀蒙古前往色楞格，向俄方说明情况，并要求俄方派出代表前往北京，重新商定谈判时间和地点，而和谈使团奉康熙帝旨意返回京城。

二十八年四月，俄国使团代表洛基诺夫抵京。经中俄双方商定，和谈定于当年八月在尼布楚举行。然而正当清政府准备与俄国进行谈判之时，北部蒙古又出现了不稳。准噶尔部噶尔丹占领了喀尔喀蒙古全境，并同沙俄勾结，欲继续率兵南下。这种状况给圣祖以很大的压力，为了避免出现内外交困的困境，需要尽早与俄国人达成协议，否则很可能出现内有噶尔丹叛乱、外有沙俄侵扰的被动局面。

在使团出发前，圣祖在之前所订下的谈判方针和底线上做出让步：我方以尼布楚为界，俄国人贸易就没有地方了，恐怕他们难以接受。因此，谈判使团一开始应该坚持以尼布楚为界，如果俄国人一定要尼布楚，最后我们可以做出让步，将尼布楚让给他们，边界退到以额尔古纳河为界①。

和谈使团分两路出发，一路是索额图、佟国纲等人，他们从北京启程，出古北口北行，由陆路前往。索额图等人于六月中旬快抵达目的地时，就先派人告知俄国使团。七月底，索额图等在离尼布楚三里的色楞格河南岸扎营，与尼布楚隔河相对。另一路是郎坦、班达尔善、萨布素等人率领水师1500人，分乘100只船从瑷珲启程，沿黑龙江而上，经雅克萨，于七月二十六日抵达尼布楚。虽然清廷的谈判使团准时到达，而俄国使团的首领戈洛文却迟迟未达尼布楚，索额图多次派人向驻扎在尼布楚的俄方催促，但俄方一再搪塞，甚至连戈洛文何时到达的时间也没有告知。最后，在索额图等人的一再催问下，戈洛文来信解释了原因，并要求清军在他到来之时要暂时回避，因为他有一隐蔽之处，不能让清军看到。为了谈判能够顺利进行，索额图等答应了戈洛文的要求，将兵移至下游回避，戈洛文率领船队到达尼布楚，并

---

① 《清圣祖实录》卷140，康熙二十八年四月壬辰。

安营扎寨完毕后，回避的清军才返回原处。

七月初五日，中俄双方开始商议会谈的各个事项。最后，双方决定正式会谈定于初八日举行，地点设于尼布楚与色楞格河河岸之间，在城外临时搭建帐篷作为会谈之地，会谈遵循平等原则。而且，还规定两国使臣各自只许带300名卫士，除刀剑斧钺外，其他任何火器都不允许带入会场。会场外，双方可以各设500名卫队，中国卫队列于河岸，俄国卫队设于城下①。

七月初八日，中俄之间的谈判在尼布楚正式开始。中方代表有索额图、佟国纲、马喇、萨布素、郎坦、班达尔善和温达，以及两位传教士张诚和徐日昇担任翻译。俄国代表有戈洛文、符拉索夫和科尔尼茨基。谈判一开始，俄国代表戈洛文首先发难，他诬蔑中方首先挑起雅克萨战争，对中方提出了无端指责，并提出中方赔偿俄国所蒙受的损失这样的无理要求。中方代表索额图针对戈洛文颠倒黑白的谎言当场予以驳斥和戳穿，并历数了沙俄侵略者的种种罪行，在铁的事实面前，戈洛文无言以对。

俄国代表戈洛文在谈判中一再狡辩，称尼布楚、雅克萨是他们俄国人首先开拓并定居之地，由此咬定黑龙江流域自古以来就是沙俄的领土，因此他要求两国应以黑龙江为界，江北是俄国的领土，妄图强取黑龙江以北的中国领土。这一蛮横无理的要求遭到中方代表的断然拒绝。索额图指出，尼布楚、雅克萨等地自古就是我国茂明安等部落居住地，俄国人侵占后对其地的我国居民烧杀抢掠，几次交涉都无济于事，在这种情况下我们不得不用武力来捍卫自己的领土，保护本国的百姓。在收复雅克萨后，我们并没有立即进军尼布楚，是希望你们看到雅克萨这个前车之鉴后主动退兵，应将色楞格河以西，包括尼布楚和雅克萨一并归还中国。索额图坚持我方的正当要求，而俄国人却狂妄叫嚣着坚持他们的无理要求，双方在第一次会谈中没有取得任

---

① 蒋兆成、王日根：《康熙传》。

何结果。

次日，中俄双方代表开始第二次谈判。俄国代表戈洛文在会谈开始仍坚持以黑龙江为界，中方表示坚决反对。戈洛文见这个方案行不通，又抛出另一个方案，要求两国以精奇里江为界，妄图把精奇里江以西包括雅克萨在内的广大地区划归俄国所有，表面上让出被清军收复的精奇里江以东的地区。这一方案的提出让中方代表索额图误认为俄国已经做出让步，再无余地可退，加上第一次谈判未果，索额图急于与俄国达成协议，在谈判中将中方的最后底线全部摊牌。根据这个方案，贝加尔湖以东至尼布楚一带的中国大片领土将给俄国。尽管清朝使臣做出了如此巨大的让步，俄方仍得寸进尺，拒绝了索额图的划界方案，妄图通过谈判来尽可能多地抢占中国领土。索额图的方案已是圣祖的最后底线，而俄方却一再玩弄手段，会谈不欢而散，谈判陷入僵局。会谈的中断导致双方关系骤然紧张起来。

七月初十日，双方没有继续谈判。驻扎在尼布楚的俄军进入战备状态，并在城周围增设了300名火炮兵。索额图也相应采取措施包围尼布楚。

虽然，双方代表团从七月初十日之后很长一段时间再没有举行过正式谈判，但双方的非正式接触并没有间断。从七月初十日到二十三日，双方通过各自的翻译人员继续商谈。中方翻译耶稣会传教士张诚和徐日昇成为中俄之间的信使，在中俄之间传递信息。中国代表团本着求和的态度来解决两国边界的争端，希望双方意见能够尽快达成一致，继续做出让步，提出将黑龙江上游北岸的分界线又东移到离尼布楚以东的五六百里的格尔必齐河；将黑龙江上游南岸的分界线让到离尼布楚九百里的额尔古纳河。但这种让步仍然没有满足俄国的野心，以戈洛文为首的俄方代表团顽固地坚持雅克萨必须属于俄国，妄图将其侵占的我国领土合法化。

正当双方的谈判处于胶着状态时，尼布楚一带的布里亚特和温科特等部民众由于不堪忍受沙俄的压迫，多次与中国使团联系，表示他们正在联合反抗沙俄，并强烈要求回到祖国的怀抱。俄国首席谈判代表戈洛文深知如果谈判一直僵持下去，将会对俄国非常不利，清军也会与当地的各族民众联合起来，如果这样的事发生，他们就会腹背受敌，已经到手的利益也会失去，更何况他现在得到的领土要远远超过沙俄当初的期望。权衡利弊后，戈洛文决定撤出雅克萨城，并向我方使团送达了一份书面条约草案。之后，中俄双方经过多次反复磋商，于七月二十四日终于达成一致，并正式签订了《中俄尼布楚条约》。

《中俄尼布楚条约》共有六款，清楚地解决了中俄双方的边界问题。条约规定：中俄两国东段边界以外兴安岭至大海，格尔必齐河和额尔古纳河为界。俄国撤走在黑龙江地区的军队，贝加尔湖以东尼布楚一带原属中国的土地划归沙俄，乌第河流域为待议地区。虽然中方在谈判中做出了很大让步，但也通过谈判收回了被沙俄侵占的一部分领土，及时制止了沙俄对黑龙江流域的侵占和继续渗透，更为当时圣祖平定边疆创造了条件。该条约以汉文、俄文和拉丁文三种文字刻于石碑之上，设在两国边界，作为永久界碑。

乌兰布通之战 歼敌数万

准噶尔部是漠西蒙古卫拉特四部之一。16世纪末至17世纪初，厄鲁特蒙古形成了准噶尔、和硕特、杜尔伯特和土尔扈特等四部。准噶尔部游牧在伊犁河一带，水草茂盛，而且与中亚和内地通商，势力逐渐强大。逐渐强大起来的准噶尔部开始侵袭其他部落，极力扩张其势力。康熙初年，噶尔丹在准噶尔部内乱中掌握了准部统治权，并开始经营其重振"蒙古帝国"的美梦。噶尔丹为了满足其野心，一面四出征伐，扩大势力；另一面勾结沙俄，出卖国家利益。

康熙二十九年（1690）五月，在沙俄的暗中怂恿和支持下，噶尔丹在西陲开始作乱，频频挑衅。他利用札萨克图汗与土谢图汗之间的不和，拉拢札萨克图汗，以讨伐仇人喀尔喀为借口，率军两万余人沿索约尔济山南下，进入了今内蒙古呼伦贝尔地区，对附近多个部落进行了袭击和劫掠。

六月十四日，噶尔丹率军进入到乌尔会河以东的乌兰之地，对乌珠穆沁部的百姓进行大肆杀戮，将牲畜及财物掳掠一空。面对噶尔丹这一嚣张气焰，当时带兵驻扎在洮儿河上游、署理理藩院尚书阿喇尼盲目轻敌，骄傲自大,争功心切,不顾圣祖要求援兵到来共同攻击的命令,于六月二十一日带兵企图偷袭噶尔丹兵营于乌尔会河,结果行动失败,损失惨重,被迫退兵,等待援兵的到来。清军的首战失利刺激了噶尔丹向南进攻的野心,噶尔丹很快带兵南进,一直攻到距离京城700里的地方,消息传来,整个京城人心惶惶,稳定的社会秩序受到很大的影响,物价飞涨。

圣祖下谕召见俄罗斯使臣格里戈里·隆隆沙科夫,警告俄国不得违背已签订的《尼布楚条约》支持噶尔丹扰乱疆土,使沙俄不敢轻举妄动,同时全部没收了噶尔丹派往归化城进行贸易的货物和马匹,切断了噶尔丹物资供应的一个重要来源。圣祖迅速调集兵力,进行部署,准备围歼噶尔丹。他首先命令被革职的阿喇尼整顿兵马,严密监视噶尔丹部的一举一动;然后分别派出各支部队从各方相互靠拢,等各路大军会合后围歼噶尔丹;又是从古北口开始设立驿站,及时传递军事情报。任命皇兄和硕裕亲王福全为抚北大将军,皇长子胤禔为副将,率领大军从古北口出征;皇弟和硕恭亲王常宁为安北大将军,和硕简亲王雅布、多罗信郡王鄂扎为副将,率军从喜峰口出征;内大臣佟国纲、佟国维、索额图、明珠等人随军参赞军务。

七月初四日,常宁率军从喜峰口出关,沿滦河、库尔奇勒河、四道河上行,准备与福全之军会合。

七月六日,裕亲王福全率清军主力从北京出发,北出古北口,先后经滦县、隆化、围场、克勒、巴林等地,于七月二十三日与马思哈会合于拜察河,在两三天内先后与常宁以及阿喇尼残部会合。

七月二十七日,福全率军进驻乌兰布通以南40里的四道河,截住噶尔丹南下之路。此次参战的军队有10万之众,是噶尔丹军队人数的5倍。

圣祖为了稳住噶尔丹,使其放松警惕。七月十三日,圣祖给噶尔丹送去敕书,解释了阿喇尼等人率兵向噶尔丹的进攻纯属自作主张,已经受到了严厉的惩罚,而福全等人率兵北进也不是针对噶尔丹。另外,还让使者给噶尔丹军送去100只羊、20头牛。

鉴于乌尔会河之战的教训，圣祖强令各支军队必须集结于巴林旗境内待命，不得擅自出战。虽然圣祖三令五申地指示各路大军以方略，但仍然对这一次围攻噶尔丹的战役放心不下，于是决定亲临前线指挥。圣祖于七月十四日从北京出发，利用巡幸塞外的时机前往前线，但不巧的是刚过河北隆化圣祖就病倒了，整夜发烧，经诸大臣恳求后返回京城，而前线的各路大军仍听大将军调遣。圣祖的这次亲征被迫中断。

噶尔丹凭借强大的兵力目空一切，特别是在乌尔会河打败阿喇尼的清朝军队后更是不可一世，在了解清廷的军事调动和部署后也不放在眼里，于七月十五日派人至阿密达军营送战书，公开向清朝宣战。噶尔丹狂妄地宣称清廷虽有十万大军，何惧之有？当日即率兵南下，先驻扎在克什克腾旗的土河，不久又引兵南进，于七月二十七日到达克什克腾旗南部，沿萨里克河抢占乌兰布通山。而在同一日，清军也到达四道河，驻扎于锡拉扎巴（今称十二座连营），两军相距仅30里。

噶尔丹占据乌兰布通山后开始摆兵布阵。乌兰布通是一座红色的小山，泡子河与哈尔哈河从乌兰布通的西北汇入萨里克河，再向北入西拉木伦河。乌兰布通山南坡是悬崖峭壁，北面则是一个陡坡，易守难攻。噶尔丹依据有利地形，在山林深处的险要位置安营扎寨，同时让随军而来的喇嘛祭旗诵经，以鼓舞士气。然后，布阵于山岗上，用成千上万头骆驼构筑工事，将骆驼四足捆扎起来，卧在地上，背上背着木箱子，这些木箱子用浇湿的毡布盖着，排列起来就像栅栏一样，士兵躲在后面，等攻击时士兵从两骆驼的接缝处放矢、发枪、用钩矛，可以说是攻守两利。清军各军则掘壕筑垒，先严密防御，士兵甲胄在身，马不下鞍，控弦厉刃以待。以清将马思哈所率领的火器营作为前锋营，与噶尔丹军相持。清军军营40座，军营绵长60余里，宽20余里，首尾互通声息，屹立如山，军队总人数约为噶尔丹军队的四五倍。

八月初一,清军主力开始对噶尔丹军发起进攻。福全率领清军主力由南向北向乌兰布通主峰徐徐挺近,马思哈的火器营为前锋,走在军队的最前面。中午,清军推进到乌兰布通西面河对岸,与噶尔丹军隔河相对。清军分三路分别向噶尔丹进攻,正面进攻由福全率领主力担当,另外左右两路试图通过迂回包抄噶尔丹侧后。福全在阵前设火枪、火炮,先以火枪、火炮一起射击,一时子母炮、铁心炮飞向河对岸。但由于噶尔丹军躲在深林中,且隔河以驼城作为屏障,清军根本不清楚噶尔丹军队的具体位置,因此清军的火器虽然齐发,但造成的杀伤力却非常有限。如果对噶尔丹发起进攻,必须先渡过河,然后仰攻,在地势上清军非常不利,因此正面进攻的效果不理想。右翼清军在向噶尔丹进攻时陷入泥泞沼泽,最后不得不返回。左翼在内大臣佟国纲、佟国维的率领下绕过水泡子,沿萨里克河河畔进攻。在进攻中,内大臣、皇舅佟国纲被噶尔丹军火枪击中阵亡。大将阵亡,军队锐气大减,进攻受挫。前锋参领格斯泰骑着圣祖亲赐的一匹白马,挥舞战刀,直入敌营,左右冲杀,多次进入敌阵,摸清了噶尔丹所布的驼城的详细情况。

战斗一直持续到傍晚。敌人开始慌乱和退却,前锋参领格斯泰与前锋统领迈图乘机追击至河边,不幸陷入河边的沼泽里,敌军见状返回冲杀,格斯泰与迈图最后力战阵亡。佟国维则率领一部分军队从山腰绕至敌后,截断敌军,全军奋勇杀敌。战斗中,正白旗副都统色格印见状害怕丢了性命,假装中暑后下马避战。他的家人见此也十分气愤,说:身为二品大臣,如此临阵胆怯,回去有何面目见人?说完扶他上马参战,色格印随即下马,直接躺在草丛中装病。战斗结束后回到大营,色格印仍两股战栗,身披战袍,躺在床上蒙上被子好几天,其属下士兵没有一个不耻笑他。当然,怯战的不止这位副都统一人,有许多大臣将领为了自身安危,从军营中挑选了许多精锐士兵作为贴身护卫，从而导致了当天清军实际参加战斗的士兵人数大为减少。格斯泰等人以生命为代价侦察了噶尔丹驼城的情况，为清军火炮确定了打击目标。在左翼大军的配合下，前锋火器营将火炮瞄准驼城，从下午至日落不间断发射火炮，最终将驼城轰为两段，噶尔丹的军队损失很大，遂在夜幕掩护下退向山顶，扎营固守险要位置。在这种情况下，清军为了不在夜晚涉险，决定暂时收兵待天明。

八月初二，清军开始进攻噶尔丹军，噶尔丹军则据险坚拒，清军一时很难攻克，便暂时停止了军事进攻，施行围而不攻，以图长期围困。对噶尔丹来说，驼城已经被毁，剩下的主力则处于清军的包围之中，补给不继，如果清军像前一天一样发动猛击攻击，剩下的军队必然难逃被歼的命运。鉴于这种危急的状况，噶尔丹为了避免覆灭的命运，遂玩弄花招以图拖延时间。他派出随军喇嘛济隆率弟子70余人前往清军大营讲和修好，济隆在福全面前说噶尔丹已知道清朝及圣祖的厉害了，愿意停战修和，并以达赖喇嘛的名誉向福全保证，担保噶尔丹不敢再轻举妄动。福全为了夺取更大的胜利，正好利用噶尔丹请求停战的时机一方面休整军队，一方面进行军事安排。福全向各路大军发出命令，命令各路大军立即停止进攻，同时要求科尔沁方面的两万大军迅速向乌兰布通靠拢，准备对噶尔丹形成一个严严实实的包围圈。

噶尔丹趁清军暂停攻势，在夜色的掩护下率残部渡过萨里克河，经内蒙古达里诺尔湖地区，仓皇向西北的漠北逃去。在向北逃跑的过程中，噶尔丹还命令将沿途草地焚烧殆尽，以断绝清朝追兵。噶尔丹向北的逃窜都要经过调集来的清军的驻防区，但这些准备投入战斗的清军由于事先得到了福全暂时停战的命令，所以没有拦截噶尔丹的北窜。而噶尔丹在逃跑的过程中还对克什克腾旗三佐领进行了抢掠。

乌兰布通一战，不但打击了噶尔丹不可一世的骄横气焰，更主要的是使噶尔丹的元气大伤，大量的兵力被消灭。在北逃过程中，漠北一带正好赶上了年岁歉收，加上瘟疫的传播，噶尔丹所率军队有生力量大量减员，逃到科布多时人畜损失了三分之二，只剩下几千人马，大部分精锐被消灭，为后来剿灭噶尔丹创造了条件。

多伦会盟 统外蒙 二

札萨克图部与土谢图部因为逃亡部民而产生了矛盾，噶尔丹利用两部不和，拉拢了札萨克图汗，企图吞并土谢图汗部。土谢图汗以札萨克图汗背盟与噶尔丹会兵为由，准备计杀札萨克图汗。

康熙二十六年（1687），土谢图汗派人将札萨克图汗沙喇及其台吉等诱骗到固尔班黑尔格杀害，之后又杀死了噶尔丹之弟多尔齐扎卜。噶尔丹以此为借口，大肆进军喀尔喀蒙古。喀尔喀蒙古来归大清，圣祖接纳，并予以牧地和各种赏赐，让他们收集散亡部众，等平定噶尔丹后让他们再归旧地。喀尔喀蒙古安顿下来后，各部并不遵守原来的约定，内部之间相互纷争，倚强凌弱，相互劫夺，异常混乱。圣祖见状，认为如果再放任不管后果将不堪设想，为了利用喀尔喀蒙古各部之间的矛盾，巩固北部边防，圣祖接受了车臣汗之叔纳木扎勒的建议，趁刚刚战胜噶尔丹的有利时机会盟众蒙古，准备按照管理内蒙古49旗的办法来管理喀尔喀蒙古。于是，圣祖决定亲临塞外，主持会盟，调解其内部的矛盾与纷争，维护蒙古稳定。

康熙三十年正月，圣祖决定于清明前后召开会盟大会。三月，圣祖将会盟之地定于上都河、额尔屯河之间七溪之地的多伦诺尔（今内蒙古锡林格勒盟多伦县）。四月十二日，圣祖亲率官兵离开京城前往多伦诺尔，途中历时18天，于三十日抵达距北京800里的多伦诺尔。会盟所在地十三里滩草原非常辽阔，东西长10公里左右，南北宽6公里左右，地势平坦。圣祖的行营安设好之后，命令喀尔喀蒙古各部王公贵族从百里外移近50里，与内蒙古49旗王公贵族一道以圣祖大营为中心环绕设营。

五月初一日，准备开始会盟事宜。圣祖与大臣马齐等人讨论土谢图汗的"自行陈奏"、札萨克图汗的名号袭封以及喀尔喀蒙古所有贵族的座次安排等问题。对于土谢图汗杀死札萨克图汗之事，圣祖认为土谢图汗借口反抗噶尔丹起兵，杀死札萨克图汗，使得喀尔喀蒙古的百姓流离失所，因而负主要责任。但鉴于他最后率部众来归，所以对于土谢图汗的行为只明辨是非，不进行惩罚，但土谢图汗必须写出认罪书，以求得各部首领的宽容。关于札萨克图汗被杀后所留下的名号由谁承袭，因札萨克图汗长子在会盟前去世，其他儿子都年幼无法承袭，圣祖决定由札萨克图汗之弟策旺扎布承袭，并于次日将此决定告知众喀尔喀蒙古首领。关于座次安排的问题，经过商量，最后定为土谢图汗、哲布尊丹巴、策旺扎布、车臣汗坐第一排，剩下的分七排，按照次序落座。

五月初二日，会盟正式开始。在圣祖行营外特意搭起了一顶黄色帐篷，是圣祖设座之地，帐篷面南，两侧设紫红色长帐篷，供参加会盟的大臣、蒙古王公贵族落座。正对圣祖大帐也设有一座帐篷，帐篷内的桌子上摆满了金银器、酒杯等用具。在皇帝御帐两侧的长桌上，摆满了丰盛的食物，外侧还有4头特意从北京带来的大象，装饰华丽，象征祥和。

圣祖首先召见了喀尔喀蒙古最重要的人物大喇嘛哲布尊丹巴和他的弟弟土谢图汗，接见时圣祖并没有让他们行跪拜礼，而是亲自将他们搀扶起来。随后，圣祖升御座，外蒙古三部王公贵族列右队，内蒙古各旗王公列左队，喀尔喀蒙古众王公贵族依次谒见康熙帝，除哲布尊丹巴和土谢图汗外，其他人行三跪九叩礼。礼毕，哲布尊丹巴呼图克图、土谢图汗、策妄扎布、车臣汗四人在第一排落座，其他人按序列座。然后按照既定计划先后进行了三项议程：首先，评定土谢图汗的是非曲直。土谢图汗有过，也有功，圣祖宣布赦免土谢图汗之罪，并论功行赏，赐土谢图汗金印和册文。其次，宣布土谢图汗杀害的札萨克图汗所遗留下的名号由其弟策旺扎布来承袭，弥合两部之间的矛盾。再次，将喀尔喀蒙古分为36旗，与内蒙古一样下设参领、佐领等官职。主要事务处理完之后，圣祖赐宴与众王公贵族，举行了一个大约有200多桌的大宴会，由于人数太多，坐垫不够用，很多喀尔喀蒙古的王公贵族干脆直接坐在地上。圣祖亲自赐酒给哲布尊丹巴、3位喀尔喀亲王和20多位喀尔喀台吉，并询问他们的姓名、年龄，以示关怀，这些王公贵族都一一跪接御酒，对圣祖之恩宠感激莫名。宴会气氛热烈，其中还有各种杂技、木偶的表演，席间一派其乐融融。喀尔喀蒙古王公贵族们从来没有见过杂技表演，以至于很多人看得入神，都忘记了吃酒。

五月初三日，赏赐册封。圣祖召集所有喀尔喀蒙古的首领们参加宴会和观看杂技，在宴会中分别进行了赏赐和册封。对哲布尊丹巴、土谢图汗、策旺扎布、车臣汗各赏银千两，蟒缎、彩缎各15匹，以及各种银器、蟒袍、上等茶叶、刺绣的马鞍等物。其他喀尔喀蒙古王公贵族都按照等级依次颁赏，赐予银缎等物。赏赐完后赐宴与喀尔喀王公贵族35人，每人都对圣祖之洪恩感激万分。封策旺扎布为和硕亲王，其余之人各按等级依次封以多罗郡王、多罗贝勒、固山贝子、镇国公、台吉等爵位。圣祖与众首领们进行了亲切交谈，特别是与坐在身旁的大喇嘛哲布尊丹巴交谈甚欢，持续了三个半小时后宴会结束。

五月初四日，阅兵。圣祖出行宫，身穿盔甲，佩带腰刀和弓箭，在众多侍卫的簇拥下骑马绕校场一周，检阅喀尔喀蒙古军队及八旗官兵，参加检阅的有骑兵、步兵、炮兵等，其中带弓箭的骑兵4000名，拿火器的骑兵2000名，步兵七八百名，炮兵四五百名。之后，圣祖骑马通过检阅军队，登上一座小山头，并在此安设营帐，四周有大批的侍卫保护。喀尔喀蒙古各王公贵族都列于营帐右侧，满汉大臣站于左侧，一切就绪后军队开始演练。号角吹响，步兵列队前进，号角声停，步兵列队停止前进。如此反复，三响三停。然后号角声大起，所有骑兵大呼前进，万马奔腾，震动山谷。随后，汉军的火器营将70门青铜炮和白炮一字排开，随着一声令下，所有的火炮和火枪一齐发射，响彻大地。所有列演军队最后都奔驰到圣祖营帐所在地的小山下，列齐方队，等候圣祖训话。

喀尔喀土谢图汗、各台吉等看完后悚惧失措，甚至有些人两股战栗而欲离开。圣祖见此情况，笑着问土谢图汗有什么好怕的？土谢图汗俯首回答说，皇帝陛下的军威显赫，无坚不摧，让人害怕。演习完毕后，圣祖还亲自参加了在校场举行的射箭比赛。圣祖亲自挑选了一张喀尔喀首领们无人能拉开的硬弓，连射了10支箭，最后中了9箭。众蒙古王公贵族观射后，震惊地感叹，连称神武。最后，以100名喀尔喀部人的箭术表演以及摔跤比赛结束了阅兵活动。当晚，喀尔喀各部王妃觐谒圣祖，圣祖用茶点招待了她们，并与她们一起欣赏歌舞。

五月初五日，圣祖亲自查阅喀尔喀各部营地，两位皇子、满汉大臣以及侍卫亲军伴随左右。圣祖到各部驻地，看到穷困者赏以银两和布匹，后又赐给喀尔喀各王、贝勒、贝子、公、台吉等大批的牛羊。此外，圣祖还命令建造汇宗寺，以实现安抚众蒙古之意。

五月初六日，派遣原理藩院尚书阿喇尼，侍郎布彦图、索诺和、文达，学士达虎等人前往喀尔喀蒙古各部驻地，编设各旗、佐领等，并按照相应的规定拨给游牧草场。

五月初七日，会盟事宜已圆满结束，开始启程回京。圣祖在启程之前特意召见大喇嘛，两人交谈了很久。圣祖叮嘱哲布尊丹巴一定要维护喀尔喀蒙古各部王公之间的和睦，还特别叮嘱大喇嘛一定要注意厄鲁特各部特别是噶尔丹部的动向，并再次赏赐御用帐篷、金盘、瓷器等物。此外，圣祖还让尚书马奇办理剩下的事宜，等一切料理完之后再回京。圣祖车驾启程，喀尔喀各部王公贵族列队跪送圣祖回京。当天晚上，圣祖对此次会盟进行总结，对众大臣说：古代秦始皇大兴土木修建长城，我朝则施恩于喀尔喀蒙古，让他们来保卫边疆，这比万里长城还要坚固得多。经过十几天的跋涉，于五月十八日早晨回到京城，结束了会盟之行。

多伦会盟，加强了北方蒙古各部之间的团结，结束了长期以来喀尔喀蒙古各部之间的纷争，巩固了北方蒙古族与满族贵族之间的关系，强化了中央对边疆各地的控制，在中国历史上留下了光辉的一笔。

三次亲征噶尔丹

第一次亲征噶尔丹

噶尔丹夺取准噶尔部最高统治权后，为了巩固其在准噶尔部的最高地位，开始对他所认为的政治对手痛下杀手。首先杀害了其兄僧格之子索诺木阿拉布坦，并暗中派人对僧格长子策妄阿拉布坦进行迫害。在此情形下，策妄阿拉布坦被迫率领其父旧部5000余人离开故地，远遁至博尔塔拉河流域游牧。即便如此，噶尔丹还是亲自率领2000名追兵对远逃的策妄阿拉布坦及其部众穷追猛打，最后策妄阿拉布坦率领部众为了生存拼力一搏，终于打败了追兵，自此噶尔丹与策妄阿拉布坦叔侄之间反目成仇，势同水火。

无路可走的策妄阿拉布坦利用噶尔丹与清政府之间的矛盾，乘机向清政府上表请求归顺，清政府也想利用准噶尔内部不和来打击噶尔丹的势力。康熙三十一年（1692），清廷派理藩院员外郎马迪为首的一行人前往敕封，以笼络策妄阿拉布坦。马迪等人路过准噶尔辖地哈密时被准噶尔部属图尔齐哈什哈率兵扣下，并在哈密附近杀害，抢去驼马行李。随从有的被杀，有的逃散。

不久，噶尔丹派使臣向圣祖呈书索要内附的哲布尊丹巴、土谢图汗及一应部众，圣祖降下谕旨予以斥责，并让噶尔丹就杀害使臣马迪之事做出解释。噶尔丹不但对圣祖的旨意充耳不闻，甚至派出使臣到内附的喀尔喀各蒙古散布谣言，煽动喀尔喀蒙古叛归噶尔丹。已诚心归附清朝的土谢图汗将噶尔丹的不轨行为上报清廷，圣祖认为乌兰布通一战本可以消灭噶尔丹，但未能如愿，而噶尔丹终究是祸患，一定要彻底剿灭，为此圣祖一面表面上答应让他遣使入贡，以作安抚，一面进行军事部署。圣祖下令加强东西路防线的军事力量。西路，先后向右卫、归化、宁夏、肃州等地调兵遣将，防止噶尔丹率兵侵犯西藏和青海，同时还可以保护哈密，以确保与策妄阿拉布坦部之间交往的顺畅；东路，命令盛京、乌拉及黑龙江等地的官兵一旦有事可相机出兵。从东到西形成了完整的防线。

康熙三十四年（1695）秋，噶尔丹率骑兵3万，沿克鲁伦河东进，侵入巴彦乌兰，劫掠喀尔喀蒙古之纳木扎尔陀音部。劫掠之后的噶尔丹已从乌兰布通之战中吸取了很深的教训，他并没有继续侵犯漠南，而是率兵到处骚扰，并不固定在一处，犹如流寇一般。清政府派出使臣前往噶尔丹军前用激将法诱骗其南下，噶尔丹并不敢南下，只是将使臣的驼马抢走，让使臣徒步回去，并扬言要从俄国借火枪兵6万人，然后大举南下。噶尔丹知道其火器不如清军，谎称借兵俄国，其实俄国人并不愿意帮助他。针对噶尔丹这种飘忽不定的骚扰，圣祖认为噶尔丹扩张的野心并没有改变，他只是混淆朝廷视线，寻找时机，必须坚决打击噶尔丹的侵犯行为。

十一月初四日，圣祖得到消息，噶尔丹正屯聚在巴彦乌兰过冬，活动范围仅限于克鲁伦河和土拉河流域，士兵约6000人。于是，圣祖力排众议，决定出兵剿灭噶尔丹。出击大军分三路：东路，从盛京、宁古塔、黑龙江三地调兵共约5000人，由三省将军统辖，归黑龙江将军萨布素指挥。四月初集结于索岳尔济山一带，然后开往克鲁伦河下游，遏止博硕克图汗东进。西路，乃三路大军中的主力。圣祖从右卫、京城及大同调兵，合计官兵役夫共约24 260人，任命安北将军费扬古为抚远大将军，统辖全军。圣祖命他于二月十日从归化城（今呼和浩特）向土拉河进军，截断噶尔丹的退路，右翼察哈尔、呼和浩特土默特、四子部落、鄂尔多斯等蒙古军随西路大军征伐噶尔丹。为了确保西路军的绝对优势，圣祖又命令振武将军孙思克、西安将军博济、扬威将军舒恕率领陕、甘等地的满汉军自甘州（今张掖）、肃州（今酒泉）向额济纳、昆都伦进军，然后在喀尔喀翁金河与费扬古军会师，并受其节制，全部兵力加起来超过5万人。中路，圣祖亲自坐镇指挥。调京城八旗、汉军火器营、炮兵、宣化府绿旗兵外，又从盛京、宁古塔、黑龙江等地调来满洲八旗和喀尔喀诸札萨克兵，兵力共计4万余人。

康熙三十五年（1696）二月三十日，圣祖得知噶尔丹正沿克鲁伦河东进，劫掠纳木扎尔陀音部后盘踞在巴彦乌兰。圣祖认为这是一个难得的机会绝不能错过，于是决定统率大军亲征，让皇太子留守京师。圣祖率诸王、贝勒、贝子、公、文武大臣举行祭旗纛等一系列出征仪式后出京城北上，同时命将军萨布素率东北三省士兵由东路截断噶尔丹的进路。整支中路大军共分五营，圣祖居中为御营，随行诸皇子分别统帅左右两翼，每翼各有两营。皇四子胤禛康熙四十八年胤禛才被封亲王！统率左翼两营，皇长子统率右翼两营。圣祖率领中路大军出京，经怀来、赤城出独石口，向西北进军，并在行军途中每事躬亲，与士兵同甘共苦。

四月十三日，皇帝亲率中路大军进入喀尔喀蒙古境，派人告知西路主帅费扬古一定要按期到达预定地点，并注意堵截噶尔丹西逃之路。

四月二十三日，驻军于西巴尔台后得到费扬古奏报：由于西路军路过的地方绵延数百里都被噶尔丹付之一炬，部队不得不绕道寻找有水草的地方前进，因此会师于土拉的计划不能如期实现，请皇帝延缓一下会师时间。而此时行军途中有传闻俄国也出兵助噶尔丹。大学士伊桑阿等当即向圣祖谏言，力请回銮。圣祖非常气愤地指出：这次是祭告过天地和宗庙才出征的，没有遇到敌军就班师回朝，怎么对得起天下人？况且大军一旦撤退，则噶尔丹可以用全部力量来对付西路军，西路军不就危险了吗？遂率兵进抵军事要地克鲁伦河一带，并派人告诉费扬古必须急速赶至土拉。

当时，随行众大臣中有的建议等西路兵到达后再合兵出击，有的提议出其不意突然袭击，有的则认为先派使臣告诉噶尔丹皇帝亲征，让其军心惊惧之后乘机出击。众说纷纭，莫衷一是。圣祖让随行众皇子一起商讨，最后决定先遣使臣告知御驾亲征，然后率兵出击。于是，圣祖便命人带敕书、蟒袍等相关赐物及所俘获的厄鲁特人俄齐尔等四人前往噶尔丹驻地通报，噶尔丹一开始并不相信圣祖亲自统兵前来，于是就登上孟纳尔山遥望，看到整齐的队伍，漫山遍野的士兵，中间矗立着皇帝的大营，上面挂着龙旗。看到眼前的情况，噶尔丹惊恐万分，此时他才相信圣祖亲征，当晚就带着队伍丢弃庐帐器具轻装逃走。得知噶尔丹逃走的消息，圣祖命令马思哈率领骑兵穷追，追了三天，一直追到托诺山还是不见噶尔丹踪影，只好率兵返回。最后，圣祖命令内大臣明珠负责将中路军所剩下的粮草马匹全部运给西路军。

噶尔丹奔驰五昼夜，中途噶尔丹准备率军在托诺山阻击清军，但其军一溃千里，最后逃到了昭莫多，而此时西路军正好也到了此地。虽然噶尔丹率领的士兵只有万余人，但这些兵士皆是久经沙场，而此时的西路军饥饿疲乏，马匹很少，士兵都是徒步。费扬古等人考虑到马匹缺乏，无法用骑兵突击，面对这种情况如果不以逸待劳则不能取胜。

五月十三日，费扬古在三面临河一面有山且森林茂密的昭莫多设下埋伏，派前锋统领硕岱、副都统阿南达等人领兵400前去诱敌，让他们且战且退，将噶尔丹大军诱至昭莫多的伏击圈内聚歼。费扬古将一部分军队设在山之东面；一部分军队在小山之西沿河布阵，大将孙思克率兵占据小山之顶峰。被诱来的噶尔丹率领骑兵万余，声势浩大地奔驰而来，得知已进入清军的伏击圈，于是率军拼命地向山顶冲来，想拿下制高点。清军依据有利的地形居高临下击杀，噶尔丹军队不敌，退到山之东崖下，以崖为屏障奋起还击。两军拼死厮杀，伤亡相当。噶尔丹甚至和他的妻子阿努与全部下马的骑兵一起向前冲杀，拼命抵抗，战斗一直持续到傍晚。

当时，站在山上观看战况的费扬古发现噶尔丹的军队前面拼命厮杀，而后部却是人马不动，他料定是噶尔丹所部的妇幼、驼畜及相关物资。他立即派出两路精兵袭击噶尔丹军的后部，一路横冲入阵，一路袭击其辎重。于是噶尔丹大军全部大乱，见此情景，清军伏兵全部上马拼杀，敌兵仓皇逃窜。清军乘胜追击，乘夜向北追了30余里，直至特勒尔济山口，击杀敌军3000余人，生擒数百人，噶尔丹妻阿努被击毙，另外还俘获了大量人口、驼马、牛羊及器物，而噶尔丹只率少数随从逃走了。

五月十八日，圣祖得到捷报大喜，命令费扬古驻防在科图，保护喀尔喀蒙古的牧场，并在托诺山和昭莫多之山勒石，记录这一次胜利的经过，之后，圣祖班师回京，至归化城亲自犒赏三军将士。六月，圣祖起程返京，结束了第一次亲征。

第二次亲征噶尔丹

昭莫多一战使噶尔丹军主力尽失，此时的噶尔丹可以说是四面楚歌，其伊犁原来的旧部都被其侄策妄阿拉布坦所吞并，阿尔泰山以西不再是他的统治范围了；由于连年战争，回部（今新疆南部）、青海、哈萨克都不再听命于他。噶尔丹如果想西回伊犁，则有策妄阿拉布坦的威胁；如果逃往西藏，则路途遥远；若北投俄国，则俄国人见其已无利用价值，也会拒而不收。最后，噶尔丹听闻翁金河有清军粮草运回宁夏，遂派残兵数千前去劫掠，结果又被副都统祖良璧所率领的护粮军前后夹击打败。走投无路的噶尔丹打算劫掠喀尔喀蒙古在边境游牧的牧民，喀尔喀蒙古却早有防备，最终还是不敢轻举妄动。但噶尔丹并不甘心失败，派使臣前往西藏，欲联络达赖喇嘛，以图东山再起，但他派出的使臣很快被青海副都统擒获，噶尔丹的阴谋彻底暴露。圣祖始终认为，噶尔丹的问题不解决，终究会对国家造成危险。在这种状况下，圣祖决定乘清军刚刚大胜的锐气再次出征西北，计划对噶尔丹残部进行最后的军事围剿。同时，圣祖还是希望不要通过武力而使噶尔丹完全屈服，所以在部署武力的同时也加强对噶尔丹及其部属的说服和招降。

康熙三十五年（1696）九月十九日，圣祖亲率大军从京城出发，途径昌平、怀来等地前往呼和浩特，当晚驻扎在昌平，派于成龙先赴归化城办理西路军务，次日驻扎于南口时，圣祖亲自修订招降噶尔丹的诏书，派人沿途散发送往噶尔丹处。招降诏书内容：现在大皇帝再次统帅军队亲征，其他各处也做了军事调派。尔等既以失妻、子、牲畜，无衣无食，穷困潦倒，更失去了原来的地盘，没有固定的居处，现在天气渐渐冷下来了，绝境就在旦夕之间。大清陛下不忍心看到准部部众因冻饿而死，特发下诏书招抚。若尔等能够追悔之前犯下的罪行，诚心归顺，则大清皇帝陛下不分彼此，都视同一体，一视同仁，给以生养，使众人能各得其所。如果还是执迷不悟，那你们就该考虑将何去何从。想一想还有谁能够收留你们？你们已经没有退路了，速速来降，大清皇帝陛下必将保全你们的富贵，使尔等安居乐业。无须犹豫，无须畏惧！特此谕知。

圣祖率军一路北上，好消息接二连三传来。首先是副都统祖良璧于喀尔喀西部的翁金河击败噶尔丹侄子丹济拉，接着喀尔喀多罗贝勒根敦代青招抚噶尔丹属下60户，斩杀40余人，又招抚进贡噶尔丹之乌梁哈人160户。

九月二十九日，圣祖驻扎于喀喇巴尔哈孙，在此地得到奏报，噶尔丹率部前往札萨克图汗旧地博罗乌纳罕、空根渣巴哈等地过冬，此地与最远的一个卡伦相距40余日的路程，圣祖明白清军绝对不能深入那么远的地方，应暂时停止前进，应该把重点放在招降上，通过招降，若其部属都归降了，他自然而然也就屈服于中央政府了。于是，圣祖决定暂时以招降为主，大军随后到呼和浩特休整。

在呼和浩特休整的11天里，一方面为守卫汛界的大将军费扬古筹备粮草，增加前线兵力；另一方面准备堵截噶尔丹，全力封锁噶尔丹逃往西藏的所有路线，并在边境沿线严密布防。圣祖首先将在昭莫多战争中俘获的准噶尔部头人予以优待，赏赐很多物品，让他们回去与家人团聚，用恩遇来感化他们，同时让其带去给噶尔丹的敕书。针对准噶尔各部采取不同的政策，对准部的丹津阿拉布坦、策妄阿拉布坦、丹津鄂木布等要采取招抚，派和硕札萨克图亲王之长史等人持圣谕前往，着重离间他们与噶尔丹之间的关系，确保其在清廷与噶尔丹交战之时至少不跟随噶尔丹。经过劝降，厄鲁特蒙古许多人纷纷归附清朝，特别是大宰桑土谢图诺尔布带领属下80人投奔清朝，在准噶尔部中引起了轩然大波，一定程度上孤立了噶尔丹。

十月中下旬，圣祖命令孙思克及安西将军博霁分别率兵赴肃州打探消息，令人加紧对逃向哈密附近的噶尔丹内弟进行劝降，并征调2000绿旗兵在额济纳、昆都伦等地加强防范。不久，土尔扈特部阿玉奇率兵1000人，策妄阿拉布坦率兵1000人，和硕特部额尔克巴图尔台吉率兵1000人左右，皆驻扎于阿尔泰的土鲁图地方，阻截噶尔丹。这样，在西北组成了一个联合防线，噶尔丹西逃路线被截断。

十一月十七日，捕获达赖喇嘛使者、噶尔丹使者、噶尔丹亲侄及相关人员数十人，查获噶尔丹致达赖喇嘛密信一封，从中得知噶尔丹欲将其子送往西藏达赖喇嘛处。根据这封信，圣祖严令相关人员加紧搜捕，务必将噶尔丹之子捕获。不久，在哈密附近擒获噶尔丹之子，噶尔丹陷入更加被动的局面。

噶尔丹的处境日益艰难，他试图以诈降来拖延时间，以求脱身之法。噶尔丹从驻地通齐尔派格垒沽英为使者来清诈降。使者一行二十多人来到费扬古防地，费扬古当即将噶尔丹派使来议降之事先期派人加急送往行营，然后派兵护送使者一行向鄂尔多斯圣祖营地进发。

十一月二十五日，格垒沽英一行到达圣祖在鄂尔多斯的行猎营地东斯亥，当即受到了召见。格垒沽英向圣祖递交了噶尔丹致圣祖书信，圣祖在与其使者一番交谈后，了解到噶尔丹穷困潦倒之窘境，坚信自己的诱降政策已经起作用了。此时，费扬古从前线发来密书，认为噶尔丹原本就是一个奸诈之徒，眼见其处境不妙，就派格垒沽英等25人以遣使为名蛊惑其属下，以图安抚人心，企图寻找机会逃跑。因此，请求将噶尔丹使者格垒沽英暂时扣留，让噶尔丹的如意算盘落空，使其部民人心摇动，然后精选马匹，选派能征善战之人进剿噶尔丹。然而圣祖并没有听取费扬古的正确建议，反而对噶尔丹议降毫不怀疑。

十二月初二日，圣祖遣回噶尔丹使者格垒沽英等人，并命员外郎博什希和笔帖式阗寿带着敕书与使者一起前往噶尔丹驻地。临行前，圣祖让格垒沽英转告噶尔丹让他亲自来归降，限期70天，否则将带大军前去讨伐。

此次出征已获重大进展，对圣祖来说他认为胜利就在眼前，因此等待噶尔丹前来归顺的圣祖在大军后援日益艰难的状况下决定从东斯亥班师回京。回京途中，圣祖接见大将军费扬古，表彰了他在昭莫多战役中的功绩，并以御用之物赏赐。总之，圣祖的第二次亲征虽没有发生大的战役，但所运用的招降政策使准噶尔部大量来降，同时也阻断了噶尔丹的外援，为彻底消灭噶尔丹奠定了基础。十二月二十日，圣祖胜利回到京城，结束了他的第二次亲征。

第三次亲征噶尔丹

圣祖第二次亲征后，噶尔丹并没有如期前来归顺。在此情况下，圣祖认为必须乘机完全剿灭，断不能让其死灰复燃。虽然很多大臣上奏劝诫皇帝大可不必再次亲征，再亲临沙漠穷恶之地，圣祖还是决定必须亲征，彻底消灭噶尔丹。

康熙三十六年（1697）二月初六日，圣祖第三次亲征，率大军前往宁夏，开始了彻底剿灭噶尔丹的军事行动，顺便招降厄鲁特一些散逸部落。

三月十六日，圣祖率大军至黄河渡口，先行的直隶总督于成龙等人于此接驾。圣祖召来于成龙，与之密语良久。次日，圣祖至陕西安边城，当晚设营驻扎于城东。在营中收到宁夏众大臣要前来迎驾的消息，圣祖表示两军交战中马匹至关重要，应该尽量节省马匹，所以下令禁止宁夏官员远道而来迎驾，等圣驾到了黄河时允许他们在黄河对岸迎候。

三月二十六日，大军抵达宁夏。之后没过几天，在第二次亲征中被派往厄鲁特各部的使者纷纷回到宁夏。特别是出使噶尔丹部的员外郎博什希向圣祖奏报了出使情况：噶尔丹绝无降意，但他手下的一些大臣却出现了动摇。特别是噶尔丹的一个亲信因为圣祖放回其母，让他们团聚，十分感恩，有了降意。噶尔丹使者格垒沽英回去后立即带着妻子和财产归降清朝，并且还动员了噶尔丹的重臣丹济拉。可以说噶尔丹陷入了众叛亲离的境地。同时对青海的招降也取得了可喜的进展，青海各台吉纷纷归顺清廷。

闰三月初三日晚，噶尔丹的驻地萨克萨特呼里克地方大雾四起，弥漫天地之间，雾中似乎传来了阵阵炮声。噶尔丹部属以为是清军打过来了，顿时大乱，立即撤退。在撤退过程中，噶尔丹的亲信丹济拉率部离开了噶尔丹，另迁别处。而原来就与噶尔丹不和的丹津阿拉布坦等人更是远离噶尔丹，移居到与策妄阿拉布坦交界处居住。此时噶尔丹所部加起来一共不超过300人，驼马极少，没有牛羊，无法为生，只能天天靠打猎为生，处境十分艰难。尤其是达赖喇嘛死后，噶尔丹勾结执事官第巴秘不发丧，利用达赖喇嘛的名义号令西北各民众支持噶尔丹，这一行径被揭露后大失人心，已没有人相信他的谎言了。噶尔丹可谓是众叛亲离，无处可驻，只能在阿尔泰一带游动。

圣祖原定两路出兵，每路士兵3000人，从现在驻扎于西北各道的兵中调拨。当得知噶尔丹已经陷入绝境，唯有自保的状况后，将原来每路士兵3000人减少为2000人，所剩下的马匹增加给开赴前线的士兵，每人多增加一匹战马，二人合给一匹骆驼。同时调整了原来的进军计划，重新部署两路进军路线：一路出嘉峪关，由孙思克等率领西安八旗兵和甘肃绿旗兵共2000人赶赴布隆吉尔阿南达驻地，再由阿南达、提督李林隆统领由孙思克带去的一部分兵经哈密向萨克萨特呼里克搜剿，孙思克等则率领剩下的士兵驻扎在甘州。第二路从宁夏出发，由费扬古统领喀尔喀蒙古及附近各蒙古汗、王、贝勒、贝子、公、台吉等情愿效力者及黑龙江兵、察哈尔兵，各带四天的口粮，前往郭多里巴尔哈孙。两路大军于闰三月十一日出发。

圣祖在追剿的同时也不放弃怀柔政策，所以在命令大军沿途严密搜剿的同时，还派使者前往颁布招降敕书。对噶尔丹的招降敕书内容为：一、希望他早日归顺朝廷，拖延时日毫无益处；二、达赖喇嘛早已去世，其以达赖为幌子的借口不攻自破；三、其逃亡之地朝廷一清二楚，若不归降，定要率兵讨伐，直至剿灭为止。另外，对噶尔丹的手下亲信也颁发了招降敕书，圣祖在敕书中表示只要他们率部属众人归降，前面所犯之罪一笔勾销，而且还要厚待他们，让他们的部属各得其所。圣祖的招降政策起到了效果，噶尔丹侄子丹济拉准备投降，青海诸台吉也愿意臣服朝廷。

驻扎在宁夏银川将近26天的圣祖于闰三月十五日启程，沿黄河西行，向位于内蒙古狼山以南的白塔进军。负责运送大军粮草的于成龙带着大批军粮也于同一天从宁夏启程，为了确保粮食的绝对安全，圣祖还特意加派西安副都统带领300名士兵沿途护卫，由于成龙节制。

二十六日圣祖抵达白塔，大军的补给也到了。130条船运载着粮食从银川到达这里，全部用来供应追击噶尔丹的前线士兵。

二十九日，圣祖来到黄河西岸的船站，检阅八旗前锋和黑龙江兵，并亲自目送这些征讨噶尔丹的前锋部队出征。四月初一日，又检阅了鸟枪兵、绿旗兵，并送这些士兵启程北进，这些后续骑兵部队不算军官和随从大约有2500名。之后，由于成龙代替皇帝率领众侍郎北进至船站石嘴，犒赏蒙古官兵一天。

大军北进要道上有一处无水无草的沙漠，北进大军在此处受困，缺水缺粮，形势危急，于成龙得知情况后立即差守备林之本运送粮草前去，同时探查戈壁中的水草之地。然而，守备林之本夜里行军迷失了方向，被迫原地坐等天明，后循北斗星的方向行走抵达黄河岸边，西北方有山，是两狼山，林之本率领士兵朝山的方向走去，走了一天，傍晚找到了水草丰美的地方。次日，大军依然朝山的方向前进，并挖出了可饮用的水，解决了数千人马的饮水问题，这样就避开了无水无草的戈壁。林之本告知于成龙，于这一带设立了台站（军事上防守和调度的机构）。第三天，林之本率兵过了两狼山后，直奔费扬古军营。后来，于成龙也是通过这条新道押运粮草[①]。

四月初七日，圣祖乘船沿黄河顺流东下，向布古图前进。四月初九日，抚远大将军费扬古行军至萨奇尔巴尔哈孙地方，噶尔丹部重要头领丹济拉派遣齐奇尔宰桑等9人前来归顺，并告知：闰三月十三日，噶尔丹率领残部行至阿察阿穆塔台地方，服毒自杀了。噶尔丹残部分成两部，一部以丹济拉、诺颜格隆、丹济拉之婿拉思伦为首，他们携噶尔丹尸骸及噶尔丹之女钟齐海共率300户来归顺大清。丹济拉等人因为长期逃窜，人困马乏又无粮草，所以暂时住在巴雅恩都尔地方等候旨意。另一部以吴尔占扎卜、色棱、阿巴塔尔、阿喇尔拜、额尔德尼吴尔扎忒喇嘛为首，带领200户投靠策妄阿拉布坦去了。得知此消息后，费扬古统帅大军立刻前往丹济拉所住巴雅恩都尔，如果丹济拉等人真心归顺，则大军将接应他们；如果心怀不轨，则当即予以剿灭。同

[①] 钱仪吉：《碑传集》。

时，费扬古将此消息派人加急奏报圣祖，并将丹济拉所派齐奇尔宰桑等9人护送至皇帝行营。

四月十五日，圣祖在布古图接到了费扬古的奏报，面对这一突如其来的好消息，欣喜之情难以言表，当即跪倒拜天，感谢天恩护佑。立即传旨费扬古，命其挑选精兵，前去丹济拉处接应前来归顺之人，前去搜剿的士兵也全部撤回。此外，还命令于成龙停止运送军粮，而这个命令一直到五月初才由费扬古转达给于成龙。当时已押运着大批粮草到达郭多里巴尔哈孙地方的于成龙接到命令后带着粮草就地留屯。由于粮草数量非常多，为了安全起见，于成龙让士兵挖壕筑城，城高6尺，壕沟深9尺，留南北两出口，设置了栅栏。于成龙在此地驻扎一待就是三个多月，一直到费扬古带领大军凯旋。

七月二十八日，费扬古大军到达郭多里巴尔哈孙，士兵每人发放45天的口粮，并从林之本所探得的新路返回。

噶尔丹的自尽、丹济拉等人的投降让圣祖终于松了一口气，圣祖在行营外设香案，率文武官员感谢上天眷顾，终于等来了这一来之不易的胜利，不久，带着难以言表的喜悦心情开始班师回京。在回銮途中，圣祖又广施恩惠，特别对新归顺的厄鲁特蒙古更是赏赐有加，并将归顺的1500名厄鲁特民人及其妻子、子女都安置在肥沃之地，提供给他们大量的牲畜和衣物。另外，赐予蒙古诸亲王、贝勒等王公贵族牛羊，并把自己的第三个女儿下嫁给土谢图汗之孙为妻。

五月十六日，圣祖凯旋至京，结束了他的第三次亲征，也是最后一次对噶尔丹的讨伐，为边疆的稳定和领土的完整做出了不可磨灭的贡献，在中国历史上具有深远的意义。

台湾朱一贵起义

清政府收复台湾后，为加强管理，在台湾设置了府县。康熙前中期被派往治理台湾的官员还相对比较清廉，也勇于为民办事。然而至康熙末年，由于台湾远离大陆，山高皇帝远，台湾的吏治腐败非常严重。据当时的记载，台湾的文官平时就是贪污肥私，压迫和剥削百姓，武官则大吃空饷，胥役也是整天敲诈勒索百姓，各种苛捐杂税多如牛毛，而且是反复征收，就连国家规定的田赋在台湾也变了样，征收额度奇高。长期的剥削与压迫，激起了百姓心中的怨恨，不久便爆发了朱一贵领导的台湾民众起义。

朱一贵，原名朱祖，生于康熙二十九年（1680），福建省漳州府长泰县人。康熙五十二年（1713）随移民潮至台湾。起初，朱一贵试图在台厦兵备道辕门做一名差役，但最后没有被录用，为了谋生，先后帮人佣工、种田，不久在鸭母寮（今高雄市内门区光兴里）以养鸭为业。朱一贵为人侠义好客，豪爽健谈，当地人称之为"小孟尝""鸭母王"，在当地百姓中有着极高的威信。百姓们无论大事小事都来找他，他也乐于帮助别人，久而久之，便成了当地百姓公认的头领。

康熙六十年（1721），凤山县知县出缺，知府王珍暂时兼理。王珍不但不认真办事，还把一县事务全部交给他的次子管理。上梁不正下梁歪，王珍这个儿子也与其父一样爱财如命，他利用职权横征暴敛。所征收的钱粮每石都要折银七钱二分，比内地的最高田赋还要高两三倍。此外，王珍父子巧立各种名目，向百姓无休止摊派各种苛捐杂税。官府的横征暴敛让百姓个个心怀积愤，也让朱一贵在心中燃起了起来反抗的念头。不久，朱一贵与其好友黄殿等数十人歃血结拜，谋划杀贪官起事。

三月，民人李勇、吴外、郑定瑞等人来到朱一贵家，一起谋划起义之事，他们针对民怨沸腾的状况，一致同意现在正是起义的好时机。朱一贵提出，如果以明朝后裔的身份来号召百姓，响应的人会更多。最后，他们决定推朱一贵为头领，并由其以明朝后裔的身份宣告起事。

四月十九日，朱一贵等人聚集了1000多人，削木为枪，在乌山竖起起事大旗，并在大旗上写着"激变良民大明重兴大元帅朱"的字样，他们率领士兵一面开始向当地官府进攻，并于当夜攻占冈山清兵营，缴获鸟枪、藤牌十几件；另一面派人与先期在台南起义的杜君英等人结成联盟，共同对抗官兵。

起义的消息传出后，台湾总兵欧阳凯立即派右营游击周应龙率领400兵丁前往镇压，同时还要求道府派遣台湾县丞冯迪调派新港、目加溜湾、萧垄、麻豆四地的土著兵丁随往。首战中，朱一贵打败了把总张文学，获得了很多物品。其后，朱一贵与周应龙两军在小冈山相遇，经过激励的战斗，双方都有很大的伤亡。朱一贵退驻衮交友庄，周应龙也率兵后退。但在后退的途中，周应龙却纵兵焚掠，激起了当地人的强烈义愤，纷纷加入朱一贵的队伍。

四月二十七日，朱一贵率领更加壮大的队伍与周应龙战于赤山，这一仗周应龙战败逃跑，其麾下千总陈元战死，把总周应龙被擒。前来镇压的官兵被打败，将领不是逃跑就是被擒杀，南路营参将苗景龙逃到万丹后也被义军擒杀。官兵连连战败的消息传开后，整个台湾震动，台湾府的文武官员都把家眷预先送回大陆，士绅们也都带着家眷和家产纷纷逃走。

四月三十日，台湾总兵欧阳凯不得不亲自率兵前去镇压，水师副将许云也率兵500人参战，但很多属下士兵害怕打仗，尤其是水师，甚至拒绝与义军交战。

五月初一日，总兵欧阳凯率兵与朱一贵大军决战，在交战中清把总杨泰临阵倒戈，刺杀欧阳凯，一时清军大乱。混乱中清军将领水师副将以下被杀者数十人。朱一贵率领士兵乘胜追击，很容易地攻下了台湾府城。进入府城后的义军获得了大批军械，分发了府库中的钱物。台湾各地义军群起响应，清军北路营参将罗万仓战死。至此，义军基本控制了全台湾。

五月初四日，朱一贵头戴通天冠，身穿黄袍玉带，被众人拥戴称为中兴王，定国号大明，年号永和，祭告天地及延平郡王郑成功。宣布废除剃发令，规定军民一律将长辫剪断，一切礼仪服饰均仿照明朝制度。朱一贵还大封诸将40余人，名号有国师、太师、国公、将军、侯、都督、尚书、辅弼大将军等，另有其他文武官员各数十人。分封之后，朱一贵派骁勇善战的郑定瑞、苏天威率兵3000人，驻守鹿耳门。同时，派人秘密前往澎湖侦查清军情况，并散发反清檄文。

当朱一贵积极备战之时，义军内部却发生了内讧，为义军的失败埋下了伏笔。朱一贵、杜君英等率领义军进入台湾府城后，杜君英却想立他的儿子杜会三为王，但其子没有像朱一贵那样的威信，所以众多义军将领一致反对，一致推举朱一贵为王。这一事件让杜君英非常恼怒，也逐渐产生了异心，不但不听朱一贵节制，还骄横自专，纵兵四处烧杀抢掠。朱一贵被逼无奈，不得不派兵前去讨伐。杜君英被打败，率领数万人北走。此次内讧，大大地消耗了义军的力量，无异于自毁城墙，为清军的反扑提供了机会。

清闽浙总督宗室满保接到朱一贵等人在台湾起义的消息后，立即将此消息奏报圣祖,同时他自己星夜兼程赶赴厦门,急调南澳总兵蓝廷珍率兵前往台湾,极力配合已经先期赶赴澎湖的施世骠所率水师。

六月十六日,施世骠、蓝廷珍所率领的清军抵达鹿耳门,与驻守此地的苏天威义军发生了激战。先是苏天威率军占据险要位置抵御清军,炮台发射火炮抗击,其间则用小船往来伏击。清军则用6艘巨型大船作盾牌,后面的战船发炮还击。双方鏖战良久,后因蓝廷珍率援兵赶到,使得苏天威作战不利,被迫退守东都。次日,朱一贵派兵8000来援,而清军依靠先进的船炮,近岸边发炮攻击,义军不敌,被迫撤退。

六月二十二日,施世骠率兵攻府城南面,朱一贵亲率部众与清军大战,从早晨一直激战至中午,最后义军的营垒尽失。次日,朱一贵率领残部撤离府城,向北退却。施世骠、蓝廷珍率部进入台湾府城后乘胜追击。蓝廷珍派参将王万化、林政等人率兵南下进攻凤山县。驻守此处的义军将领颜子京、郑定瑞等率部抵抗,最后全部战死。清军游击林秀、薄有成等则追击撤退的朱一贵残部。在进行军事镇压的同时,根据圣祖的旨意,也要兼用招降的办法。义军身处困境,清政府的招降政策非常奏效,义军纷纷降清,朱一贵的处境更加不利。

闰六月初五日,朱一贵率领残部逃到沟尾庄。义军一千余人在当地地主杨雄等人的诱骗之下来到事先设好的圈套内。杨雄等人假装支持义军,将义军将领全部分开安置住宿,并命乡堡壮丁将他们包围起来,假说是保护,同时还将火炮全部灌水,使它们不起作用。晚上,突然"清军来了"的喊声大起,众义军将领大惊,慌不择路,除了几个逃走外其余全部被擒。杨雄等人捉住朱一贵后,将其捆在牛车上,连夜送至施世骠大营。

蓝廷珍、施世骠会审朱一贵。之后,朱一贵先被送到厦门闽浙总督满保处,然后再由满保解送至京城。

朱一贵被擒之后,各地的起义军或被消灭,或投降清军。九月中旬,一直到处逃跑藏匿的农民军将领杜君英、陈福寿等人也被迫投降,至此,朱一贵起义最终失败。这些被擒获或投降的农民军将领遭到了清政府的严惩。农民军的主要领导者朱一贵、李勇等人均照谋反之罪凌迟处死,其五服之内的男性亲属无论老幼全部被处决,女性亲属全部押送至北京,给功臣家为奴,所有财产充公。投降的将领,如杜君英、陈福寿等人,虽然是主动投降,也还是被判包括子侄在内斩立决,妻女给功臣家为奴,财产充公。

经营台湾四十载

二 抚绥边疆 初奠版图

台湾在收复之前虽然由郑氏经营多年，但其发展却显得非常落后。刚收复回来的台湾开垦的土地十无二三，整个台湾发展相对比较好的是西南部及高雄沿海一带平原，北起朴子溪水，南至淡水溪，东起中央山地外侧的番界岭，面积大约百里左右的地带。收复之初，原从内地来台的郑氏部众及一些来台的百姓纷纷返回大陆故乡。据当时的记载，当时返回大陆的人口占了台湾人口的一半，还有一半都逃到了南洋群岛，只剩下了台湾当地的土著人，导致了台湾全岛的空虚，人烟稀少，台湾岛的开发也就荒废了[①]。

收复台湾后，康熙二十三年（1684）四月设台湾府及其台湾、诸罗、凤山三县，归属于福建省，同时调派10 000名士兵驻守，从内地选派得力官员前往台湾充任知府、总兵等职，开始着手对台湾全岛的开发与经营。同年在台湾、凤山两县建立儒学，次年巡道周昌、知府蒋毓英大修文庙，并在其旁设立府学，同时设教授1人，管理日常学务。各县设县学、教谕，隶属于学

---

① 施琅：《恭陈台湾弃留疏》，《靖海纪事》（下卷）。

政,后又增训导1人。凡是年满七八岁的儿童皆要入学,由启蒙老师教授《三字经》《千字文》,学完之后开始读《大学》《中庸》《论语》《孟子》,要求童生们必须背诵。不仅如此,还要熟悉朱熹对四书的批注,为将来参加科举考试做准备。再之后,教授《诗》《书》《易》《左传》,并且派人设题对入县学者进行考试,学习十年者即可参加科举考试。其中聪明上进者可以在学习之余再读其他古文,遍览史书,以求学问渊博。士人们皆是父教子,兄勉弟。

康熙二十五年(1686),福建总督王新命、巡抚张仲举奏请圣祖批准,台湾岁进文武童各20名,科进文童20名,廪膳生20名,无廪米之增广生20名。岁贡以廪生食饩为先后,年贡1人。参加考试之时,知县亲自至考棚点名给卷,然后将考场大门从门外反锁,考试内容为两文一诗,太阳落山才结束。之后,经过考官审批,数日之后发榜。

清统一台湾后,首先宣布郑氏旧有土地,除部分留作"官庄"外,全部分给当地百姓,并且减轻了百姓的赋税。康熙三十年(1691)开始,内地人陆陆续续前往台湾谋生。先是,泉州人王世杰召集同乡一百数十人,乘船来到台湾。他们首先开垦了竹堑的社地,将荒地努力开垦成肥沃的熟地,经过几年的辛勤劳动,开垦的良田已达数百甲了。之后,内地百姓大批前往台湾,为台湾的农业发展做出了巨大贡献。

从收复台湾之次年到康熙四十九年的25年中,新开垦的田园就有11 655甲多,如果按照台湾地亩1甲折合成内地11亩计算,约合127 000多亩。其中水田18 000亩左右,旱地119 000余亩。从中我们可以看出台湾农业的发展是非常迅速的。特别是台北盆地,原是台湾土著大加蚋的"番社"地,没有得到开发。

康熙四十七年(1708),泉州人陈赖章率领福建沿海一带来台的百姓首先来到台北盆地,发现这一带都没有得到很好的开发,而当地的土著人由于不谙农事，为此，陈赖章与当地土著人订立了开垦约定，带人前往大加蚋一带进行垦荒，这是开垦台北的开始。他们与土著人一起开发这片土地，经过千辛万苦的垦辟，将大批荒芜土地开垦成肥沃良田。台湾县罗汉内门、外门的田地，原是土著人大杰巅"番社"的属地，内地的百姓到来后，与台湾本地百姓一起，将放眼皆是荒芜的土地开垦成为肥沃的良田。一直到康熙五十五年，经诸罗知县周锺瑄许可，土著人与内地来的百姓共同开垦和开发台中。

康熙五十八年（1719），施世榜召集流民，以优惠条件开垦东螺一带荒地，并率领民人修建了著名的水利工程施厝圳，在二水乡一带兴建水圳，引浊水溪灌溉二水鹿港农田。此项水利工程可灌溉彰化十三堡半的田地，面积达19 000甲。同时有福建人杨志申率领众弟来此谋生，他们招募佃农数千人，开垦荒地，凿挖二八圳，引猫罗之水灌溉，可灌溉数百甲的土地，仅此一处每年就有万石的粮食收成，彰化东西两堡之田，皆属于杨氏所开垦。之后，杨氏兄弟还以余力开垦淡水、佳腊埔及金包里等处的荒地，也取得了很好的效果。滨海之地也开始恢复开垦。经过台湾本地民人和内地百姓的努力，至康熙末年，开垦的范围已遍及全台各地，而之前只台湾府治周围百余里地方得到开发，凤山、诸罗等县自古就是烟瘴之地，当地人都不敢去，而至康熙末年，南起郎娇北穷淡水、鸡笼以上方圆1500里之地，开垦的民人趋之若鹜，更不论是深山还是僻野，包括之前人迹罕至的大山之麓都得到了开发①。

此外，还值得一提的是随着劳动人民征服自然能力的不断增强，农业生产技术也在不断提高。诸罗县境半线社境内的一部分当地土著人住在一个四面环水的小岛上，他们根据岛小可用的耕地面积少的弱点，发明了"木排

---

① 魏源：《皇朝经世文编》。

田"，即用大木扎成排，将木排放在水上，然后在木排上堆上厚土，然后在上面耕种，而且还能移动。为了进一步发展农业，广大汉族和当地民族一起大力兴修水利，修建了很多泽被后世的水利工程，除此之外还引进大陆的优良物种。

台湾手工业以及商品贸易也日益发展起来。淡水的北投一带产硫黄，西班牙人占据台湾时，曾派人前往挖掘。但由于产硫黄之地充斥着瘴毒之气，很多人死在那里，也就没有进行大规模的挖掘。

康熙三十五年（1696）冬，仁和诸生郁永河前往台湾采硫黄。次年四月，淡水社通事张大先到北投修建了房屋，郁永河来到后召集并宴请当地的土著头人，告诉他们硫黄可以获利，并与他们订立了采购协约，可以用一筐硫黄换七尺布匹。当地土人非常高兴，人人都挑来硫黄换布。将这些硫矿石进行煮炼，一锅最多时可得到纯净的硫黄达四五百斤，这些硫黄无论是销往内地还是卖给洋人，销路非常好，且利润高，刺激了淡水一带的经济发展①。

制糖是台湾的传统手工业。台湾、诸罗、凤山三县每年可以生产出蔗糖约60余万篓，每篓一百七八十斤。若以每篓170斤计算，三县年产蔗糖可达1亿多斤，这个产量是非常巨大的。台湾所产的白糖和红糖深受台湾当地和大陆人民的喜爱，所以往往糖还没有生产，客人就已经先行付款预定。蔗糖按照品种不同而分销各处，其中颜色红、质地松的蔗糖在苏州比较好卖；如果是糖湿色黑，则在上海、宁波、镇江一带销售。此外，商人还将台湾产的蔗糖运到日本、吕宋等国销售，以获得丰厚的利润②。由于台湾糖的质量非常好，清政府于康熙二十四年（1685）从台湾征收糖11 000石，其中台湾县6000石、凤山县1500石、诸罗县3500石。当时的诸罗县知县季麒光害怕这种

---

① 连横：《台湾通史》卷38。
② 郁永河：《裨海记游》；余文仪：（乾隆）《续修台湾府志》；黄叔璥：《赤嵌笔谈》。

采办不但病官更会损民，于是上书督抚请求将征收的糖斤均摊到田亩之中征收。

台湾收复后，台湾的盐业政策与大陆不同。大陆是食盐官府专卖，而台湾则是仍由民人自产自销。当时台湾有三大盐田：濑口、洲仔尾和打狗盐田，但由于收复台湾的战争及大量郑氏遗民被回迁大陆，导致了全台湾盐田的埕格面积顿时减少了三分之一。康熙三十三年（1694），圣祖颁布旨意，命令将台湾所要缴纳的盐埕饷减少三分之一。在这一政策的刺激下，台湾的盐业很快得到了恢复和发展，规模一再壮大。

台湾收复后，圣祖逐渐开海禁令，对外贸易日渐繁荣，台湾也受惠于此，积极地融入这一股贸易大潮中。清政府也鼓励台湾积极发展对外贸易，当时福建省就建议台湾府可以仿照郑氏治台时的状况，按照每年的惯例，置办鹿皮9000张、白糖20 000石，运往海外进行贸易，并且福建省为了帮助台湾的对外贸易，还将已经没收并停靠在厦门的郑氏商船调拨台湾运送商品。

康熙四十二年（1713），圣祖进一步放宽了对外贸易的政策，批准出洋商船可以用双桅，这样商船不但更加能抵抗风浪，而且航行速度加快，航行的距离可以更远了，因此台湾商人与吕宋各国商人的贸易往来更加频繁，台湾的各种商品纷纷运销南洋各地，台湾商人获利丰厚，台湾百姓也得益于对外贸易的发展，极大地刺激了台湾地方的经济发展。

康熙五十三年（1714），诸罗知县周锺瑄以土著各番社赋税较重，上书总督觉罗满保，请求豁免或减少。当时分巡道陈璸以整肃吏治而著称于世，他在台时曾带着干粮，率领几个仆从，深入番社村落，查看民间疾苦，所见土著人的困苦情形让他深为叹息，因此十分赞成并推动酌减番社赋税，此外他还派属官南北通事劝化还没有归顺清中央政府的一些土著人。在陈璸的努力下，不但安定了已经归顺的土著人的民心，还将南路山猪毛等十社、北路岸里等五社共4753人纳入王化治下。这些归顺的土著人每年愿向朝廷贡献鹿皮50张、银12两，以此作为赋税，登记入册后直接拨充为军饷，除此之外规定：自此之后任何人不得对他们有丝毫科派。这一政策颁布后，很多生番纷纷前来归顺。

康熙末年，台湾阿里山、水沙连等地各社番皆出山归顺清政府，至此台湾生番皆纳入王化。从清政府刚刚收复台湾时的初设一府三县，管辖范围不过百余里，到康熙末年，前来开垦之人放眼皆是，管辖范围广袤两千余里，农业、手工业所得之利甲天下。在清政府及大陆人民的支持下，经过四十年的开发和发展，台湾得到了迅速的发展，台湾开始显现出一个美丽富饶的宝岛雏形①。

---

① 朱诚如：《康熙年间台湾的进一步开发》，《辽宁师范大学学报》（社会科学版）1979年第4期；连横：《台湾通史》。

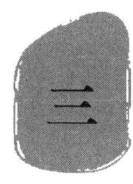

三

用兵西北 维护主权

SHUDU QINGSHI
KAICHUANG SHENGSHI

真假博弈三达赖

康熙朝之前西藏一直都是由清朝中央政府册封的五世达赖喇嘛任最高宗教领袖，和硕特顾实汗为最高政治领袖，蒙藏联合，共同管理西藏。然而，这一相对稳定的管理格局随着顾实汗的去世而改变。顾实汗去世，其诸子之间由于争夺最高统治权而产生了内讧，汗位迟迟没得到继承，从而导致了和硕特部在西藏地区的实力遭到了极大的削弱，以五世达赖为首的宗教势力逐渐掌握了西藏地区的政教大权。然而，此时的五世达赖年事已高，为了不让西藏的统治大权再次旁落到和硕特部蒙古人手中，便任命了由他培养多年的心腹桑结嘉措为西藏政府的第巴。桑结嘉措出任第巴后，为了继续削弱和硕特部的势力，确保对西藏的绝对统治权，与噶尔丹建立了密切关系，希望利用噶尔丹的力量将和硕特蒙古势力赶出西藏。不久，五世达赖圆寂，第巴桑结嘉措为了确保其绝对优势的权力格局以及策应噶尔丹的军事行动，对达赖圆寂秘不发丧，对外宣称五世达赖入定，不能见人，一切活动由他以五世达赖的名义行事。可是世上没有不透风的墙，五世达赖圆寂的消息不胫而走。

康熙三十六年（1697），圣祖在亲征噶尔丹时听闻到五世达赖早已圆寂，并得到相关方面的确认，清政府立即向第巴责问。迫于压力，桑结嘉措公布五世达赖喇嘛已经圆寂，并派尼玛塘呼图克图等人前往京城汇报：五世达赖已于康熙二十一年圆寂，当时打算立即向圣祖汇报，当时害怕此事泄露，唯恐蒙古诸部又起争乱，从而引起西藏地区的不稳，况且秘不发丧也是奉了五世达赖喇嘛之命。在秘不发丧期间，已经将五世达赖的转世灵童找到，并打算于同年年底举行转世灵童的坐床仪式。不久，在第巴的安排下，时年15岁的灵童在班禅座下受戒，赐法名洛桑仁钦·仓央嘉措。

为了蒙古各部的团结和西藏局势的稳定，圣祖没有追究第巴桑结嘉措的过错，而是本着"以和为贵"的原则对第巴做出让步。

同年十月二十四日，圣祖派理藩院主事保住、章嘉呼图克图、札萨克喇嘛率领一百多人的使团前往西藏参加坐床仪式，一方面授给六世达赖印信、封文；另一方面也要察看第巴以及转世灵童的具体情况。圣祖虽然对桑结嘉措的所作所为十分生气，但为了大局还是隐忍下来。不久，圣祖让桑结嘉措操办班禅罗桑益西进京之事，但班禅却因未出痘而向圣祖坚辞不去，圣祖认为是桑结嘉措阻止班禅进京，从而更加警惕。第巴桑结嘉措对五世达赖秘不发丧、长期独断专权的行为早已引起了很多僧俗封建主的不满，六世达赖的坐床并没有消弭这些人的不满以及藏蒙统治层之间的矛盾，终于发展到最后的兵戎相见。

康熙四十年（1701），和硕特部达颜汗之子去世，其子旺扎尔即位，两年后旺扎尔之弟拉藏汗取而代之。刚即位的拉藏汗一心想恢复之前和硕特在西藏的权势，这让第巴桑结嘉措非常忌恨。为了不让拉藏汗影响到自己在西藏的统治地位，桑结嘉措便用重金收买了拉藏汗的侍卫，接二连三地在拉藏汗的饮食中下毒。虽然拉藏汗最终并没有被毒死，但两人之间的矛盾已不共戴天，终于在康熙四十四年于拉萨爆发武力冲突，结果第巴桑结嘉措兵败被杀，桑结嘉措势力被铲除殆尽。经拉藏汗一手策划，扶植了西藏地方政府的第巴，和硕特部又重新夺回了在西藏的权势。

为了争取清中央政府的支持和承认，拉藏汗派人于同年四月到北京向圣祖奏报假达赖的来龙去脉以及整个事变过程。拉藏汗在奏报中指出，由桑结嘉措确立的六世达赖仓央嘉措并不是真的达赖转世灵童，因为这位达赖沉迷酒色，违反清规戒律，请求圣祖将其废黜，重新寻找五世达赖的转世灵童。同时，一直对西藏虎视眈眈的策旺阿拉布坦也上书圣祖，指出仓央嘉措实没有丝毫的气质和风范。拉藏汗的表现赢得了圣祖的信任，圣祖认为必须扶助一个他信任的人来稳定西藏局势，于是派护军统领席柱、学士舒兰带着敕书入藏，封拉藏汗为"翊法恭顺汗"，赐予金印。同时，应拉藏汗之请宣布废黜六世达赖的封号，将仓央嘉措拘押回京。然而，藏民和一些僧侣并不认为仓央嘉措是"假达赖"。

康熙四十五年（1706）十月，当仓央嘉措被拉藏汗的军队押解出城时，无数信众泪流满面跪地送行。当押解部队行至拉萨西郊约十公里的哲蚌寺时，早已在此等候的哲蚌寺、甘丹寺和色拉寺三寺僧人奋力将仓央嘉措抢了出来，但又被闻讯赶来的拉藏汗军夺回。至青海，仓央嘉措由清政府将领席柱率清兵押护返京，行至青海湖附近的西宁口外时病故（一说被杀，或说远遁）。得知仓央嘉措病故后，圣祖下令让拉藏汗寻找六世达赖的转世灵童。拉藏汗时刻在考虑如何进一步巩固其在西藏各地的势力和地位，这正是一个绝好契机。最后，拉藏汗选中波克塔山的益喜嘉措为五世达赖的转世灵童，迎接至布达拉宫坐床，清政府在拉藏汗的请求下于康熙四十九年（1710）正式册封益喜嘉措为六世达赖。

拉藏汗把持六世达赖的选立一事，引起了黄教三大寺僧侣及青海众台吉的反对，双方一时之间争论不下，矛盾尖锐。为了调和双方之间的矛盾，稳定拉藏汗作为清朝在西藏代理人的地位，圣祖派内阁学士拉都浑率青海众台吉的使者前往西藏，对拉藏汗所选立的转世灵童益喜嘉措进行查验。虽然如此，但青海众台吉与拉藏汗之间的不和睦直接影响到西藏地区的稳定以及清廷对西藏的控制，鉴于此，圣祖认为不能让拉藏汗独擅西藏大权，决定派侍郎赫寿前往西藏，会同拉藏汗一起办理西藏事务。这也是清朝设置驻藏大臣的开始。

然而，益喜嘉措被朝廷的确认并没有打消青海众台吉与拉藏汗之间的矛盾。康熙五十三年（1714），青海众台吉、拉萨三大寺的僧侣等在里塘找到一位名叫格桑嘉措的幼童，此童生来异相，聪明过人，最重要的是他能够认出仓央嘉措生前所用过的东西。于是三大寺僧侣以及西藏、青海蒙古上层的僧俗都一致认定此幼童是仓央嘉措的转世灵童，并把他接到寺庙中养护起来，同时联名奏请圣祖承认格桑嘉措为真六世达赖的转世灵童。但圣祖已经册封了拉藏汗所找到的灵童为六世达赖，所以当时并没有答应他们的请求。为了避免两方的矛盾升级，圣祖派遣侍卫阿齐图等前往青海传达圣祖的谕旨，将格桑嘉措送到西宁口内寺庙中养护起来，置于清军的武力保护和控制中。同时，派理藩院主事众佛保立即前往班禅处，询问班禅格桑嘉措是否是真的转世灵童。

康熙五十四年，众佛保带回班禅的印文，班禅在印文中认定格桑嘉措并非是真的转世灵童。圣祖派侍卫阿齐图传集青海众台吉贝勒会盟，在盟会上当众宣读了班禅的印文，并要求将格桑嘉措送往京师，后在青海众台吉的请求下，圣祖同意让格桑嘉措留在青海西宁附近的塔尔寺居住。

圣祖派人主持的这次会盟也没有消除众台吉之间的猜疑和分歧，反而使矛盾白热化。不久，贝勒色卜腾扎尔等遵旨要将格桑嘉措送至西宁口内的寺庙中，但贝勒察罕丹津等人则以格桑嘉措年幼还未出痘不能出行为由，拒绝交出。察罕丹津等人还联合罗卜藏丹津等盟誓，用武力攻打遵守朝廷旨意的色卜腾扎尔等人，抢回格桑嘉措后将其送往西藏，用武力逼益喜嘉措退位，拥格桑嘉措在布达拉宫坐床。如果罗卜藏丹津等人的奸计得逞，青海、西藏将会陷入战乱之中，清廷刚刚建立起来的初步控制又将失去，如准噶尔部借机与他们联合起来，局面将更难收拾。得到这个信息后，圣祖觉得事态严重，立即派护军统领晏布统率西安满洲八旗兵1000人前往西宁，同时令西宁总兵王以谦选标兵3000人为预备队，如果察罕丹津等人有武力倾向，立即发兵剿灭。同时命四川提督康泰、松潘总兵程正李整顿兵马随时出动，如果察罕丹津等确实将格桑嘉措抢去送往西藏，必须从后面加以追剿。

青海的反对势力察罕丹津等知道朝廷的军事部署后，没有轻举妄动，并于康熙五十五年三月主动将格桑嘉措送往西宁的锡古木布木庙居住。最后，青海众台吉请求圣祖将格桑嘉措留养在青海，圣祖没有追究他们违抗圣旨的行为，继续以宽容的态度来化解各台吉之间的矛盾，并同意将格桑嘉措留在青海附近的塔尔寺居住，此外还重新安排和划分了青海各台吉的控制范围，并派满洲八旗兵500人驻扎在西宁。

藏僧格之子初乱

策妄阿拉布坦是准噶尔台吉僧格之子，噶尔丹之侄。噶尔丹称霸西北时，策妄阿拉布坦被其视为障碍，曾欲除之而后快。在噶尔丹的一再压制下，策妄阿拉布坦被迫带领其父的残部远走他乡。为了生存，策妄阿拉布坦归顺清政府，共同对抗噶尔丹。圣祖先后三次亲征准噶尔，噶尔丹最后仰药自杀，在清政府的支持下，准噶尔部的统治大权最终落到策妄阿拉布坦的手里，控制了准噶尔全境。然而，随着策妄阿拉布坦羽翼日渐丰满，其政治野心也逐渐膨胀，欲称霸西域全境。

五世达赖去世后，第巴桑结嘉措为了自己在西藏的统治利益匿丧不报达15年之久，后谎言被戳穿之后，桑结嘉措一手操纵拥立仓央嘉措为六世达赖喇嘛，并继续由其控制。而控制西藏政权的拉藏汗则反对第巴桑结嘉措的这一行为，最后拉藏汗率兵打败了桑结嘉措，完全控制全藏，并上书清政府废黜了桑结嘉措所拥立的六世达赖，承认由他所拥立的六世达赖益喜加措。在这之后，围绕真假达赖的问题，西藏各贵族之间展开了激烈的争斗。而在六世达赖喇嘛是否正统的争夺上，拉藏汗逐渐陷入孤立和被动局面。为了摆脱这种困境，拉藏汗急需要寻找支持他的盟友，以改变不利的现状。

正当蒙藏僧俗以及贵族间在真假六世达赖问题上晓晓不休之际，正愁没有机会打开东进大门的策妄阿拉布坦认为称霸西域的机会来了。他一面向拉藏汗表示善意，愿意将自己的养女嫁给拉藏汗的长子，以结秦晋之好。由于其子噶尔丹丹衷成婚心切，以及拉藏汗当时所处的孤立局面，促使拉藏汗同意其子于康熙五十三年（1714）赴伊犁策妄阿拉布坦处完婚；一面派人秘密前往西藏，暗中联络反对拉藏汗的势力，表示要推翻拉藏汗，废掉其所立的"假达赖喇嘛"，迎请格桑嘉措到拉萨坐床。这一计策让三大寺的僧人和很多反对拉藏汗的势力迅速站到了策妄阿拉布坦的阵营，他们甚至派出了一批年轻力壮的僧人前往准噶尔部，成为准噶尔进攻西藏的得力向导。

康熙五十五年，策妄阿拉布坦以护送噶尔丹丹衷夫妻回藏为名，出兵6000人，由策零敦多布率领秘密向拉萨进军。同时，策妄阿拉布坦又派出了由300人组成的一小股部队秘密前往青海的塔尔寺，计划抢出格桑嘉措，并将其带到那曲，与策凌敦多布的部队会合，然后再以护送格桑嘉措至拉萨布达拉宫坐床的名义光明正大地向拉萨进军。策零敦多布率领部队于十一月从和田出发，越过天山山脉，取道叶尔羌，经过十来个月的长途行军，于康熙五十六年七月达到藏北。驻守藏北阿里地区的军事首领康济鼐立即将此事飞报拉藏汗，并请示是否准备迎敌。接到报告的拉藏汗集合所属商量应对之法，部下皆犹豫，垂头不语。突然，拉藏汗的亲近随员布穷和巴克什打破了沉默的气氛首先发言，他们表示策妄阿拉布坦的军队没有理由攻击我们，一则是拉藏汗的姐姐是策妄阿拉布坦的夫人，两人是郎舅关系；二则拉藏汗之子是策妄阿拉布坦的女婿，拉藏汗与策妄阿拉布坦之间又是亲家关系，可以说是亲上加亲，所以无需生疑。拉藏汗及一应众人都觉得这两人说得有理，对准噶尔兵入藏之事没有给予重视。而此时的准噶尔军打着护送拉藏汗之子及其妻入藏的旗号欺骗了很多牧民为他们提供食宿，就这样，准噶尔军轻而易举地突破了拉藏汗的多道防线深入藏区。拉藏汗放松了警惕，带领眷属、侍从等到当雄山麓的园林游玩享乐，并于此处为其次子举行婚礼，藏区的王公贵族全部醉心于声色之中。

不久，确切的消息传来，证实准噶尔军已经打到纳木错湖了，这支军队是敌而不是友。听到这个消息，拉藏汗才感到形势严峻，立即进行布防。命令颇罗鼐统领卫藏军队布防抵抗，同时立即在拉萨城内征兵，动员百姓参战。很快，颇罗鼐征集的新兵开始向当雄集结。颇罗鼐向拉藏汗建议，大军可以驻扎在库滴山背侧，这样可以防御准噶尔军。但是，这个建议并没有被采纳，拉藏汗最后听从了其岳父的意见，将军队驻扎在平原。不久，准噶尔军出现在库滴山山谷中，占据了库滴山背侧的有利地形，并与拉藏汗的军队进行决战。双方的火枪声如雷鸣，不断射出的箭如雨一般，然后便是长矛刀剑的短兵相接，拉藏汗随从部队中的很多人纷纷逃跑。颇罗鼐极力鼓舞士气，使藏军顽强地与准噶尔军作战。在战斗中，颇罗鼐的脚被子弹打中疼痛难忍，藏军见主帅受伤，士气大挫，军心大乱，导致战斗形势越来越不利。与此同时，拉藏汗的主力部队已经匆忙回到拉萨，驻扎在拉萨郊外防守，在城外筑起了碉堡，开挖了壕沟。从卫、藏两地调集来的军队也驻防于此，同时拉藏汗立即派人向青海诸王和清政府求援。而此时的拉藏汗军队军心动摇，很多人已经受到准噶尔人的蛊惑，不但不愿意战斗，甚至临阵倒戈。就连指挥官颇罗鼐的一个亲戚也在暗地里向准噶尔军传递消息，颇罗鼐知道此事后，并没有禀告拉藏汗，更没有予以处罚，因担心亲朋好友被杀而掩瞒过去①。

不久，准噶尔军夺取了当雄，攻到了拉萨。一部分军队驻扎在拉萨东面的吉曲河岸，一部分驻扎于拉萨西面附近的山坡上，还有一部分驻扎于拉

---

① 杜常顺：《简论拉藏汗》，《青海师范大学学报》（社科版）1988年第2期。

萨城北的平原旷野，对拉萨城形成了半包围。几天后的一个黎明，驻扎在拉萨城东的准噶尔军向颇罗鼐的军营发动了攻击，双方战斗激烈，颇罗鼐最后不敌，撤退到古布姆塘，准噶尔军追到此地再败颇罗鼐。东面的战斗打响后，驻扎在城北的准噶尔军也开始发动进攻，袭击拉萨小昭寺附近的地区，而在这一地区居住的大部分民众投降了准噶尔军，准噶尔军随即控制了这一地区。此时的拉萨城成了一座孤城，岌岌可危。拉藏汗率领将领们坚守拉萨城，但这种危局令很多将领开始动摇，他们秘密与城外的准噶尔军取得联系，将城内的情况详细地告诉敌军，甚至与准噶尔军秘密商量里应外合。不久，准噶尔军发动了对拉萨城的攻击，准军势如破竹，拉藏汗见状，带着部分随从逃到了布达拉宫。随着准噶尔军的大胜，布达拉宫很快也遭到了准噶尔军的攻击，拉藏汗最后只带了一名蒙古随从洛桑曲沛从布达拉宫东大门逃了出来，逃到鲁布，又遭到准噶尔军的进攻。主仆二人奋力自保，直到弓箭用尽，在杀死几个准噶尔军后，主仆二人精疲力竭被捕，后被杀害。西藏被准噶尔军控制[1]。

控制了西藏的准噶尔军囚禁了拉藏汗所拥立的六世达赖益喜嘉措和五世班禅，同时还把一个步履蹒跚且口吃耳聋已入暮年的老人拥立为傀儡第巴。此外，准噶尔军为了扩大战果，还继续向前藏各地进攻，窥视青海、四川和云南等地。清政府得到准噶尔军进攻西藏的消息后，立即下令调兵进藏，准备平定策妄阿拉布坦的叛乱。

---

[1] 汤池安：《颇罗鼐传》。

两千清兵血染喀喇乌苏河

策妄阿拉布坦进入西藏后,拉藏汗曾几次派人向清政府求援,终因路途遥远而没有得到及时的帮助。不久,拉藏汗被杀,西藏被准噶尔人控制。

康熙五十六年(1717)七月,清政府驻新疆巴里坤的靖逆将军富宁安才得到策妄阿拉布坦已经入藏的消息,并立即将此消息快马加鞭向圣祖报告。之前,圣祖得到关于策妄阿拉布坦军队的消息还是在半年前,当时对策妄阿拉布坦的真正目的并不了解,因此圣祖根据自己的经验判断有两种可能:一是策妄阿拉布坦的军队很可能是攻打拉藏汗的,试图扩大自己的控制范围;二是可能与拉藏汗结成统一战线,帮助拉藏汗侵犯青海。

为了积极防御即将出现的状况,圣祖命令理藩院尚书赫寿立即致书拉藏汗,警告他防范策妄阿拉布坦入侵,殊不知此时拉藏汗已被杀害,策妄阿拉布坦的军队已经控制了西藏。此外,圣祖还调拨军队至成都、西安等地,增加边陲之地的军事防御,并让所有的探子注意侦察西藏地区的消息,随时报告情况。

康熙五十七年二月,圣祖收到了拉藏汗最后的求援信,拉藏汗向圣祖详细描述了西藏所面临的严峻局面，指出策妄阿拉布坦发兵6000人侵入西藏，而且已经快要进入拉萨了，经过几个月的激战，剩下的藏兵已不足以抵抗准噶尔军了，乞求圣祖立即发兵前来相救。至此，圣祖完全明白策妄阿拉布坦派兵入藏的目的，立即进行军事部署，出兵西藏，平定准噶尔军的乱藏行为。同时派人前往准噶尔部斥责和安抚。

先是将署理西安将军、湖广总督额伦特从巴里坤调往西宁，负责料理军务粮饷。命令西宁总兵王以谦、侍读学士查礼浑率兵在松潘待命。从荆州调满洲八旗兵2000人前往成都驻守，从太原调拨满洲八旗兵500人前往西安驻防。然后命额伦特和蒙古将领色楞带领八旗、绿营及土司兵共计2000人征剿扰乱西藏的准噶尔军，由色楞率领一支先头部队进藏侦查，额伦特率主力紧跟其后。

额伦特和色楞率领2000名士兵出征后不久便分两路向西藏进军。康熙五十七年（1718）五月十三日，色楞率兵首先到达通天河。此时，额伦特派人送信，商讨派人将准噶尔军引诱至此，然后与额伦特率兵会合聚而歼之。然而色楞并没有听从额伦特的建议，而是想当然地认为准噶尔军一向是军纪散漫，而清军则是器械坚锐，马肥兵壮，便急切地率兵渡过了通天河，经过拜图向喀喇乌苏前进。在进军途中，台吉卓里克图之子博音马松和台吉丹津绰音达克率部众加入色楞的队伍中。然到达喀喇乌苏后的色楞遇到了一个大麻烦，因为军队人数众多，在他们到达拉萨北边达木之前，后勤给养已日渐匮乏。虽然他们在喀喇乌苏一带还可以补充一些粮草，但远远不能满足那么多人的消耗。色楞在喀喇乌苏安营扎寨，用石头垒成围墙，以防备准噶尔军的进攻，并决定在喀喇乌苏与额伦特会合，同时等待给养。在喀喇乌苏驻扎下来的色楞部，次日便遭到准噶尔军的进攻。色楞率兵顽强抵抗，暂时打退了准噶尔军的攻击。

六月，圣祖接到策妄阿拉布坦的奏报，诡称接到诏书后对皇帝不予以惩罚而感激涕零，表示将立即命人从西藏撤军。得到此奏报后，圣祖非常高兴，相信了策妄阿拉布坦的谎言，命令部队立即停止行动，使得已深入藏地的额伦特和色楞非常被动。与色楞军分开后的额伦特在六月十八日到达了通天河，至此地才发现色楞并没有等他来合兵一处，而是率兵先期向前进军了。为此，额伦特不敢耽搁时间，率兵经图尔哈图、七叉河、门赞西里克等地一路追赶色楞。

七月十六日，额伦特率军至齐诺郭尔驻扎，次日凌晨也遭到了准噶尔军小股部队的攻击。额伦特率领官兵顽强抵抗，击退了来犯之敌，并乘胜追击，连败来犯的小股准噶尔军。从俘获的准噶尔士兵口中得知，准噶尔将领已率兵4000人从喀喇乌苏河之西抄小路准备堵截清军，额伦特得知这一消息，立即派人送信给护国公策旺诺尔布，让他火速派兵前来接应；同时，决定率部渡过喀喇乌苏河，绕过前来堵截的准噶尔军主力，向北朝唐古拉山口前进，希望在向北前进的过程中能与色楞部会合。如果不能与色楞相遇，则还可以凭借唐古拉山口之险与准噶尔之军进行抵抗。

额伦特率军渡过那曲河北行，于七月二十八日途遇驻扎未动的色楞。而此时色楞所率部队仅驻扎在一小山上，四面被准噶尔军包围。额伦特当即建议色楞率部过喀喇乌苏河，安营于河对岸的山上，如此可凭借河之险抵抗准噶尔军。然而，色楞并不听从额伦特的正确意见，次日，准噶尔军前来进攻，人数众多，清军依山抵抗，打退了准噶尔军的强攻。准噶尔军暂时后退80里。见此情景，额伦特又与色楞急议移营，色楞开始同意，后又改变主意。

闰八月初一日，准噶尔大军又包围了清军，人数比前次更多，且开始修建工事，并依工事为屏障用火枪向清军射击；同时以其军的一半堵在喀喇乌苏河岸，防止清军过河，另外还派兵偷袭清军的背后，并截断粮草的通道。清军由于粮草匮乏，且护国公策旺诺尔布的援兵也未赶到，在此紧急状况下只能固守。额伦特派千总柳时昌冒死杀出重围，向圣祖奏报战况。柳时昌走后不久，准噶尔军大举进攻，清军顽强抵抗，最终寡不敌众，额伦特中枪而亡，色楞战死沙场。在两位主帅先后牺牲的困境下，剩下的清军派出几位西藏喇嘛前往准噶尔军，请求放他们一条生路。准噶尔军答应如果清军能够放下武器可以让他们回去，清军以为准噶尔人能够遵守他们许下的承诺，但当清军放下武器空手走出营地时，却遭到了毫无诚信可言的准噶尔军的大肆屠杀。九月，出征西藏的清军全军覆没。

十四阿哥平藏乱

第一次入藏平准的清军全军覆没后，圣祖明白了自己当时的盲目和轻敌。西藏是青海、云南和四川等地的西北屏障，西藏若被准噶尔占领，直接威胁到川、滇等内地省份。为了维护边疆的稳定，必须剿灭扰乱西藏的策妄阿拉布坦军队。然而，第一次入藏平准军队的失利对敌我双方心理产生了很大的影响。准噶尔军由此气焰更加嚣张，继续东进扩大地盘，并完全控制了西藏喀木地区，准备与清政府争夺藏蜀交界的巴塘、里塘等地，进而以此为跳板进犯青海、四川和云南。清廷很多大臣则因为失利而胆怯起来，有些大臣甚至请求对准军进行安抚，劝其退兵。特别是青海等地的王公贵族更加害怕准噶尔军，都不愿意出兵入藏，以免引火烧身。对圣祖来说，虽然第一次入藏平准失利，但并没有让他气馁。对噶尔丹的讨伐他自己亲征三次，在那样艰难的情况下最终取得了胜利，而与那时相比，现在的状况要好得多，至少入藏的准军是远途跋涉，离开故土，再者人数也不是太多，如果认真备战，剿灭这支扰乱西藏的准噶尔军并不是难事。于是决定积极备战，再次出兵入藏平叛。

为了鼓舞士气，团结青海众王公贵族，使他们能与朝廷站在同一个阵营，一心剿灭准噶尔军，圣祖对来京请安的青海王公察罕丹津予以重赏，不但照例赏赐鞍马财物，还特别下旨晋封察罕丹津为多罗郡王，使众蒙古王公贵族看到中央政府的恩惠和信任，有利于稳定青海的局势。更重要的是，承认了青海众王公贵族所拥立的里塘格桑嘉措为五世达赖的转世灵童，并册封为六世达赖，派兵护送入藏。借助护送六世达赖的理由，分两路进军西藏。在途中，六世达赖向青海、西藏发布告示，晓喻官民：准噶尔人已经背叛活佛，贻害藏区百姓，必须将其歼击，方能顺天安民，所以，所有信徒都应该起来反抗这些制造混乱的准噶尔人，拥护中央政府出兵安藏。

在备战中，圣祖制定了三路进军西藏的作战方案。首先任命皇十四子胤禵为抚远大将军，总管进剿准噶尔军的全部事宜。南路军由四川入藏，由定西将军噶尔弼和云南都统武格率领，由巴塘出兵。为此将熟悉边情、办事效率高且与将领关系和睦的四川巡抚年羹尧提拔为四川总督，监管巡抚事，掌军政大权，为清军从四川进藏做好准备。年羹尧主政四川后，设立进藏驿站，积极筹集军饷粮草，确保进藏军队的供给。为扫清进藏道路，圣祖命令法喇、岳钟琪等满汉官兵先将处在川藏交界处的里塘、巴塘等地收复。北路军由皇十四子胤禵、平逆将军宗室延信率领，由青海西宁直入藏北。西路军则由振武将军傅尔丹、靖逆将军富宁安和征西将军祁里德三人率领，分别从巴里坤和阿尔泰出兵，直击策妄阿拉布坦的大本营吐鲁番、乌鲁木齐，以牵制策妄阿拉布坦可能援藏的兵力。

康熙五十七年（1718）十二月十二日，抚远大将军胤禵率领京师八旗精锐开赴西宁，统一调度三路进剿大军。胤禵率领的大军经过长途跋涉，于次年三月十一日抵达西宁。之后，在驻扎西宁近一年的时间里胤禵奉圣祖之命，一面详细打探西藏的情况，一面进行军事调配，积蓄粮草，大造声势，并千方百计与青海蒙古众王公贵族会商，动员他们出兵，与中央政府一同入藏平准。经过近一年的准备，康熙五十八年十二月，圣祖召集众大臣商议决定，于次年入藏平准，并继续增兵，最后北路大军达12 000人，南路7700人，西路轻骑兵数千人。

康熙五十九年正月三十日，圣祖发布谕旨，令抚远大将军胤禵从西宁率军进军通天河，管理进藏军队的军务粮饷，居中调度其他各路大军。

二月十六日，圣祖正式册封青海众王公贵族所拥立的五世达赖的转世灵童为"弘法觉众第六世达赖喇嘛"，派满汉官兵及青海众蒙古之兵由西宁出发送往西藏，这使得原先胆怯畏惧不前的青海众蒙古不得不出兵护送达赖入藏。

四月二十二日，抚远大将军胤禵率北路军从西宁启程，经过一个多月的行军，于五月二十七日至索洛木，由于青海众王公不愿出兵西藏，所以一路上迁延不前，最后胤禵让延信停下来等待青海蒙古军及护送的灵童抵达，自己则先率一部分大军由索洛木向通天河进军。在进军的途中，从拉萨逃出的噶伦阿尔布巴前来投顺，向胤禵汇报了准噶尔人在西藏的很多绝密情报，并带来了昌都地区投顺禀文，同时他还自愿担任大军的向导。

六月十三日，大军通过巴颜喀喇山时遇到大雪，士兵、驼马冻死很多。加上大军普遍有高原反应，士兵病死也不在少数。经过七天的行军，八月二十日，胤禵率军到达通天河，并于此处等待延信与青海众蒙古军护送转世灵童的到来，一直至七月初九日，延信等人才护送转世灵童赶到，胤禵率兵护送转世灵童乘船渡过通天河后随即返回西宁。

七月二十四日，北路军全部渡过通天河，由平逆将军延信统领继续南下。此时的北路军减员不少，粮少马缺。为了节省口粮，精简部队，满足军队对马匹的急需，延信将一些青海蒙古军遣回青海，并出资将这些士兵的马匹购买下来充作军用。

经过一番调整，八月初二日，延信带着精锐大军护送转世灵童继续南下。在南下途中，延信吸取了上次清军失利的教训，处处小心，每日都要驻扎。延信和转世灵童的大营居于大军正中，四周由满汉官兵的军营围了起来。整个营地四角安置火炮4门，其余各处均匀设置子母炮180门。营地四面的哨卡都挖了小坑，并点燃粪火随时预警。同时还安排了一批警戒的哨兵，白天则离大部队较远的地方放哨警戒，黄昏时候返回至大营外两三里的地方警戒，与大营的哨卡相呼应。另外，将所有士兵分作三班，每夜两班在大营外守护，一班在大营内保卫。每10人编成一队，每人都配备一匹战马，随时准备作战。一路上延信行军十分谨慎，虽然先后三次与准噶尔军交锋，但每次都在清军的严密防卫下痛击准噶尔军，双方死亡200余人。

八月二十日，第三次打退了准噶尔军的来袭。

九月十四日，延信率领1600余人的队伍护送着转世灵童到达拉萨。

南路军在噶尔弼的率领下于康熙五十九年四月十六日从成都启程，经过已收复的里塘、巴塘至昌都，岳钟琪率兵4000人打败了昌都西南的准噶尔军，随后昌都一带的藏人头目纷纷归顺。六月，岳钟琪军与从云南调派入藏的大军会师，之后收复拉里，然后奉抚远大将军之命就地驻扎。因按照计划与北路军会合，共取拉萨。然而由于青海蒙古军的迁延导致了北路军不能按期到达预定地点，从而延误了会合时间，为此抚远大将军胤禵命令南路军在拉里暂时停留，等待北路军。在拉里驻留的时间里，招降了工布地区藏人。

南路军从昌都出发时只携带了两个月的军粮，到拉里后一直停留到八月初，所带军粮已不够半个月的消耗，一旦粮食耗尽，进退两难，对大军极为不利。岳钟琪向噶尔弼建议，如乘胜追击，不过十天就可以到达拉萨，机不可失，他情愿带头出征，以身殉职。最后，噶尔弼接纳了岳钟琪的建议，于八月初六日率领大军开拔西进，初七日大军抵达墨竹工卡，而此地离拉萨已不到150里。准噶尔人扶植的第巴达克札准备调集两三千名藏军抵御，听到清军已攻下墨竹工卡的消息后全军不战自溃，达克札赶紧逃出拉萨，回到他的老家桑鸢躲避。

不久，噶尔弼派千总赵儒、藏人头目济果尔前去桑鸢招降了达克札。达克札在藏人中有较高的威信，他率清军切断了准噶尔军的后勤供应，派人至北边劝说准噶尔军中的藏人放弃抵抗，还号召藏民们汇集船只协助运送清军渡过拉萨河，八月二十三日清军全部渡过拉萨河，然后分三路进入拉萨城。南路军进入拉萨，切断了准噶尔军的后援，使其陷入了孤立无援的境地，为北路军护送转世灵童顺利到达拉萨创造了条件。

十一月中旬，清军完成使命后，除留兵3000人驻守西藏外，其余两路大军在噶尔弼、延信带领下离开拉萨，沿南路大军行军路线返回。至此，入藏平准的战事告一段落。

六世达赖终入藏

格桑嘉措，康熙四十七年（1708）七月十九日出生在多康下部理塘图钦强巴林寺（简称理塘寺）所属的洛雪村，父亲索朗达吉，母亲洛桑曲措，舅父阿盖扎西为他取名叫"格桑嘉措"。仓央嘉措死后，拉藏汗一手操作选立的六世达赖益喜嘉措并没有得到蒙藏僧俗的承认，三大寺僧人和青海众头人则在理塘图钦强巴林寺附近寻找到了一位名叫格桑嘉措的小男孩，此童生而异相，聪明过人，最重要的是此童能认出仓央嘉措生前所用之物，他们一致认定此男童便是仓央嘉措的转世灵童。不久，格桑嘉措被青海、西藏上层僧俗迎至寺中养护。

康熙五十四年（1715），为了避免拉藏汗与青海众台吉之间因各自选立的达赖喇嘛而发生激烈冲突，圣祖下令将格桑嘉措送往京城居住，但贝勒察罕丹津等人则以格桑嘉措年幼还未出痘为由坚持不能出行。最后，圣祖鉴于当时的情势，同意将格桑嘉措留在青海附近的塔尔寺居住。策妄阿拉布坦入藏后，不但杀死了拉藏汗，还将拉藏汗所立由清政府册封的六世达赖益喜嘉措软禁达五年。青海、西藏僧俗中本来就有很多人不承认益喜嘉措为六世达赖，正好借这个机会联名请求圣祖承认格桑嘉措为"真达赖"，并予以册封。鉴于西藏当时的情形，圣祖担心之前所册封的六世达赖益喜嘉措被准噶尔人所利用，煽动蒙藏信众对抗清廷，从而使本来就很吃紧的局面雪上加霜，为此在得到众多蒙藏王公贵族的请求后顺水推舟予以同意。

康熙五十八年（1719），圣祖将确认格桑嘉措（后确认为七世达赖）为六世达赖提上了议事日程。四月，为了配合入藏平叛，圣祖令格桑嘉措以转世灵童的身份发布告示，晓谕喀木、理塘、巴塘等处民人：现在准噶尔人背叛无道，贻害生灵，扰乱佛法，皇帝陛下已派遣军队前来剿灭，此举全是为了众生，不必害怕，更不可有所反抗。这一做法无疑是从事实上确认了格桑嘉措为真正的转世灵童，只待正式册封。

九月，圣祖从派往西藏的胡毕图奏报中得知：西藏僧俗包括准噶尔人都相信格桑嘉措是真正的转世灵童，于是拟定了护送格桑嘉措入藏，两路进军拉萨的作战方案。这一战略确定后，由圣祖第十四子抚远大将军胤禵带领众大臣和3000多名士兵，浩浩荡荡地来到塔尔寺，告知格桑嘉措，皇帝陛下将要予以册封，并护送至西藏布达拉宫坐床。胤禵在塔尔寺前下马步行，格桑嘉措则迎于大讲堂门前。

两人见面后，格桑嘉措先献洁白的哈达恭请圣祖安康，然后向抚远大将军胤禵请安，胤禵恭敬相谢。之后，胤禵握住格桑嘉措的手一起步入大经堂，至喇嘛法座前，格桑嘉措首先请将军王先就座，胤禵辞谢道：皇帝陛下有令，请达赖喇嘛先入座，且向喇嘛磕头行礼。格桑嘉措只得就座，胤禵行跪拜礼后就座，然后两人一起饮茶交谈。胤禵还向格桑嘉措赠送了有吉祥图案装饰的香囊和宝箧，并问道：这次为了扬国威、平叛乱率军前来，是否能有一个让人高兴的结果？达赖喇嘛答道：心中有佛，使众生得到福泽和快乐，皇帝陛下的德行与众不同，必然会得到好的结果和回报。会见完毕胤禵返回，达赖喇嘛向他赠送了佛像及其他佛教器物，并亲自出门相送。胤禵见状力辞：无论如何不能离开寝宫出门相送，之后我将会与你同行并服侍你入藏。胤禵回到西宁后，派人给达赖喇嘛送来了蟒缎等大批丝绸、一个由黄金打造的红莲长颈宝瓶、银制器皿、上等哈达等物，同时皇五子、皇七子和皇孙等都送来了供养，达赖喇嘛一一回谢。

青海各部众首领就达赖喇嘛启程去西藏坐床之事齐集塔尔寺商量。之前，塔尔寺已得到通知，抚远大将军王胤禵将要来塔尔寺传达皇帝旨意，并进行具体部署。于是，达赖格桑嘉措之父至扎西塘迎接，这次陪同胤禵前来的还有1个皇侄和6位重臣。在距塔尔寺还有一段路程之处胤禵就下马步行。各地僧俗从寺中排出仪仗迎接，达赖喇嘛也亲自出门迎接胤禵至寝宫。胤禵宣读圣旨：为了弘扬黄教佛法，使边地一切众生都能得到安乐，达赖喇嘛需到西藏布达拉宫举行坐床仪式，青海各王公贵族应同心协力，完成这次护送任务。年仅13岁的达赖喇嘛回道：黄教能够得到弘扬，汉蒙藏各族百姓能够齐享安乐，全赖皇帝陛下所赐，我及青海各王公敬遵旨意。宣读之后，格桑嘉措为大将军王胤禵及与会青海众头目举行了盛大的宴会，并向大将军王胤禵赠送了释迦牟尼佛像及相关器物。宴毕，胤禵与众人商议具体行程，部署军队启行事宜，所有事宜准备妥当后，胤禵才率人返回西宁，达赖喇嘛出门相送，胤禵坚辞。

康熙五十九年，圣祖命胤禵给达赖送来了黄色帐幕和12人抬大轿及入藏白银10000两。三月二十日，胤禵携带册封达赖喇嘛的册书、金印及相关赏赐物品来到塔尔寺，先由青海台吉拉旺嘉措宣读谕旨，然后抚远大将军王将金册金印庄重而恭敬地送到达赖喇嘛手中。册封达赖喇嘛的册书、金印都是用黄金制成的，其中金印用去黄金百两，印上刻着"弘法觉众第六辈达赖喇嘛之印"字样（当时，未承认仓央嘉措为六世达赖）；用满、蒙、藏三种文字写成册文用去黄金150两。册文内容为：

御命当今大地之主皇帝令：朕养抚世间一切众生，务使其安益。于内外属民，不分彼此，平等仁慈而待之。治理民众，宜恭敬信守梵行，对凡如法持受佛门清规者，必加褒奖，赐授显贵爵位印信名号。自古历世达赖喇嘛自西方弘扬佛法，远播边陲中原，而中原则赐封官职印信褒奖之。今尔于自幼起，绍继法承，勤于教诫学业，博通三乘微细意趣，故特赐嘉奖，颁敕书印记，尊尔为"宏法觉众第六世达赖喇嘛"。望尔弘扬释教，服务于朕之王政，修炼佛法，精进勿怠。①

然后，以抚远大将军王胤禵为首的汉蒙藏王公贵族齐向六世达赖献上哈达，之后将圣祖赏赐的很多稀见物品如镶银酥油茶筒等藏式器具、汉式宴会用品、各种各样的锦缎以及赏给喇嘛护从绸缎和珍玩等皆一一转交。然后，宾客分别落座，罗卜藏丹津等青海贵族和六世达赖侍从摆上盛宴，双方开始边饮边谈政教事务。六世达赖作为回赠，向圣祖献上了佛像、舍利、信札等物，向胤禵赠送了舍利等物。

四月二十二日，六世达赖从塔尔寺启程，前往拉萨布达拉宫。启程前，达赖喇嘛在寝宫门旁接受了皇帝陛下所派官员献上的吉祥哈达，并诵念了吉祥祝愿词。众人护拥着六世达赖的法座于当日行至加雅滩，与抚远大将军王胤禵所率大军会合。一路上，各个僧俗信徒皆在达赖喇嘛经过的道路上朝拜，并献上供物。途中，达赖喇嘛每三天与抚远大将军王胤禵见一次面。行至扎陵湖畔时，准噶尔人所立的第巴阿尔布尼，前来朝见六世达赖，达赖喇嘛和胤禵接见了他。阿尔布尼汇报了准噶尔人及拉萨城内的情况，并表示愿

---

① 章嘉·若贝多杰著、蒲文成译：《七世达赖喇嘛传》，第56页。

意为达赖喇嘛至布达拉宫坐床效力。

胤禵护送六世达赖至黄河岸边时，奉圣祖命返回西宁。六世达赖为胤禵举行了盛大的欢送宴会，并赠送了如来舍利等佛教圣物及大批财物。作为回礼，胤禵也为六世达赖及其众随从举办了盛大了汉式宴会，回赠了大片绸缎、白银等项。在返回之前，胤禵将六世达赖护送渡过黄河。渡河之时，清朝士兵用船搭起了一座浮桥，护送达赖喇嘛的清朝官员在前引导，胤禵则陪着六世达赖过黄河。渡过黄河后，胤禵与达赖相谈许久后率众官员返回，护送任务交给平逆将军延信。

九月十五日，护送达赖喇嘛的大队人马至甘丹曲果林寺，此地离拉萨已不远。六世达赖喇嘛身穿比丘法衣，骑白龙驹，前有吹打乐器、华盖、佛幢、飞幡等物引导，后有平逆将军延信、署理定西将军策旺诺尔布、大臣阿达哈达等率大队人马跟随。拉萨及附近的僧俗信徒以歌舞相迎，各大寺庙奏乐相迎。六世达赖在盛大的欢迎中来到了布达拉宫东大殿中，登上了面朝东的法座，法座左侧是以两位大将军为首的清朝官员，右侧是各大寺庙的活佛高僧、青海各王公贵族等，然后开始了六世达赖坐床法会。先是送上了皇帝为六世达赖坐床而赐的哈达和一万两白银，并当众宣读了谕旨。接着，各官员、各王公贵族等也倾囊贡献礼品。之后，各僧俗民众都前来贡献礼品财物，数量难以计数。

六世达赖坐床仪式完成后，平西将军带兵平定了拉萨境内的准噶尔势力，并将准噶尔人所扶植的第巴和两位噶伦正法，将准噶尔占领西藏时拉藏汗所立达赖益喜嘉措解送回京。不久，平逆将军延信等人在完成了护送和平叛任务后率领诸官员及士兵启程返回。

四

怀柔远人　广布教化

SHUDU QINGSHI
KAICHUANG SHENGSHI

首次颁布"容教令"

康熙初年"汤若望案"①事件后,虽然清政府为耶稣会士汤若望等人平反昭雪,但圣祖并没有消除其心中害怕天主教在各省蔓延发展会对清朝统治造成威胁的担心,因此,他还是决定对天主教实行限制政策。虽然允许传教士按照其习惯过他们自己的宗教生活,但却禁止在中国传教,也不允许中国人入教,并宣布传教士除南怀仁等人可以在中国自由行动外,其他传教士不得在各省随意活动。然而,传教士们所带来的科学知识,对清政府的服务以及采取的"利玛窦"传教策略使圣祖的担心逐渐淡化,对天主教在中国的传播也开始采取默许的态度。

康熙二十六年(1687)二月,圣祖颁布御旨严禁邪教。一些省份的官员发布告示时也将天主教视同邪教,一概予以禁止。时任钦天监监正兼工部左侍郎的南怀仁上疏,请求宽免"禁教",六部讨论后否决了他的请求。

---

① 康熙五年(1666),新安人杨光先斥汤若望西洋新历法十谬,鳌拜等不满外邦人参议朝政,遂判汤若望处斩。后因故改判汤若望免死。康熙皇帝亲政后对该案进行平反。

四月，圣祖明示：天主教应该禁止，六部决定很正确。但有些地方官的禁邪教条约中将天主教与白莲教一样看成邪教，这种做法有些过分，速速将天主教从邪教名单中删除。

六月，洪若翰、李明、白晋、张诚、刘应等5名法国传教士来华，到达浙江宁波。浙江巡抚金宏以这些人无凭信入境，遂向礼部送达咨文，要求将这些西洋传教士遣送回国，而此时因传教士南怀仁年事已高，无法胜任钦天监之职，圣祖正在物色符合条件的传教士来接任。在得知后此消息后圣祖立即传旨：洪若翰、李明、白晋、张诚、刘应5人中可能有精通历法的，将这5人护送来京候用。最后，圣祖留白晋和张诚两位传教士在京供职，其他3人则获准前往各省自由传播福音，听其随便居住。

康熙三十年（1691），西班牙多明我会一位传教士希伯禄在浙江小城市兰溪买下了一栋房子，准备在此定居。当地的官员因其违反了禁教令，便准备将其予以逮捕，然而这位传教士进行了有力的回击，从而使自己暂时躲过一劫。

几个月后，另一位官员在其管辖范围内张贴告示，明令禁止百姓信奉西洋宗教。传教士殷铎泽认为这位小官员竟然公开违背圣祖已经默许自由传教的意图，私自动用皇帝赋予的权力，应该受到惩罚，于是就给浙江巡抚张鹏翮写了一封措辞强硬的信，请求惩罚这位小官员，让他销毁贴出的告示，甚至还希望能用有利于传教的告示代替之前禁教的告示。

张鹏翮收到殷铎泽的信后并没有给予多大的重视，而是将这封信转给了殷铎泽要求惩罚的那位官员。当时，正在审案的这位官员接到这封信后怒不可遏，认为这些胆大妄为的传教士竟然对抗官员，便决定与兰溪县官员联合行动，一定要在其辖区内彻底禁止基督教。首先从多明我会的阿尔卡拉入手，以期能够比较容易地找到突破口。然而，事与愿违，对阿尔卡拉的审查没有什么进展，于是就把重点转到了传教士殷铎泽身上。由于殷铎泽不住在金华府的辖区，他们无法直接对他进行调查，就向坚决反对基督教的巡抚张鹏翮汇报，并取得了他的支持。他们从京师的刑部将所有以前反对传教士的案卷调出来，并将禁教令中关于禁止传教士修建教堂，公开或个别地传播宗教信仰，为百姓洗礼，发放圣牌、十字架和其他宗教标志物的条约拿出来。最后，浙江巡抚张鹏翮根据禁教令颁布了一条法令，禁止信奉基督教，违者将处以重刑；命令那些已经信奉基督教的百姓马上退教，这一命令立即传遍全省70多个州县，甚至在殷铎泽的住处也贴上了这样的告示。张鹏翮还将杭州城内的天主教堂改成寺庙，并将教堂内的相关书刊全部付之一炬。除了贴出禁教告示外，张鹏翮还派官员前去责问殷铎泽得到谁的批准在杭州居住，并试图逼迫其离开浙江。

殷铎泽则针锋相对，并举出圣祖第二次南巡时对他说：你年事已高，受不了长途跋涉，应该留在教堂中静养休息。此时的殷铎泽深感情况的紧急，便立即给远在北京的法国传教士张诚等人写信，告诉他们浙江省所发生的情况，请求帮助。

当殷铎泽的这封求援信送到张诚手中时，张诚正陪着圣祖在木兰秋围。接到信后，张诚认为不宜将此事直接奏报圣祖，而是向其好友、当时最有权力的大臣之一索额图寻求帮助，请他出面给张鹏翮写封信斡旋。索额图给张鹏翮去了一封信，告诉他圣祖现在已经默许传教士们自由传教了，因此希望他立即停止在浙江对天主教的查禁。

张鹏翮并没有听从索额图的劝告，而是继续禁教，甚至比之前还要严厉。张鹏翮派官兵查封了好几座教堂，并把教堂中的十字架和其他雕像全部拔掉，然后把这些教堂赏给信仰其他宗教的人用了；强迫传教士放弃信徒，逮捕了几个公开表明信仰的基督徒，其中一些被下了狱，其他的信徒则受到了很重的惩罚。很快，索额图又第二次给张鹏翮去信，除了给张鹏翮一封外，另一封则是给殷铎泽的。索额图在信中再一次告诫张鹏翮别走得太远，如果他能听从其劝告,看过信后能做3件事:第一,亲手把写给殷铎泽的信交给他;第二,以后的行为应让殷铎泽非常满意;第三,以后不要再为难传教士。索额图毕竟是当时最有权势的人之一,张鹏翮还是有所忌惮的,他一方面确保自己禁教的步骤不能走得太远,另一方面派人前往京城,当面向索额图解释。

殷铎泽通知北京的传教士,索额图的两次来信并没有起作用,并希望能在索额图的同意下向圣祖汇报。

康熙三十年十一月初三日,圣祖秋围回京。葡萄牙传教士徐日昇等人与索额图经过一番商量后,决定向圣祖面奏。十二月二十一日,徐日昇等人来到宫中,求见圣祖。圣祖派侍卫赵昌问他们何事,传教士详细讲述了杭州所发生的禁教之事,以及传教士和基督徒们所受到的痛苦,并由赵昌转奏给皇帝。圣祖经过考虑后,给传教士们提出了两种处理办法以供选择:一是给张鹏翮发一道谕旨,让他停止禁教,但这种方式影响很小;另外一种是由传教士们先向礼部上题本,然后再进行讨论,这样获得的支持将会解决所有类似的问题。传教士们经过慎重考虑,权衡利弊,最后决定采用第二种办法,先向礼部上题本,希望朝廷能够制定出有利于他们的传教政策。

十二月二十八日,徐日昇将其题本的副本私卜进呈给圣祖。圣祖看过后认为在这份题本中没有给中国人的思想里留下深刻印象的东西,于是就亲自用满文起草了一份,并让赵昌带给传教士们。

康熙三十年十二月十六日,徐日昇和比利时传教士安多以钦天监的名义正式上奏,向圣祖申诉。这篇奏章不仅理由充足,而且很有文采,更重要的是对皇帝充满了敬畏之情,其中写道:欧洲传教士跋涉数万里来华,并不是为了名利,也不是为了荣华富贵,只是为了宣扬真正的宗教。一直以来,传教士们为皇帝竭诚效劳,如定历法、造火器、出使俄罗斯等;另一方面,自顺治以来,传教士都得到格外器重,如为汤若望平反、重用南怀仁等。因此，张鹏翮把天主教视为邪教，要把传教士驱逐出境，还要拆毁教堂、焚毁书版，实在是有背清朝皇帝对待天主教的态度，其不是为朝廷效力，而是心怀私利，请求圣祖能够做出公正的裁决。

十八日，圣祖让礼部尽快议奏。因为当时已近年关，所以对传教士们题本的讨论一直到新年后的正月二十日才有结果。礼部提出了处理办法：根据不许传教士向中国人宣传天主教这一禁教令，天主教还是不得向中国人自由传播，本国人不允许信奉欧洲人的宗教，违者处以重刑；再根据康熙二十六年圣祖关于不能将天主教同于白莲教谋叛的谕旨，杭州天主堂不应拆毁，应照旧保留。这一裁决让传教士们陷入了深深的沮丧之中。传教士们再三求助于索额图，最后答应帮传教士们再去向皇帝求情。同时，圣祖对礼部的这个处理结果也是不太满意，因此就把礼部的议奏一直压着没有公布，以便老于官场的官员们能够明白他的意图，并重新做出决定。

康熙三十一年（1692）正月三十日，皇帝决定废除礼部的处理意见，要求大学士伊桑阿等人重新提出处理办法。

二月初二，圣祖对伊桑阿等人明确表示：现在西洋人治理历法，制造军器，随征俄罗斯，有很大的功劳，并没有胡作非为之处。将他们所传的宗教当成邪教而加以禁止，这实在是冤枉他们了，因此速速让内阁与礼部尽快议奏。而且，支持传教士的索额图也参加了这次讨论，并在讨论中极力为传教士及其宗教进行了游说，而这些长期生活在圣祖身边又都老于世故的官员们不可能不了解圣祖的意图，最后达成了有利于传教士传教的一致意见。以礼部尚书顾八代为首共有18位官员署名允许传教士在中国境内自由传播天主教的解决提案于次日呈送给圣祖。

二月初五，圣祖批示依议，同意天主教在中国自由、合法地传播，随之也废除了康熙八年对天主教所做的限制。圣祖还让下属把一份盖有皇帝大印的"容教"的诏书送给传教士们。不久，礼部将圣祖"容教"诏书向全国颁布,在给各省传达圣祖旨意时,告诫各省一定要将皇帝陛下的谕旨迅速张贴到其辖区的所有地方,让所有的人都知道这道圣谕。

在北京的传教士们得知圣祖颁布"容教令"后,兴奋得难以形容。徐日昇代表全体在华传教士对皇帝叩谢道:皇帝所给予的恩惠,他们永远无法偿还。所有传教士只有终生效忠皇上,并祈求天主,恩赐皇上健康长寿,国家昌盛。杭州的殷铎泽为了感谢圣祖的大恩,从杭州千里迢迢来到京城,跪在皇帝面前叩谢天恩。最后,圣祖还让传教士安多将年迈的殷铎泽送回杭州。

宗教礼仪初交锋

中西方在礼仪问题上的矛盾主要表现在西方宗教观念与中国传统文化之间的差异，由此导致了西方宗教的规定与中国传统习惯之间的激励碰撞，并引发了康熙年间中西之间的一场礼仪之争。这场礼仪之争主要围绕三个方面的内容：一是祀孔；二是祭祖；三是基督教上帝的中文翻译问题。

西方在中国传教的真正开始当属利玛窦。16世纪末，利玛窦来到中国开始传教，为了减少传教道路上的障碍，他不但学习中文，还穿上儒服，学习中国的礼仪，千方百计地融入中国社会。由于他运用灵活变通的方法将西方宗教的原则与中国政治文化的实际相结合，使得西方的传教活动没有引起激烈的排斥。这一被称为"利玛窦原则"的传教方法为西方宗教在中国传播立下了汗马功劳，正是秉持这一原则，传教事业在磕磕绊绊中向前推进。利玛窦去世后，他所创立的这一传教原则虽然也遭到了一些怀疑和反对，但在大多数传教士仍愿意继续遵照。

明清鼎革之际，西方天主教内部关于"利玛窦原则"的传教方法的争议扩大。西方的一些传教士激烈地否定"利玛窦原则"，反对中国礼仪，并将中国礼仪作为宗教异端向罗马教廷做了汇报。

1645年，罗马教廷就中国的礼仪问题做出了裁决，并以教皇英诺森十世敕令的形式正式对外公布。其内容主要包括：（1）中国的教徒不得参加祭孔活动。（2）中国教徒不得参加祭祖活动，不得以任何方式为先人立牌位、设祭坛。（3）中国城乡社会中为庙会、新年、供祭所进行的摊派捐款，如不违教义，中国教徒可以缴纳所派。（4）中国教徒在敬城隍时可佩带一个十字架，表面上敬拜城隍，内心却应崇敬十字架①。

在华的耶稣会士得知这一决议后大为震惊，他们认为这是由于不明中国礼教的人向罗马教廷进行了错误表达才导致的结果，并决定由耶稣会士卫匡国亲赴罗马，为"利玛窦原则"辩护。卫匡国于1654年抵达罗马，向罗马教廷提交了耶稣会的辩护报告。在报告中重新描述了中国的礼仪，否认中国人举行祭祖祀孔的地方是庙宇，否认摆放供品的桌子是祭坛，否认中国人的祭拜仪式含有宗教意味和祈祷之意。卫匡国的解释说服了罗马教廷。1656年3月，教皇亚历山大七世颁发教皇令，允许中国教徒参加卫匡国所描述的祭孔仪式和经利玛窦等人修改后的祭祖仪式。卫匡国获得教廷支持的消息很快被耶稣会士传遍中国的大江南北。甚至罗马教廷在1659年还向反对中国礼仪的传教士们发出指示，让他们不要说服中国人改变他们的礼仪、风俗、思维方式，因为这些并不公开地反对宗教和良善的道德，他们所传播的信仰并不和任何种族的礼仪习俗相矛盾，并嘱咐他们尽可能适应当地的习俗，入乡随俗。之后，在中国礼仪和传教方法的问题上，虽然时有反对的声音，但"利玛窦原则"在罗马教廷的支持下被大部分传教士采用。

就在关于中国礼仪争论逐渐平息之时，一些法国传教士到达中国，其中有一位是来自"巴黎大学"的神学博士阎当。阎当于康熙二十三年（1684）

---

① 顾卫民：《中国与罗马教廷关系史略》，第55页。

随首批东方"宗座代牧"之一的方济各来到中国福建,并被方济各任命为浙赣闽湘四省的署理代牧,不久又让阎当兼任中国教务副总理,但一直没有得到罗马传信部的正式任命。后于康熙三十五年(1696)正式得到任命,担任教廷代牧主教。

康熙三十一年,两位传教士刚到中国就遇到了中国礼仪的问题而不知所措,在万般无奈下不得不求助于福建传教区的代理主教阎当。阎当则秉持他一贯反对中国礼仪的立场和态度予以说明,并且以福建传教区主教的身份发布命令,要求在福建教区内严禁中国礼仪,所有教徒都必须无条件遵守。

阎当指出,卫匡国向罗马教徒递交的辩护材料并没有如实描述,所以导致了罗马教廷在错误的材料基础上做出了有利于卫匡国等人的裁决,因此罗马教廷的这一判决不能成为允许中国人崇拜孔子、祭拜祖先的依据。阎当还一再宣布,他出台这些规定旨在结束其辖区内的传教士因传教方法的不同而造成长期分裂的局面,有利于所有教徒在遵守教规和宗教仪式上达成共识,在罗马教廷做出符合其意愿的决定之前可以作为暂时性的指导性传教规定。阎当还将其命令和申诉材料送往罗马,以争取罗马教廷的支持。然而,阎当颁布的训令并没有得到传教士们的支持,在执行中却遭到了耶稣会士和天主教徒的一致抵制。耶稣会士以阎当的权力合法性存在疑问为由不予遵行,而天主教徒则害怕清政府的惩罚而进行抵制。

康熙三十二年,阎当派支持他的传教士肖莫前往罗马,递交阎当在福建所发布的训令和他的一份详细解释训令内容和依据的报告书,与此同时,阎当还在欧洲召集一些志同道合者在巴黎大学神学院为他辩护,制造声势,以引起罗马教廷的关注和重视。教皇虽然没有马上同意巴黎大学神学院的判断,但也不得不予以重视。

康熙三十六年,罗马教皇英诺森十二世迫于西方宗教界的舆论,下令开始调查卫匡国和阎当所提交报告的真实性。此外,经过30次的讨论,法国巴黎大学的神学院认定中国礼仪为异端,并将支持中国礼仪的传教士李明所著《中国现势新志》列为禁书,公开反对中国礼仪和"利玛窦原则"。

福建传教区代理主教阎当于康熙三十五年被罗马教廷正式授予主教,并于康熙三十九年在浙江嘉兴举行了主教就职仪式。当阎当正式成为主教从嘉兴返回福建后,发现刚来福建不久的耶稣会传教士杨若翰和骆保禄公然抵制其所颁布的训令,允许教徒祭祖,阎当当即停止了这两位耶稣会士的传教工作。作为反对中国礼仪领头兵的阎当一方面重申他的禁令,另一方面在他的教区内严禁所有教徒参与中国礼仪,甚至当时各地教堂都有仿制的康熙皇帝赐给汤若望的"敬天"大匾,挂在教堂内的显要位置,阎当命令统统摘去。

阎当的行为激怒了福建的教徒,教徒们联合起来公开反抗阎当。他们不参加阎当的各种宗教仪式,甚至在阎当做弥撒时袭击他,最后教徒们索性直接告到官府。面对阎当及罗马教廷反对中国礼仪的热潮,支持中国礼仪的耶稣会传教士们并没有束手待毙。在北京的耶稣会传教士们为了反驳阎当等人的观点,精心写了一份呈皇帝的报告书,其内容是证明中国礼仪并不是宗教崇拜。收到报告书的当天,圣祖就加以朱批表示赞成耶稣会士的说法,中国的祭祖祀孔只是一种生活习俗,而不是宗教活动。耶稣会士们立即将这一带有圣祖朱批的报告书寄达罗马教廷,而罗马教廷却指责耶稣会针对传教之事不请求教会解决,反而寻求世俗的皇帝裁决,有违教规,是离经叛道。

康熙四十三年,罗马教廷做出裁决,并以教皇克莱芒十一世敕令的形式对外公布,敕令中公布7条禁约:(1)不准用"天"或"上帝"称天主。(2)不许在教堂悬挂"敬天"字样的匾额。(3)禁止所有教徒祭祖祀孔,否则以异端对待。(4)禁止教徒在家立牌位。

为了督促禁令在中国的执行,康熙四十三年十二月教皇特别派铎罗带着禁令来到中国,由此引发了中西礼仪之间的激烈碰撞,最终导致了圣祖禁教。

派使三次赴罗马

因为中国礼仪之争，罗马教廷派铎罗来华，试图做出最后裁决。但铎罗来华后却不顾中国的实际情况，也听不进任何解释，固执地坚持禁止中国礼仪的立场，这使圣祖大为不快。圣祖认为罗马教廷之所以执意禁止中国礼仪，是因为听信了谗言，不了解中国实情，对中国的礼仪产生了误解。为此，他决定选派传教士作为使臣前往欧洲，向罗马教廷做进一步的澄清和解释。

康熙四十五年（1706），圣祖决定选派人员出使欧洲教廷。出使人选一开始是让铎罗选派的沙国安担任使臣，圣祖接见后发现其人不懂中文，当即指出：一个不懂中文的人如何能把中国礼仪问题说清楚，命令立即重新选派使臣。最后，法国传教士白晋作为正使、沙安国为副使出使欧洲，因为白晋对中国实情非常了解，对中国典籍也深有研究，圣祖对他非常信任和看重。随后，白晋作为清政府出使罗马教廷的使臣准备启程前往欧洲，同时让白晋随身给罗马教廷带去了很多礼物：10颗漂亮硕大的珍珠、50张黑貂皮、1盒人参、10床苏州双面刺绣、10匹各色高级绸缎。圣祖命令内务府派笔帖式布尔赛将白晋、沙国安经过福建护送回国，如果福建没有去欧洲的船只，则先将他们送至澳门，然后再乘船远赴欧洲；若澳门也没有去欧洲的船只，则先将他们暂时安置在广州的天主教堂中，等到第二年搭船前往。

然而，铎罗却对圣祖在使臣的人选上颇有微词，请求在人选上重新安排，要求让不懂中国文化的沙安国为正使，白晋为副使，并指出这两人关系不和。铎罗顽固不化的僵硬立场和他对沙国安的偏爱，让圣祖甚是不悦，遂颁发谕令：既然两人不和，让白晋回来如何？其他事等日后再说。不久，由于铎罗、阎当在中国礼仪问题上的立场，彻底把圣祖激怒了，不但下令将铎罗驱逐出京，还命在广州的白晋、沙安国终止出使教廷，所带礼物暂时存放在当地，这次出访就这样草草收场。

同年十月，圣祖再次降旨，命令派遣葡萄牙传教士龙安国与法国传教士薄贤士携带圣祖书信出使罗马，向罗马教廷告知中国皇帝对天主教的关注，以及沟通解释有关中国礼仪的一些问题，向教廷送交罗马特使铎罗在华的所作所为、在华的全部问答录以及清廷的相关法令，要求教廷纠正铎罗在华行为，并表示清廷在中国礼仪问题上的立场是绝不会改变的。薄贤士自知自己刚来中国，没有立下什么功劳，而现在却得到格外抬举，让他出使欧洲，这是对他的信任，他立即上奏，向圣祖表达感谢之情，并表示一定将圣祖的诏书亲手送到罗马教廷，以报答圣祖的知遇之恩。

两人于当年十一月三十日从广州乘海船启程，在出发之前再次上奏圣祖，他们在上书中表示：到了欧洲后，一定会将他们在中国的美好感受以及所受到圣祖的恩德向欧洲人传达，让所有信奉天主教的人都为圣祖陛下祝福。

十二月初四日，两人从澳门出发，到巴西后便分开行程，自此之后圣祖在很长时间内没有他们的消息。

康熙四十九年（1710）九月，两广总督赵弘灿得到西洋人的报告，得知：龙安国、薄贤士两人分手后，龙安国所乘坐的船于康熙四十六年十二月二十九日触礁沉没，龙安国与船上的商人都被淹死，只有4名水手死里逃生；而薄贤士的船在大洋中遭遇大风，风浪一涌，整条船都不见踪影了，估计也都葬身大海了。至此，圣祖的第二次派使也告失败。

第二次派人出使欧洲失败后，圣祖决定第三次派使出访。

康熙四十六年（1707）年底，意大利传教士艾若瑟和中国人樊守义被选派出使欧洲。在出发之前，他们如龙安国和薄贤士一样随身携带了圣祖书信、盖有证人印章的铎罗言行录以及清朝的相关法令条文。

同年十二月二十三日，艾若瑟、樊守义以及同行返回欧洲的陆若瑟离开广州，于次日到达澳门。由于此地一直没有去欧洲的海船，所以他们在澳门待了20天。在澳门的20天里，艾若瑟千方百计想见一下被囚禁于此的铎罗，由于葡萄牙人的阻挠而没有成功。

次年正月中旬，艾若瑟、樊守义等人登上了一艘葡萄牙的船只启程。船只穿越苏丹海峡，绕过好望角，于五月初到达美洲的巴西。在巴西待了整整一个月后，巴西政府给了艾若瑟与樊守义一艘小船，让他们自己乘这艘小船前往葡萄牙，七月上旬到达葡萄牙的里斯本，受到了葡萄牙国王若奥五世及众多王公贵族的隆重接待。

艾若瑟告知若奥五世有关中国传教的情况及存在的危险，这位国王立即召开了教士大会，艾若瑟通过口头和书面的形式向教士大会说明了铎罗在中国为西方传教士的传教制造了障碍。最后，葡萄牙教士大会决定：葡萄牙国王也派遣特使前往罗马，请求教皇撤销阻碍传教士在华传教的改革法令。

艾若瑟刚到葡萄牙就立即致函罗马教皇克莱芒十一世，在信中首先报告了此次出访的主要任务，列出了清廷与铎罗的所有文件，详细描述了中国的传教事业遭受到严重损害的情况以及耶稣教会的悲惨处境。其次，汇报了铎罗被囚禁澳门的情况，并指出圣祖之所以这样做是为了避免更大的骚乱，为此中国皇帝还等着教皇的回函以尽快妥善处理这个问题。这封信很快传到了罗马教廷的传信部，传信部于康熙四十七年年底召开了有八名红衣主教参加的东印度和中国特别会议，讨论艾若瑟提交教皇的信。最后，会议根据信的内容归纳得出三个问题：第一，关于铎罗之事是否属实；第二，艾若瑟的身份及其代表中国皇帝提出的条件值得怀疑；第三，铎罗在中国颁布的禁止中国礼仪的法令是否实行。

艾若瑟与樊守义因无船只前往罗马教廷，所以在葡萄牙一直待了四个月，直到他们从澳门出发所乘坐的船只从巴西返回葡萄牙，他们才前往罗马。

康熙四十八年二月，艾若瑟等人先乘船到达热那亚，之后中途又改行陆路抵达罗马。抵达罗马后，艾若瑟和樊守义并没有立即得到教皇克莱芒十一世的接见。在等待被教皇接见期间，艾若瑟两次向教皇致函，其中第一封信指出了教皇的决定必须顾及中国礼仪在中国人生活中的重要性，同时也要尊重中国皇帝的权威，否则在中国的传教事业将会中断。第二封信请求取消教皇亚历山大七世关于中国礼仪的禁令。第二封信发出后没多久，艾若瑟和樊守义便获得了教皇的接见。

在觐见教皇时，艾若瑟将圣祖对铎罗来华、中国礼节问题的旨意以及教务状况进行了详细呈述。教皇听后，屈臂回答道：他绝没有让铎罗如此行事。但是，教皇对艾若瑟所呈递的文件产生了怀疑，因为上面没有中国政府的钤章，于是将艾若瑟强行软禁在罗马。

艾若瑟被软禁后，又向教皇三次致函。艾若瑟在其第一封信中指出为了消除对其使命产生的疑问，以确定所肩负的使命，要求罗马教廷详查他从中国带来的和皇帝赐予的文件。第二封信向罗马教廷提出了警告，指出如果不采取有效措施解除关于中国礼仪的禁令，在中国的传教事业将会面临毁灭性的危险。第三封信再次指出如果不终止类似铎罗所颁布的禁止中国礼仪的禁令，那么传教事业在中国不可能得到继续。然而艾若瑟的信并没有改变他所面临的窘境，此后他便一直处在被软禁的状况，这种状况持续了两年八个月，而樊守义却一直留在意大利。

后来，艾若瑟向教皇申请返回故乡探亲修养，教皇准其所请。艾若瑟离开罗马刚抵达国境时，有人向教皇进谗言，说艾若瑟将要偷偷地返回中国。教皇立即下令：凡是见到艾若瑟，立即将其捉拿。艾若瑟听到教皇这一教令后十分气愤，辩解道：我这次是经过教皇批准还乡养病，何来说我偷回中国？后来教皇知道了实际情况，派耶稣会会长转告艾若瑟，让他在家乡养病，等待清朝的消息。一旦清朝派来使臣，证明了他的身份和使命，即让艾若瑟返回中国。之后，艾若瑟在欧洲住了6年。

康熙五十七年（1718），从中国来的船只带来了清朝武英殿的红字文书，证明了艾若瑟等人的身份和使命，打消了罗马教廷的怀疑，随后教皇将艾若瑟和樊守义召至罗马，告知他们可以返回中国，同时还派特使嘉乐前往中国，解决中国礼仪问题，同时告诫艾若瑟此次返回中国，至于中国皇帝所期待的回复以及艾若瑟向教皇的呈报，让特使嘉乐解释，艾若瑟只要解释是因为健康原因而没有及时返回即可。

康熙五十八年三月，艾若瑟、樊守义乘法兰西海船启程返回中国，同时带回来葡萄牙国王献给圣祖的礼品7箱、鸟枪1杆。

次年二月初七日，海船刚绕过好望角，艾若瑟在小西洋大狼山病逝，遗体由樊守义运回广州。这次出使虽历经千难万险，却没有带回来圣祖所期待的答复，从这一点来看这次出使也是失败的。

多次博弈终禁教

阎当反对中国礼仪的努力终于得到了他想要的结果,康熙四十三年（1704）,罗马教廷通过了禁止中国礼仪的决议,甚至为了督促这一决议能够在中国得到贯彻,教皇克莱芒十一世特别派遣主教铎罗来华,监督教皇敕令的执行。

铎罗于1668年12月生于意大利的都灵,早年在耶稣会所创办的大学学习,后在罗马教廷任职,并得到教皇克莱芒十一世的赏识。不久,只有36岁的铎罗被教皇委任为特使,赋予指挥和解决教务问题的全权,前往中国解决中国礼仪的问题。铎罗于当年乘坐法国国王路易十四派出的两艘专船从罗马出发,于康熙四十四年四月到达澳门,次日到达广州城,并从广州城内的传教士中挑选了一名反对中国礼仪的传教士作为他的秘书兼翻译。

圣祖以"天朝上国"的姿态欢迎铎罗的到来,并下谕要求广东督抚大员要优礼款待,派人护送来京,同时又派两广总督郭世隆之子和耶稣会士张诚、雷孝思、苏霖等三人前往天津迎接。

康熙四十四年十二月,铎罗带着还未公布的罗马禁令在圣祖的热情欢迎下来到了北京。虽然，铎罗没有公布此行的主要目的和罗马禁令，但圣祖早已得到耶稣会士们的报告，得知铎罗此行的一个主要目的是为了解决中国礼仪的问题。到达北京没几天，铎罗使团的医生突然暴病而亡，耶稣会士们建议铎罗将葬礼在耶稣会的大栅栏传教士墓地秘密举行，以求避免这次葬礼改变中国礼仪。圣祖得知此事后主动赐给使团一块新的墓地，以便探知使团对中国礼仪的态度。最后，在铎罗的主持下，这次葬礼并没有按照耶稣会士的想法去办，这让圣祖清楚地了解了铎罗及其所代表的罗马教廷对中国礼仪的态度和立场。

十二月底，到达北京已快一个月的铎罗得到通知，圣祖将要召见他。此时的铎罗由于水土不服生病，圣祖特别恩准用肩舆将铎罗接到宫中。这一次圣祖与铎罗的谈话并没有直接涉及中国礼仪的问题，双方谈话在十分轻松而愉快的气氛中进行，圣祖对罗马教廷第一次派出的特使十分热情。在谈话中，铎罗提出中国传教区的一切事务应由直接隶属于罗马教廷的中国代牧区主教管理，避免耶稣会传教士与其他修会传教士之间产生争议和摩擦。圣祖则当即予以驳斥，并指出中国的传教事务应该由住在中国多年且谙熟中国风俗习惯、民风民情的耶稣会来管理。这一次接触，双方都没有直接谈及敏感的中国礼仪问题，而是持谨慎的态度谈了一些边缘问题，双方都有各自的态度和立场，因此并没有达成一致的看法。

此后，铎罗在北京的半年里，圣祖曾多次召见他。但铎罗由于没有完全考虑好到底怎么处理中国礼仪的问题，一直以生病为借口推辞不应召，对此圣祖并没有怪罪于他，反而表示谅解，派人前去看望，安慰他宽心养病。虽然双方在很长时间内没有进行正式会见，但圣祖一直在找机会向铎罗表达清廷在礼仪问题上的立场。

康熙四十五年（1706）三月十六日，圣祖通过耶稣会传教士闵明我等人带信给铎罗，表示有无传教士对中国来说无关紧要，现在皇帝为了与本国无关紧要之事来召见铎罗，完全出于怀柔远人的恩典，铎罗应该感恩，不要听信别人蛊惑生事，大清是不允许任何外国人在此生事的。

康熙四十五年六月二十九、三十日，圣祖连续两天召见铎罗，此时的铎罗依旧拒绝讨论礼仪问题，也不说此行的目的。圣祖则直接向铎罗挑明了清朝的立场，请他转告教皇：中国百姓是绝不会改变传统的礼仪，中国礼仪并不违背天主教教理。如果教皇执意要禁止中国教徒祭祖祀孔，所有西洋传教士很难在中国待下去了，最后还善意地提醒铎罗，传教不能不顾及不同地方人民的生活习俗。最后一次谈话的次日，在陪同圣祖游玩畅春园时铎罗表达了辞行之意。他表示自己在中国已经待了半年多了，准备回欧洲，另外将由福建传教区主教阎当来接替他继续讨论中国礼仪的问题。

铎罗离京之后，圣祖就中国礼仪问题分别于八月初二、初三两日在热河行宫中两次召见了阎当。只学会一些福建土话的阎当在承德避暑山庄觐见了圣祖，会见中圣祖特地找来了传教士巴多明作为他的翻译。圣祖问阎当御座后匾额上"敬天法祖"四字为何？阎当支支吾吾地说只认得一个"天"字，其蹩脚的中文让圣祖恼怒异常，并斥责阎当愚不识字，胆敢妄论中国之道。两次会见之后，圣祖指出阎当既然不识汉字，又不善于说中国语言，对话交流还必须用翻译，这样的人还竟敢谈中国经书之道，像未进屋的门外汉讨论屋中之事一样，其言论是不足为信的。

八月十一日，圣祖给还在途中的铎罗颁下谕旨，指责铎罗掩盖出使真相，在中国的传教士及教徒中搬弄是非，制造混乱，并告诫他大清国对一切西洋人都有管辖权，不容他们违背朝廷的礼仪和法度。

十一月中，圣祖开始惩罚那些冥顽不化的传教士们，下令驱逐福建主教阎当、浙江宗座代牧何纳笃等反对中国礼仪的传教士，禁止他们再入中国。另外，还将担任铎罗秘书及翻译的传教士遣发至四川，就地拘禁。同时，对与阎当等人关系密切的中国信徒也予以重惩。圣祖的种种惩罚无疑是要向铎罗敲响警钟，告诫他一定要遵守清朝的教化，顺从"天朝"权威，一旦有任何损害圣祖权威的行径，无论是谁都要受到惩罚。

然而，铎罗不但没有接受这样的警告，还在南京公布了教皇敕令严禁中国礼仪，如不执行这一命令，传教士将被除去教职，教徒将被驱逐出教会。针对罗马教廷的禁令，圣祖甚是愤怒，下令凡继续在华传教的传教士必须承诺遵守中国礼仪，圣祖要亲自问过，传教士在圣祖面前宣誓，然后在内务府领得印票才允许传教。印票由内务府拟定，用满汉两种文字书写。这一命令发布后，在中国的传教士对此有了意见分歧。在北京及其周边地区的耶稣会传教士都来宫廷领了印票，但有很多传教士却将圣祖谕旨置若罔闻，圣祖对那些不愿"领票"的传教士予以重罚，下令将他们驱逐至澳门。

康熙四十六年（1707），教皇特使铎罗也被驱逐至澳门监禁，并由澳门的葡萄牙官员负责看守，一直到其去世。是年，圣祖在最后一次南巡的途中先后接见了很多传教士，并考察了他们对中国礼仪问题的态度和立场。当时，绝大多数耶稣会教士都支持圣祖的谕令，而不到宫廷领票的45位传教士被驱逐出境，还有6人被限制在广州活动。不久，北京的耶稣会传教士向圣祖建议向罗马教廷派遣特使，最后圣祖派艾若瑟、卫方济等携带亲笔信于康熙四十七年初离开中国前往罗马宣示旨意，要求教皇收回禁令。

特使于康熙四十八年抵达罗马，然而铎罗向罗马教廷送交的书信早已到达，铎罗汇报了他禁止中国礼仪的情况。在这种情况下，罗马教廷决定不再接受耶稣会传教士们的申辩，转而全力支持铎罗在南京发出的禁行中国礼仪的训令。教皇克莱芒十一世在给圣祖的回信中肯定了铎罗有关中国礼仪的禁令是在教皇的支持下颁布的，遵行了教宗命令，是值得肯定的。此外，教皇还要求圣祖接受中国信徒不能举行任何中国礼仪这一规定，如果圣祖已经颁布了反对铎罗等人传教行为的命令，请立即收回成命。之后，罗马教廷又重申了禁止中国礼仪的禁令，并特别指出禁止以任何方式进一步讨论中国礼仪，包括严禁宗教人士印制和出版有关中国礼仪的作品。

在罗马教廷一再支持和纵容下，反对中国礼仪的传教士们更加肆无忌惮，甚至不顾业已颁布的谕旨，擅自发布禁止中国礼仪的命令。特别是驻扎在山东临清的大北京教区主教伊大仁，两次派他的代理人康和之到北京公然发布反对中国礼仪的教皇决定，并要求所有北京教区的传教士和信徒必须遵守。圣祖对这一做法非常愤怒，并下令立即逮捕康和之。当然，也有不少耶稣会传教士还是遵行他们原来的传教原则，对铎罗等人发布禁止中国礼仪的命令并不执行。

教皇克莱芒十一世从铎罗、阎当等人所呈送的报告中得知，在中国仍有很多传教士不遵守罗马教廷所颁布的禁止中国礼仪的敕令，依然执行利玛窦的传教方式。为此，教皇于康熙五十四年（1715）三月再次颁布更加严厉的敕令，禁止任何传教士再对中国礼仪问题进行任何方式的申诉，要求全世界所有关于中国礼仪方面的问题都必须按照罗马教廷的规定执行。为了确保此禁令得到切实地执行，罗马教廷还规定所有在中国的传教士都必须签署一份誓言，保证遵守关于中国礼仪的规定和禁令。康熙五十五年八月，该禁令文本送到广州，并由在广州的罗马教廷传信部办事处秘密送往全国各地。同年十一月，该禁令在北京正式公布，引起了圣祖的极大愤怒，他下令逮捕了相关人员，没收所有罗马教廷的禁令文本，派人送还教皇。同时，圣祖对天主教的态度也开始向严厉转变。

为了答复圣祖的来信，向中国皇帝表明他们禁止中国礼仪的态度以及探查中国传教士执行禁令的情况，教皇克莱芒十一世于康熙五十八年派第二位教皇特使嘉乐来华，并于次年十月达到广州。圣祖本对罗马教廷的特使失去希望，所以得到第二位教皇特使到达广州的消息后初步决定不予接见，后改变主意，允许嘉乐进京。

十二月下旬，嘉乐抵达北京。在觐见圣祖时嘉乐并不像其前任铎罗那样隐瞒自己的使命,而是直截了当地向圣祖表明他此行的目的有二:一是请允许所有在中国的传教士由教皇特使管理,中国政府不必插手;二是所有传教士及中国信徒必须禁止中国礼仪。圣祖得知嘉乐以及罗马教廷的意图后非常愤怒,便派人告诉嘉乐,中国打算禁止传教士传教,取消与他的会见,命令他立即离开中国。嘉乐为了完成他的使命,即以身体不适为借口请求在北京修养一段时间,待到明春再由水路回广州,然后回国。圣祖出于"仁爱"之心,同意他在北京养病。嘉乐在北京的一段时间内,圣祖与他又有了几次会见,解释中国礼仪与罗马教规并无冲突,而嘉乐则试图说服圣祖同意罗马教廷的禁令,双方之间存在的巨大鸿沟无法弥合。终于,忍无可忍的圣祖斥责西洋人不懂中华文字却在指手画脚,他们没有资格谈论中国之道。西方宗教对中国来说本就是可有可无,既然他们要违背"天朝"旨意,扰乱纲常秩序,就必须禁止传教。

康熙五十九年(1720)十二月,圣祖颁布谕旨,从此以后西洋人禁止在中国传教,以免多生事端。从此,清廷开始了长达百年的禁教。

俄国使团四百人

中俄签订《尼布楚条约》后俄国商人纷纷来华，但即便如此还远远不能满足沙俄的贸易需求，他们迫切需要进一步扩大对华贸易，同时还需处理中俄两国未清的边界划分，为此沙皇派义杰斯出使清朝，一方面企图说服清廷取消中俄之间的各种贸易限制，另一方面是要详细地打探清廷的各种信息，特别是与边界有关的消息。

康熙三十年（1691）元月，义杰斯带领着数百人的商队从莫斯科出发。在出发之前，沙皇政府特别明确地给义杰斯交代了任务，此行除了要与清廷进行贸易外，还有五个方面的工作必须要做：一、要探明清廷对《尼布楚条约》以及中俄未定边界的态度。二、要求清廷将定居在鄂嫩河畔的"俄国逃人"交给俄国，同时释放被俘之人。三、弄清楚清廷打算如何与俄国划界，边界上立什么标志，并尽可能全部秘密绘制成图。四、要求清政府在北京提供一块土地以便俄方修建教堂。五、可以用一切有效的手段来探明清廷的市场、资源、产品及其价格等情况①。经过长途跋涉，义杰斯一行于康熙三十一年（1692）进入中国境内，同年九月下旬抵达通州。

九月二十五日上午，使团从通州启程进京。历时一年零八个月，义杰斯使团终于抵达京城，使团中途除了损失一人外其余皆安然无恙。义杰斯骑着马，后面跟随着俄国士兵和90多个商人，列队整齐前进。将要到达京城城门之际，前来观看的人挤满了道路，导致使团无法前进，最终在官兵的疏导下才得以进入城内。然而，城内的情况比城外还糟糕，拥挤得几乎没有站脚的地方。使团由士兵开道得以缓慢地向玉河桥附近的俄罗斯馆前行。义杰斯等人的到来受到了清廷的热烈欢迎，在俄罗斯馆前有清廷重要官员和两列士兵列队欢迎。

义杰斯等人在俄罗斯馆休息了两天，第三天圣祖命令内大臣索额图等4名高官在宫内为义杰斯等人设宴接风，此次宴会十分丰盛，除了各式菜肴外，还有各种干鲜果品等，层层叠叠摆满了一方桌子，共有70多种，餐具都是银制的。宴会后，索额图等4人陪义杰斯等人稍做休息，期间还为义杰斯等人提供了各种洋酒，他们自己或饮茶，或吸烟。最后，索额图告诉义杰斯，再过几天，圣祖将召见他们，到时义杰斯须亲捧国书呈上，在这之前希望他们做好准备。

十月初五日，圣祖派数名官员来到俄罗斯馆，告诉义杰斯次日将被皇帝陛下召见，而在召见之前要求义杰斯说明沙皇致皇帝陛下国书的内容，以及赠送皇帝陛下的礼品清单。义杰斯当即予以否决，表示他作为沙皇的特使，国书只能由他亲手呈交清廷皇帝陛下，而不是交给大臣。清廷官员则对他说，提前了解国书的内容和礼品清单是清廷的惯例，任何来华使节都必须遵行。如果违背，就会被拒绝与当今皇帝陛下见面而被驱逐回去。听到这番

---

① ［俄］加斯东·加恩：《彼得大帝时期的俄中关系史》。

话，义杰斯害怕被驱逐出境，遂向清廷的两名大臣含糊地说了国书的内容，并当场宣读了礼品清单。

初六日早上八点，清廷的3位官员后面带着50名骑兵来到俄罗斯馆接应使臣，义杰斯带着部分使团成员整齐列队向皇宫前进。俄国使团在皇宫前的下马碑前下了马，列队进入皇宫。使团最前面是15名手捧礼品的俄国军职人员，紧接其后的是司礼人员，然后是手捧国书的司书人员，其后是义杰斯和清廷陪同的官员，最后是俄国使团的其他人员。

进入皇宫后，第一次见到如此金碧辉煌、光彩夺目的宫殿，义杰斯十分激动，当时这种兴奋而又惊讶的心情无法用言语表达。俄罗斯使团在宫殿前停了下来，并受到了简单的接待。过了一会，圣祖上殿升座，义杰斯等人进入大殿，殿内摆着两张铺着黄缎子的桌子，以内大臣索额图为首的4名清廷大臣在两侧站立迎接。义杰斯从司书手中接过国书，放到桌子上，并将礼品放在另一张桌子上。内大臣索额图走到桌前，从桌上拿下国书，交给皇帝的侍臣，由侍臣呈递。献完礼后，站在两侧的大臣走向义杰斯与他握手，表示祝贺。紧接着圣祖宣布了对使团的优待，每天供给义杰斯羊两头、鹅一只、鸡三只、鱼三条、一大斗面粉、一大斗大米、油两磅、茶叶两包，盐、马奶酒等，使团其他人员也增加了油、面粉和马奶酒。看过义杰斯提交的国书后，圣祖甚是愤怒，沙皇在国书中对皇帝甚是不恭，国书书写毫无尊卑之别，不符合外国呈递国书的惯例，因此圣祖谕令不接受俄国国书及其贡物，全部予以退回。而且，还规定以后俄罗斯再有使臣来，其提交的国书中要有"奏"字，并将我国尊称置前，才允许呈交；否则，则拒绝接收。而且，俄使来京后，必须在午门前将其国书跪着放在黄案上，并行三跪九叩之礼。

十月初八日，义杰斯被召入宫告知其国书及其礼品被退回。义杰斯对清廷的这个决定非常诧异，也很不服气。他当即与现场的官员进行争辩：清廷既然已经接受了国书和礼品，现在又将其退回来，这种情况在其他国家是从没有出现过的,他没有得到俄皇命令之前是不能收回国书和礼品的。清廷官员表示,由于俄国国书不符合中国旧例,为了维护本国的尊严,决定不接受这种违反书写格式的国书,如果义杰斯不肯收回,那我们只好将国书和礼品扔掉,并将使团驱逐回国。而且圣祖已下旨意,俄皇下次再派使臣来华,其国书必须在入境时启封,若符合我国旧例,才允许使臣入境。由于清廷及圣祖的态度坚决,义杰斯只能收回了国书及礼品。

十月初九日,义杰斯使团接到通知,次日圣祖将赐宴使团。初十日,圣祖派一名侍郎带来马匹和车辆等接义杰斯等人入宫,使团穿过六道门来到大殿前,此时六部九卿官员锦衣玉带按官位和品级分左右两排站立,不久殿内传来"上殿"的喊声,三百余位官员按部就班入殿。此时,殿内左右两边有数人作乐,紧靠御座的两边还有12位手执长矛金斧的护驾仪仗。少顷,圣祖入殿升座,音乐停止。义杰斯等人行三跪九叩之礼后被召进大殿,在离御座两丈五六尺外站立。圣祖注视了一会,示意索额图让义杰斯靠近至一丈一二尺,而使团其他成员则在离义杰斯身后三丈之外站立。圣祖与之寒暄了几句,并问候了俄皇的近况。接着,圣祖开始赐宴,宫廷侍卫开始准备,首先在圣祖前面摆放了一张铺有黄缎子的桌子,在义杰斯等人和其他大臣面前也摆了一张桌子,两人一桌,皆盘腿而坐。

在宴会上,圣祖特赐义杰斯烧鹅、烧猪、烧羊和果品数盘,接着又赐奶茶。圣祖通过索额图询问义杰斯通晓几国语言?义杰斯告知圣祖他通晓德语、拉丁语、荷兰语,此外还略懂意大利语。最后圣祖干脆亲自询问义杰斯,由耶稣会士担任翻译。圣祖问义杰斯:从俄国到京城大概用了多长时间?是乘车、骑马还是乘船?义杰斯一一回答了提问。圣祖让义杰斯再靠近御座一些,并于六尺远的地方赐座,并通过传教士询问义杰斯一路情形以及俄国京城离波兰、法郎西、意大利、荷兰等有多远。之后,圣祖亲自赐马奶酒给义杰斯及使团成员。这次宴会进行了大约三个多小时。宴会后,义杰斯带领使团刚刚下殿,圣祖让索额图追上义杰斯问:皇帝曾派一位名叫郭礼玛地的传教士出使西洋,有何消息?义杰斯告诉索额图:他们从俄国首都出发时听说郭礼玛地带着25人已到达土耳其的四迷而那城,并打算从波斯、印度返回。索额图告诉义杰斯:郭礼玛地等人现在已经抵达爪哇国,他们在外出使已将近7年,如今快回京了。

次日,圣祖派两位官员带领义杰斯等人在城内游览风景名胜,游玩之后又带领义杰斯等人到戏院去看戏剧和杂技。这座戏院非常大,正中是一座大戏台,戏台上雕梁画栋。待这一行人坐定后,招待各种茶酒,接着就开始了精彩纷呈的歌戏、杂技、魔术等节目。魔术有空手变水果、活物等;杂技如6人扶一根长约数尺的竹竿立于地上,一孩童爬上竿顶,让竹梢顶其肚子,像轮子一样旋转,之后用一只手抓住竹梢慢慢地弯腰直至一只脚立于竹梢之上,直其身体,忽而拍手腾空,飞身下地,类似绝妙的杂技还有很多;戏曲演的是一英雄破敌还朝的故事。各个节目,无不精妙。看完之后,索额图盛情为义杰斯举行家宴。

索家从书房到客房、客厅,桌椅精美干净,上面盖有绣着各种图案的桌单。义杰斯由索额图陪伴坐在一桌,其他官员则坐在另一桌,桌案之上摆放着细瓷花盆,盆内有各种各样的花朵,因时至寒冬,无鲜花,全部用各色绫罗绸缎做成。正堂前案摆放着银制香炉,内焚沉香,气味芳郁,旁边还摆放着各色古玩,义杰斯与索额图所坐主位桌椅上都盖着虎豹之皮。宴会开始之前,先饮茶,同时伴有各种果品。茶毕,玛瑙杯装着酒开始呈上,此种酒需加水喝,随后多道盛着鱼肉的盘子上桌,层层叠叠地摆满桌子。吃了少许后,又有数种珍品上桌,还有各种小吃,最后就是各种各样的蜜饯,如葡萄、香桃、金橘等。在宴会之时,还有歌舞助兴。索额图的夫人与女儿因未曾如此近距离见过外国人,都躲在卷帘后偷看。宴会持续了三个小时后结束,义杰斯辞谢回馆,休息数日后,义杰斯相继又被邀赴宴。

义杰斯在京三个多月的时间内,圣祖每隔十天赐给义杰斯等人一次丰盛的宴席,并允许他参加朝廷冬至的朝仪大典。春节后数日,圣祖派两位官员到俄罗斯馆传旨:次日黎明,使团至皇宫辞行归国。

次日黎明,义杰斯赴皇宫向圣祖辞行,至此俄罗斯使团的任务画上句号,接下来就是归国准备了。又过了几天,耶稣会传教士奏请圣祖批准邀请义杰斯前往参观教堂。义杰斯在两位官员的带领下来到传教士的教堂,教堂是意大利风格建造,内有神像很多,教堂很大,可容纳3000人,房上挂着一个大钟和很多小钟,随后又参观了藏有各种西洋古玩的储藏室,最后来到传教士卧室座谈,并伴有各种蜜饯和西洋干粮酒。同天,义杰斯还被邀请到驯象所参观。次日,索额图带着一个笼子,里面装了一只豹子,送至俄罗斯馆供使团观看,此外还有杂耍艺人,有耍猴的,耍鼠的,供使团娱乐。义杰斯临行前,圣祖又赐宴一次。

康熙三十三年二月初八日,义杰斯带领他的使团和商队踏上了归途,清政府众大臣出城送行。

十四日,穿过长城,北上向黑龙江进发。一路上义杰斯使团由清朝官兵护送,一直到中俄两国边界止。这次使团虽然没有达到出使的目的,但义杰斯带领的商队却是满载而归。俄罗斯使团在京的那段时间内,义杰斯一方面将带来的大量货物与北京商人进行贸易,并从中国买进了大量的货物。另一方面义杰斯又积极地搜集有关中国的情报。然后由于义杰斯秉承沙俄之意回避谈判沙俄对中国西北和蒙古的侵略问题,圣祖拒绝了他提出中国向俄国出口贸易等的要求,使得沙皇想扩大与中国贸易的愿望落空①。

---

① [俄]伊兹勃兰特·伊台斯、亚当·勃兰德:《俄国使团使华笔记1692—1695》。

使团往返数万里

土尔扈特部原为厄鲁特蒙古四部之一。明末,该部因不堪压迫,在首领和额尔勒克的率领下离开了世代居住的塔尔巴哈台地方,几经跋涉,最后来到了伏尔加河下游一带。然而,远走他乡的土尔扈特部并没有割断与祖国的联系,由于寄居在外,风俗信仰等皆不相同,尤其是一直受到俄国人的剥削和压迫,他们对祖国的思念日渐加深。

清政府平定噶尔丹叛乱后,远在万里之遥的土尔扈特部阿玉奇汗专程派使者入京恭贺。然而,不久噶尔丹之侄策妄阿拉布坦又重蹈噶尔丹之辙,开始割据西北,称霸一方,与清政府相抗衡,并阻断了土尔扈特部与清政府之间的交往通道。阿玉奇汗遣使进京朝贡,返回途中,使臣被策妄阿拉布坦杀害。甚至,阿玉奇汗之侄阿拉布珠尔偕母入藏熬茶,归途借道准噶尔,结果被策妄阿拉布坦所阻。阿拉布珠尔无路可走,只得遣人向清政府请求帮助。圣祖对他们的境况十分同情,一方面将阿拉布珠尔等暂时安置在色尔腾一带,一方面派遣侍卫祁礼德前往策妄阿拉布坦处交涉,但无结果。最后,圣祖将嘉峪关外一带牧场划给他,作为游牧之区,还敕封阿拉布珠尔为固山贝子。

四 怀柔远人 广布教化

与清政府的联系被策妄阿拉布坦阻隔之后，身居异国的土尔扈特部民众万分焦急。为了能够保持与祖国的联系，他们不得不答应俄国向其借兵3000与瑞典作战的条件，以巨大的民族牺牲为代价，换取借道俄国，从西伯利亚绕道向清中央政府朝贡。

康熙五十年，阿玉奇汗派遣使臣萨穆坦一行8人取道俄国西伯利亚，经库伦、张家口等地，长途跋涉历时两年终于到达北京，觐见圣祖，表达了全部族对祖国的思念之情。萨穆坦等人的到来让刚刚剿灭噶尔丹的圣祖非常高兴，同时也深受感动。为了表达祖国对他们的关怀之情，圣祖决定派遣侍读学士殷扎纳、内阁侍读图理琛、理藩院郎中纳颜等人为特使，前往远在异国他乡的土尔扈特部，弄清其实际状况。

临行前，使团觐见圣祖，恭请圣训。圣祖对殷扎纳、图理琛使团提出了这次出使的原则和使命。圣祖要他们到了土尔扈特部对阿奇玉汗亲加慰问，表达圣祖对他以及整个部族的关怀之情，并赏赐大量物品。另外，告诉阿奇玉汗，其侄阿拉布珠尔已暂时安顿，天朝已派人前往策妄阿拉布坦处交涉此事，等交往之路通顺后再遣阿拉布珠尔等人回来，与其部族团聚。到了土尔扈特部后，若俄国人要求你们前往，可以接受邀请前往，并向俄皇传达圣祖对保持两国和平的坚定决心，俄皇尽可放心将中俄边境的驻兵西调，去对付俄国西方的敌人。另外，见到俄皇，拜见的礼节可以按照俄国的礼节进行，使团人员不可饮酒，严格管理随从，对俄国人要不卑不亢。

康熙五十一年（1712）五月二十日，殷扎纳、图理琛等一行三十余人从北京出发，北行走6天后出张家口，于六月初二日至察哈尔蒙古。至此地，当地官兵已经准备好驼马、毡帐以及食物等，使团将内地所乘驿马换成骆驼，并让护送使团的绿旗官兵返回。

七月二十三日，使团至楚库柏兴，在色楞格河南岸扎营，此地系中俄两国的国界。管理色楞格河的俄国人派人来问他们是什么人，到哪里去？使团告知俄国人，他们是清朝大皇帝陛下的钦差，前往土尔扈特颁布谕旨和赏赐。很快，俄国人将使团接到了楚库柏兴城衙署内，管理此处的俄国最高长官问使团来此处有何事？是否与其国有关？使团将详情告知，并特别指出因为是远道而来，驼马接济跟不上，所以在临行之前已与俄国商人哈密萨儿讲好，让俄国帮忙解决途中的后勤补给，故此特来寻求帮助。俄国长官却告诉使团，已派人向俄皇报告大清特使前去土尔扈特部的消息，但至今还没有得到回信，在没有得到允许之前是不能让使团前往土尔扈特部的。使团别无他法，只得待在楚库柏兴城，等着俄皇的回信。就这样，使团一住就是5个月。

康熙五十二年正月十四日，俄皇的回信到了。厄尔库城的最高长官派人前来迎接使团。正月十六日，使团从楚库柏兴城启程。当使团抵达托博尔斯克城时，俄西伯利亚总督噶噶林表示：俄皇将会在莫斯科接见使团，不知是否愿意前去。使团当即回答：来俄之前，皇帝已有旨意，如果俄皇打算会见中国使团，则遣使团中的一半人去莫斯科，另外一半人则继续前往土尔扈特部。噶噶林表示，将向俄皇汇报，等待俄皇的回信。若是可行，将会在使团返回途经此处时邀请前往莫斯科。使团先后渡过贝加尔湖、穿过西伯利亚，通过寒冷的森林和沼泽，历经千辛万苦，行程一万多里，终于在十一月十六日到达了土尔扈特与俄国接壤的萨拉托夫，此处头人派遣通事将使团到达的消息通知土尔扈特的阿玉奇汗。

阿玉奇汗以及民众听说祖国使臣将要抵达的消息后无比高兴。阿玉奇汗立即传集部落民众，整修毡帐，换着新装，并派其亲信台吉魏正等率兵前来迎接。康熙五十三年五月，使团正式踏上了土尔扈特部的土地。阿拉布珠尔之父、阿玉奇汗之弟纳扎尔玛穆特早已在伏尔加河畔恭候，他向使团献上马匹、礼物。一路上，使团受到了隆重的接待，阿玉奇属下台吉以及喇嘛都置办了宴席恭迎使团。

六月初一日，使团到达了阿玉奇汗驻地玛努托海。阿玉奇汗为了迎接使团的到来，特地举行了隆重的欢迎仪式。使团向阿玉奇宣读圣旨，问候阿玉奇汗，传达了朝廷遣归阿拉布珠尔的决定，递交了圣祖赐予阿玉奇以及土尔扈特部众人的礼品。阿玉奇汗大摆筵席，热情招待来自祖国的使团。此后的十几天里，为了表达对祖国的眷恋之情，阿玉奇汗之妹、鄂齐尔图车臣汗之妻多尔济拉布坦，阿玉奇之妻达尔玛巴拉，长子沙克都尔札布，幼子策棱敦多布以及众多喇嘛分别设宴款待使团，向使团赠送礼品。在筵席中，他们表达了对祖国的眷恋之情，以及沙俄阻断土尔扈特通往祖国的道路，特别是沙俄对土尔扈特压迫之深重等情形，并请使团将此情回奏皇帝。

六月十四日，使团圆满完成使命后从土尔扈特启程回国。阿玉奇汗不但举行了隆重的欢送仪式，还派遣使臣跟随使团进京朝贡。使团行至喀山时，由于沙俄政府的阻扰，阿玉奇汗派出的朝贡使者被强制扣留下来，后被迫返回部落。使团沿着原路返回，在途经托博尔斯克时，俄国西伯利亚总督噶噶林向使团告知了关于邀请使团前去莫斯科会见俄皇之事。噶噶林表示，因俄国正在与瑞典交战，俄皇并不在首都，而是远在西部边界指挥战争，再者中国使团也没有清朝皇帝的国书，因此俄皇不能与中国使团见面。噶噶林通知使团取消会见后，使团立即启程，快马加鞭地回国，并于康熙五十四年（1715）三月二十七日回到北京，结束了历时三年、行程长达4万里的出使。这次出使密切了土尔扈特与清政府的关系，为后来该部万里迢迢回归祖国打下了坚实的基础。

九 华俄人再使

俄国人义杰斯出使清朝二十多年后，沙俄政府为了进一步扩大对华贸易，以获取巨额利润，决定再派沙皇禁卫军护驾大臣伊兹玛依洛夫为特使，带领90人的使团携带国书出使清朝。

伊兹玛依洛夫临行前，俄国政府同样为使团交代了此行的任务，与二十多年前的义杰斯使团之任务相差无几，其任务也有五项：1. 认真而仔细地了解中国的国土、资源以及军事力量。2. 要求清朝为俄国提供一块土地修建教堂。3. 要求清政府增加贸易次数，同意俄国每年都可以派商队来华并在全境自由贸易。4. 了解对俄国最有利可图的中国产品。5. 同意俄国在北京设立总领馆和总领事，在其他地方设立领事或副领事，俄国领事具有领事裁判权①。

俄国政府早已从义杰斯使团的经验中了解到：中国皇帝或许还会沿袭以前的惯例，对于任何与其平等的专制君主不赐亲善国书。为完成这次使团

---

① ［俄］加斯东·加恩：《彼得大帝时期的俄中关系史》第七章。

出使的任务，俄国政府在其国书的开头改称陛下，取代了以前所用的"殿下"称呼，末尾不写沙皇的全部尊号，而只是由沙皇亲笔签名，加盖国玺。担负重要使命的伊兹玛依洛夫使团于康熙五十八年（1719）七月十六日从圣彼得堡出发，先后经过莫斯科、喀山、托博尔斯克、依尔库茨克等地进入清廷边界，然后穿过蒙古地区到张家口，于康熙五十九年十一月十八日抵达京城[①]。

圣祖赐予伊兹玛依洛夫一匹御马，令其骑着入城，以示恩宠。当日，俄国使团由伊兹玛依洛夫带领，在一片锣鼓声和士兵的保护下进入清王朝的首都，按照惯例使团首先来到俄罗斯馆住下。为了与俄国使臣伊兹玛依洛夫谈判，圣祖从众大臣中挑选了三位官员组成一个谈判班子，并指定马国贤等五位欧洲传教士和一位中国人担任翻译。

俄国使团安顿好后，谈判班子成员及马国贤等人来馆相见。伊兹玛依洛夫告知沙皇有一封国书让他亲手交到皇帝陛下手中，同时将国书的副本交给了清朝官员。国书是用拉丁文写成的，由马国贤翻译，国书大意是：沙皇希望加强迄今为止已与大清皇帝建立的两国之间良好的默契。为此，他派出了伊兹玛依洛夫作为公使，请求皇帝陛下能够详细倾听一下他所提交的所有事情，在他所有的使命完全安排好之前，不要把他送回莫斯科。清朝官员立即追问，国书中提到的任务具体是什么，伊兹玛依洛夫坚持在国书交给皇帝之前他无权说出，但谈判班子成员坚持一定要先知道，并指出这是惯例。为了避免重蹈二十多年前义杰斯的覆辙，伊兹玛依洛夫告知清朝官员，他的全部任务是代表俄国与大清皇帝陛下签订一个条约，以防止将来可能发生诸如军事冲突这样的误会。

当两国人员交谈时，圣祖赐予的丰盛宴席送到了。按照惯例，清朝官

[①] ［俄］尼古拉·班蒂什-卡缅斯基：《俄中两国外交文献汇编（1619—1792）》。

员要求其跪拜谢恩，伊兹玛依洛夫当即拒绝，并指出他作为沙皇的特使绝不能下跪，只能按照俄罗斯的方式行礼。对于伊兹玛依洛夫拒绝跪拜的行为，圣祖非常不悦。但为了能与俄国停息干戈，保持边疆安宁，不使两国关系破裂，决定在正式接收俄国国书之前单独召见伊兹玛依洛夫，这种非正式的私人会见虽然让俄使以个人身份行跪拜之礼，但至少还维护了两国的面子。然而，这个安排被拒绝了，伊兹玛依洛夫坚持按照俄国礼仪必须先呈递国书。这一下把圣祖惹恼了，立即让马国贤等人告诉伊兹玛依洛夫：鉴于他在递交沙皇国书之前拒绝面见皇帝，陛下现在既不会接受信件，也不会接受沙皇的礼物，他最好还是回莫斯科。并问他，在正式递交国书的时候，会不会行跪拜礼，伊兹玛依洛夫坚持说不会。

之后，圣祖又派了礼部尚书、一个太监总管、一个侍卫和五个欧洲翻译前往俄罗斯馆，告诉伊兹玛依洛夫：无论如何，他必须行跪拜礼，而且所呈送的国书需先放在桌案上，然后由本国的大臣转呈皇帝。伊兹玛依洛夫还是坚持不跪拜，要亲手将国书交到皇帝手中。圣祖再次颁布谕旨，并让欧洲传教士翻译，由理藩院尚书向伊兹玛依洛夫宣读。谕旨大意为：伊兹玛依洛夫行事方式导致了其出使目的不能完成，且伊兹玛依洛夫的行为可疑，让理藩院一定要调查清楚。伊兹玛依洛夫依然没有改变他的态度。于是，圣祖直接派了几个官员携翻译去和伊兹玛依洛夫谈，以求解决其中的分歧。

在双方商谈中，传教士们从中调停，告诉伊兹玛依洛夫将来清朝皇帝陛下的特使去觐见沙皇，也一定会按照俄国的礼节给沙皇行脱帽致敬礼，劝说伊兹玛依洛夫按照清朝惯例行礼。当欧洲传教士讲完话后，在场清廷最大的官员在伊兹玛依洛夫面前脱下了自己的帽子，这让伊兹玛依洛夫非常满意，他认为这是清朝官员向他代表的沙皇行礼，作为回礼，他也应该按照清朝的规定来办，因此改变了态度，答应按照中国的规定行跪拜礼，还同意呈递国书时，先把国书放在桌案上，然后由官员转呈皇帝陛下①。

十一月二十八日，伊兹玛依洛夫等人在理藩院官员的陪同下到北京西北郊的圆明园觐见圣祖。俄国使团先至宫门旁的屋中稍做休息，紧接着一位官员前来告诉伊兹玛依洛夫，觐见时除了使臣及重要随员外其他人员均要卸下随身携带的武器，同时还询问了伊兹玛依洛夫按照俄国的礼仪传统，哪一方位为尊？伊兹玛依洛夫告知欧洲尚右，因此右侧为贵宾席。觐见时，伊兹玛依洛夫被带到大殿，并在桌案前跪下，然后手捧国书放到圣祖面前的桌子上。圣祖让伊兹玛依洛夫在地上跪了一会儿后，示意他可以亲手将国书直接呈上来，这是圣祖给伊兹玛依洛夫的特殊恩惠。

国书递交后，伊兹玛依洛夫在礼部尚书贝和诺陪同下回到觐见前的大厅。稍后，伊兹玛依洛夫又被带到大殿，后面跟着使团的全体成员，两边站着文武百官，所有人就绪后，司礼大喊行礼，所有的人跪下，行三跪九叩之礼。之后，圣祖将伊兹玛依洛夫召到御座前，通过翻译问他有什么特别要求。伊兹玛依洛夫回答说：沙皇派他来中国，先祝陛下健康长寿，然后确定两国之间业已存在的友好关系。圣祖与他寒暄了一会，然后指出：今日是一个大喜的日子，不适合谈论政事，将会在另外的机会召见他进行交谈。随后圣祖让使团全体成员坐下，伊兹玛依洛夫坐在离御座不远之处，四位主要副手被安排在后面一排。全部就座后，圣祖首先开始训话，并提出了很多问题。

谈话中，圣祖还将伊兹玛依洛夫召到御座前，亲手赐给他用金杯装着的一杯葡萄酒，接着又赐酒给其他四位副手，最后让大臣赏赐使团的其他成员。赐酒完毕后，圣祖开始设宴，款待伊兹玛依洛夫使团。在大殿中的人都是盘腿坐在垫子上，每人前面都放了一张矮桌子，伊兹玛依洛夫的位置被安

---

① 马国贤：《清廷十三年：马国贤在华回忆录》。

排在圣祖的右侧，使团其他成员则在门厅处坐下。宴会中，圣祖不时从自己的桌子上拿一些食物赐给伊兹玛依洛夫，并让他尽兴享用美食。宴会期间，圣祖还吩咐表演了各种美妙的音乐、优雅的舞蹈和绝妙的杂技，为宴会增添了许多快乐气氛。宴会一直持续了两个小时，之后圣祖回内宫休息，俄国使团则由欧洲传教士陪同来到皇宫的另一处继续参加欧洲人的聚会。

十二月二日，伊兹玛依洛夫再次觐见圣祖，呈交沙皇的礼品。在觐见之前，圣祖破例允许伊兹玛依洛夫参观内宫、御座及其他宫廷珍宝，并对伊兹玛依洛夫说，第一次觐见是按照大清国礼仪进行的，今天则大可不必拘束于这些礼节了，使臣们可以按照自己的习惯和方式行事。然后，再次赐宴。在宴会上，圣祖表示希望通过使臣向俄国皇帝传达大清愿意与俄国保持持久和平的愿望，因为战争对两国最终都是没什么好处，希望明确中俄两国在蒙古地区的边界，以保持边界安定。但伊兹玛依洛夫避而不谈，划界问题继续拖下去。虽然圣祖的要求没有得到伊兹玛依洛夫积极回应，但圣祖还是给予使团以优厚的礼遇，他要求理藩院尽量照顾好伊兹玛依洛夫使团在京的起居，以示大清对与俄国之间关系的重视。

俄国使团留京期间，遵照皇帝要求，理藩院向俄国使团提供了丰厚的物品。每日供给伊兹玛依洛夫本人蒙古羊1只、鹅1只、鸡1只、酒1瓶、茶叶1包、奶1盆、奶油2两、鱼2条、灯油2杯、腌白菜1斤、酱醋各4两。副使4人，每日供汉羊1只、鸡1只、鱼1条、酒1瓶、茶叶1包、奶1盆、灯油1杯、酱菜半斤、奶油酱醋各2两。副首领2人，每3日给汉羊1只、酒1瓶、茶叶1包、面1斤、奶油2两、灯油1杯。此外，礼部还遵照圣祖之意每隔10天就宴请使团1次，每次都备5桌，每桌菜肴茶酒等物都是极其丰盛[①]。

俄国使团在京的三个月内，伊兹玛依洛夫等人先后与清朝大臣进行了

① 《清代中俄关系档案史料选编》。

多次谈判，并在某些方面意见达成一致。俄国要求在北京设立领事馆及领事一事，清政府破例同意俄国使团秘书郎克作为商务代表留在北京，并由清政府承担他的生活费用；俄国要求中俄贸易问题缔结条约，因为俄国人来华后往往不遵守法纪，总是惹是生非，更重要的是中俄两国的蒙古边界还没有确定，越境民人的问题还没有解决，在这些问题没有得到解决之前，清政府表示不会与俄国缔结贸易条约。

伊兹玛依洛夫使团在京期间共受到圣祖接见达12次之多，康熙五十九年二月二十三日，圣祖最后一次接见伊兹玛依洛夫使团，俄国使团向圣祖辞行。在这次接见中，圣祖更是打破惯例，允许伊兹玛依洛夫按照欧洲的礼仪亲吻他的手，对伊兹玛依洛夫来说这是莫大的恩宠[①]。

康熙五十九年三月二日，伊兹玛依洛夫使团启程回国，带回去经过多次谈判达成的成果和圣祖致俄国皇帝的国书。而使团秘书郎克则作为俄国的商务代表留在北京，但他在留京期间，却遵照俄国政府和伊兹玛依洛夫的命令明目张胆地从事间谍活动，千方百计地刺探清廷的各种情报。此外，俄国向我西北侵略扩张的野心不死，甚至引诱准噶尔部的策妄阿拉布坦投降俄国。最后，圣祖实在忍无可忍，于康熙六十年宣布停止中俄贸易，并将郎克驱逐出境。

---

① ［俄］尼古拉·班蒂什-卡缅斯基：《俄中两国外交文献汇编》，第120～123页。

五

巡幸皇舆　周知国情

圣祖第一次南巡

康熙二十三年（1684）是清代历史上重要的一年。在这之前，圣祖先后平定了三藩、统一了台湾，基本上实现了国家的统一，国家开始由大乱走向大治。而这一年又恰逢中国传统的甲子年，在这种情形下，圣祖接受众大臣的提议，决定仿效古代帝王进行东巡。

康熙二十三年九月二十八日，为了体察民情，周知吏治，圣祖起驾离开京城，开始东巡山东。大队人马从京师出发，由陆路经过直隶省后进入山东境，先后途经霸州、任丘、河间、献县、阜城、平原、禹城、济南和长清，于农历十月初十日到达泰安，并于当天登上泰山之顶，在山顶上留宿一夜，第二天下山，于下山途中至东岳庙祭祀泰山之神。下泰山后，圣祖继续东巡，经新泰、蒙阴、沂州，至十七日驻扎于郯城县红花铺。当日，河道总督靳辅、漕运总督邵甘等人来驻地觐见圣祖，汇报了当时比较严峻的河工问题，特别是黄河每年都会泛滥成灾，人民生活遭到严重威胁。考虑到黄河每年决堤，圣祖决定亲自考察一番，相度形势，视察河工。于是，圣祖改变行程，十月十八日，在河道总督靳辅的陪同下从山东郯城红花铺启程南下。

十月十八日晚，行至江苏省宿迁驻扎。次日，至桃源县众兴集，开始检查黄河北岸一系列险要工段。巡查过程中，圣祖指出，河工堤岸必须修筑坚固，而且还要时加修护，只有这样才能确保堤岸无虞，运道可通，百姓免受洪水之患。十月二十日至清河，圣祖在河道总督靳辅的陪同下步行十余里检查清河一带的河工，虽然道路泥泞没膝，但仍然不辞辛劳。在巡查天妃闸时，见这一带水势湍急，圣祖当即指示河道总督及相关人员修筑草坝，另设七里、太平二闸以分水势。

皇帝的御舟继续沿运河南下，十月二十二日过高邮湖时，圣祖在御舟中看见百姓田地房屋多被淹在水中，念及百姓受灾如此，其生活必定困苦，不觉悲伤起来，并立即命御舟靠岸，登岸亲自沿堤坝行十余里，察看状况，又召集当地的生员耆老，询问受灾的原因，仔细讨论解救之法。圣祖还对当时随驾的两江总督王新命说，此次南巡本来就是要体察民间疾苦，凡是存在的各种弊端必须设法革除，以使百姓能够安居乐业。回到御舟后，皇帝的心情仍不平静，以致夜不能寐，提笔作五言诗一首，表达了他对百姓疾苦的同情，以及扶危济困、救民于水火的决心和意愿。

圣祖先后经过扬州、镇江、江宁，于十月二十六日至本次巡狩的终点苏州。御舟停泊在苏州的北童梓门，由此下舟登岸，然后骑马过阊门大桥，向南一直到苏州的瑞光寺。于瑞光寺的山门后下马，步行入瑞光寺进香，三拜而出。然后与随驾及江南督抚等官共六七十人，骑马从盘门上城，向北过胥门、阊门，再西北过齐门，转东至娄门，下城至苏州行宫。苏州的行宫原系吴三桂女婿王永康的府邸，因吴三桂反而被清政府查抄，后作为皇帝的行宫。内有花园，厅堂楼阁俱如宫中的样式。圣祖入内，并未立即去正堂休息，而是到河亭里坐下，对周围的人表示不用这里的一切陈设，决定到随驾的苏州织造祁国臣家中驻扎，说罢起身出行宫。至苏州织造衙门，进入大堂后皇帝自己将椅子移至东壁，面西而坐。此时，苏州织造祁国臣连忙叩头，请皇帝坐上大堂正位，圣祖当即拒绝，指出：这是你织造的衙署，如果我面南背北坐上正位了，以后你就不能坐了。最后大堂上的正位还是留给了祁国臣。圣祖随后在祁国臣家听戏，之后即在织造衙门休息。此时，各个官员都聚集在苏州城内，圣祖训诫众官员，苏州地方"尚虚华、安佚乐"①，所以为政者应当去奢返朴，事事务本，并能做到家给人足，这样可以挽颓废之风。

次日早起，皇帝问祁国臣虎丘之所在，决定去虎丘一观。至日中用完膳后，起驾前往虎丘，并传谕沿途百姓，不论男女老少，不许官兵阻拦，尽可让他们沿途观望；大小店铺也不必关门歇业，仍旧开张。圣谕下达之后，沿途百姓都拥挤在街道上，妇女们也都挤在楼窗内观看。圣驾出阊门，到山塘上，前来观拜的人更多，人头攒动，拥挤难行，路旁的小河中也挤满了船只，船内挤满百姓。见到此状，圣祖担心百姓们的安全，立即下旨让所有百姓不必跪拜。至虎丘，圣祖在山门前下马，徒步上山，进入寺院大殿拜三世佛，然后到后殿观看宝塔及四贤祠，完毕回到大殿，在正门东边坐下，命令苏州有名的乐队表演民间音乐"打十番"。表演完，皇帝赞赏一番之后指出苏州的十番只是"南音"，而不通晓"北音"，并传来随驾的北京小番也演奏了一套，就连姑苏地区有名的老班主都不曾听过。前后大概有一个时辰，此时已近黄昏，便起身出殿。等走出第一殿天王殿时，只见山下挤满了百姓，都不肯散去。圣祖对周围的人说，靠近山门的百姓皆听到了刚才所演奏的乐曲，而山下的人却未曾听到，传谕再演奏一遍，让百姓们都能听到。演至尽兴处，圣祖亲自动手打鼓，并逐件乐器都打一遍，连打数套，一直到二更才完，然后率众人等挤出人丛，走出山门，上船连夜出苏州，转往常州。十月二十八日至丹阳登岸，由陆路过句容直奔江宁（今南京）。

---

① 《清圣祖实录》卷117，康熙二十三年十月己未。

十一月初一日到达江宁，皇帝登上南郊雨花台，观看城郭山川形势。紧接着便先后接见地方官员，当晚下榻在江宁将军府。在此后的三天内，圣祖先后带领文武百官祭明太祖陵，巡视鸡鸣山观星台，赏赐当地官员、士卒及匠役等；前往江宁校场检阅军队，并亲自骑马，左右开弓；巡幸燕子矶。在参谒明太祖陵时，皇帝到陵前就下马，并避开正门、中道。到陵前先读文致祭，然后在享殿前行三叩九拜大礼，至宝城前还行三奠酒大礼。这一做法让当地的百姓及前明遗民非常感动。在接见当地文武官员时，圣祖告诫江南文武百官，一定要以史为鉴，谨记前朝覆灭的历史教训，要求官员为官一任一定要造福一方，洁己爱民，奉公守法，体恤民情。并对当时有名的清官于成龙大加褒奖，亲自书写手卷嘉勉。圣祖到江宁时暂住在江宁织造曹寅的府邸，据说由于长途跋涉，旅途劳顿，胃口全无。为了伺候好皇上，江宁织造曹寅花重金从苏州"得月楼"酒家请当时江南名厨张东宫前来江宁，为其做菜。张东宫绞尽脑汁，使出浑身解数，用豆腐和八种食料做了一道色、香、味俱全的佳肴，此菜色泽艳丽，汤鲜味浓，鲜嫩滑润，香气扑鼻。圣祖尝过后胃口大增，顿时龙颜大悦，并当即赐名为"八宝豆腐羹"，之后它便成了江南的一道名菜。

十一月初四日，离开江宁，皇帝回銮京师。返程时在江都县邵伯镇登岸，为了解决高邮、宝应水患，需要疏浚入海故道，圣祖命吏部尚书伊桑阿、工部尚书萨穆哈往海口详细勘察。十一月初十，皇帝在清河县天妃闸登岸，亲自视察堤工，先后察看武家墩、高家堰、高良涧闸、周家桥、翟家坝、洪泽湖，从黎明到中午，往返百余里，对河工要害都进行了仔细地察看和询问。经过实地勘察，对高家堰的重要性又有了更深的认识，他对河道总督靳辅说，高家堰地势高于宝应、高邮等地湖泊数倍，此处之石坝实际上就是淮扬等地的屏障，所以高家堰石坝关系重大，必须要年年防护，不能掉以轻心。

视河完毕，北归途中圣祖专门前往山东曲阜参拜孔庙。圣祖在孔庙大成殿行三跪九叩礼，并亲书"万世师表"四字，悬挂于大成殿。同时，还令将曲阜县第二年（即康熙二十四年）地丁钱粮全部蠲免。同日，派遣恭亲王常宁等人前往祭祀周公庙。祭祀完毕后，又先后经兖州、汶上、东阿、高唐、德州、阜城、河间、雄县、永清等地，沿途不时观察民俗，关注民生，考察吏治。

十一月二十八日，南巡的队伍返抵京城南苑，次日回宫。至此，圣祖第一次南巡结束。

圣祖第二次南巡

郭琇三大疏后，总河靳辅被罢官，引起了朝野之间对靳辅的全面否定。这股风气对圣祖产生了不小的影响，作为最高统治者，面对诸多非议靳辅的情况他必须谨慎，因为他的一举一动影响巨大，可以说牵一发而动全身。为了慎重起见，康熙二十七年（1688）四月初二日，派学士凯音布、侍卫马武等人南下前往黄淮运交汇的清口处调查靳辅负责完成的中河工程，圣祖要求他们抵清口后要亲自调查，询问百姓的看法，一定要将实际情况调查清楚。最后，经调查证实靳辅的中河工程是利民工程，得到了百姓和往来商贾的赞扬和拥护。另外，凯音布等人还查出漕运总督慕天颜为了反对靳辅而破坏河工，公然置国家利益于不顾，而于成龙甚至与他串通一气，相约反对靳辅。由于水利工程十分复杂，关于靳辅以及水利工程的议论可以说是众说纷纭，莫衷一是。圣祖询问众大臣的看法，也都唯唯诺诺。于是，圣祖采纳九卿建议，决定于二十八年正月开始第二次南巡，亲自巡视河工，指授方宜，并命靳辅、于成龙随侍左右，而且在南巡途中为了严禁骚扰百姓、交际馈送，特设翰林起居注官二人，负责收集对这些违规违法行为的检举告发。若有任何的检举告发，必须详细地记录下来，然后向皇帝汇报。

　　正月十四日至二十二日，圣祖先后经河间、献县、阜城、德州、济南、蒙阴等地方。进入山东省境内，山东省现任官员及致仕官员皆来德州四里屯迎驾，圣祖恐这些文职官员不胜脚力，跟不上南巡的队伍，命令这些人先行回省会济南迎驾。在途中，圣祖本着"民为邦本，本固邦宁"的原则颁布谕令，对山东全省明年的地丁正赋全部蠲免，命人立即将这个恩惠传达到全省各个地方，偏僻的山村也不能遗漏。在济南近郊的十王店，济南官绅跪迎圣祖。进入济南城后，圣祖巡幸趵突泉，当时随从人员众多，由于人多路窄，从护城河上的吊桥行走时，扈从大臣、礼部右侍郎张英骑马随行，有好几次差点被挤得掉进护城河里。圣祖一边观看趵突泉，一边向巡抚钱珏详细询问民情，之后由西城门入城，至巡抚衙门中观赏珍珠泉。观赏毕，圣祖来到泉北的亭子里坐下，山东省巡抚及布政使等官员请圣祖御笔题字，为泉增色。圣祖让扈从大臣们先题，众大臣都不敢先于皇帝题字。圣祖再三命令下，众大臣才挥毫泼墨。张英题"澄怀"二字，励杜讷书"洗心"二字，直隶巡抚于成龙书"澡志"，山东布政使卫既齐书"观澜"。其中张英乃当世书法名家，他在题字时，皇帝还提醒皇长子胤禔注意张英的用笔。最后，皇帝提笔题"作霖"二字，并赐予巡抚钱珏，此外还即兴赋诗。离开珍珠泉后，圣祖登上城北会波楼，眺望全城。至日中，率众大臣从南门出城，并命令山东巡抚、布政使、按察使3人随驾至泰安州。

　　二十三日，圣祖乘舟至桃源县，并率众人在中河一带查看。看过中河后，他对中河工程产生了疑问，指出：这条中河河面狭隘，如果遇到雨水较多的年份，就不能容纳过多的水量，万一黄河决堤，黄河、中河将会混成一片。这条河开成后，往来的百姓商家都赞不绝口，无非是因为此河可以让他们避免从黄河行走180多里险路。而持这种看法的人只知道眼前的小恩小惠，又怎么知道日后不会产生危害呢。既然此河已经开成，也别无他法。但绝不能仅靠这条河来运输，原来从黄河行走的水路不能废，仍需并存。此外，圣祖舟泊山阳县时又广施恩惠，命免江南全省历年的积欠，包括地丁钱粮、屯粮、芦银、米麦豆杂税等，约220万两白银。

视察完靳辅的中河工程后，御舟一路向南，先后经镇江、丹阳、常州、无锡等地，于二月初三日至苏州浒墅关。苏州的官员全部前来接驾，圣祖在大小官员的簇拥下进入苏州城。此时的苏州城内大街小巷已张灯结彩，迎接这位最高统治者的到来。次日，圣祖游虎丘，并登上万岁楼，尽情欣赏了虎丘的美景。当圣祖游完返回至虎丘二山门时，有苏州绅士刘廷栋和松江府绅士张三才等人拦路进言，请求圣祖体念苏松地区繁重的赋税，减去日渐加重的额外征收的钱粮税款。圣祖当即命侍卫将刘、张等人的呈帖呈上，仔细看过后立即交代下去，命令朝廷大员们立即开会讨论如何才能减轻苏松地区百姓们的负担。过了几天，圣祖带领众臣登上万峰山，眺望太湖。当时太湖流域因长时间没有降雨，这一流域的江浙七郡旱情较重，圣祖当时就派先锋章京索柱会同穆珠瑚、徐秉义前往太湖一带查看江浙水利情况。

二月十一日，圣祖乘坐御舟到达南巡的终点杭州府，全城官民皆出城迎接，传教士殷铎泽乘船到黄金桥迎驾，圣祖特意接见了他，并赐果饼酥3盘，随后又遣侍卫赵昌到殷铎泽的教堂赐银20两。当圣祖经过天主教堂前大街时，殷铎泽与意大利传教士泮国良在教堂门前跪迎，两人随即受到召见，传至拱宸桥御船上见驾，泮国良也获赐银20两。圣祖在杭州待了两天。在这两天中，对他巡幸过的地方广施恩惠，酌量增加了江南、浙江的科举录取数额，所有犯罪人员除犯十恶及已经不准赦免的大罪外均一体宽宥，因公事被处罚或降级留任的官员也准赦免处罚，对此次南巡出力甚多的地方官各加一级，民工杂役给予恩赏奖励等。此外，徐秉义等人巡查完江浙水利后，回到杭州复命。总之，圣祖广施恩惠于江南各省，广聚江南民心，维护稳定的社会秩序。

十三日，圣祖乘舟渡过钱塘江至绍兴府稽山麓，于次日率领随从及诸大臣亲往大禹陵祭祀，并亲自撰写祭文。在祭文中圣祖直接称自己姓名，行三跪九叩大礼，并在陵墓碑额上题写"地平天成"四字。同时，还命令地方官要重新整修大禹陵，增加守护人员，每年要按时祭祀，并且还奖赏看陵祭祀之人，以示对大禹功绩之推崇。

二月十七日，圣祖开始返京，十九日途经苏州。此时，苏州全城百姓为欢迎圣祖特举办了"万民宴"，圣祖见此情景非常高兴，命侍卫只取米一撮，对百姓说：愿百姓们都有饭吃。百姓见圣祖只取米一撮便再请，在万民请求下圣祖又拿起一个橘子并向众人扔去，说道：愿苏州百姓都有福气①。

二月二十五日，圣祖抵达江宁，并亲往明太祖陵祭祀。之后，圣祖在江宁检阅军队。圣祖怜悯军营中的骑兵甚为劳苦，下令每人犒赏银二两，当时在江宁小校场的骑兵高呼万岁，呼声响彻云霄。检阅完军营后，圣祖就在校场设宴，大宴群臣。在江宁期间，有一个名叫王来熊的人献上《炼丹养身秘书》，圣祖当即对众大臣及献书之人表示，炼丹养身之事自己从来不信，并将所献之书当即掷还。

二十七日，派侍卫赵昌前往南京的天主堂，问传教士洪若翰：南京能否看到南极老人星？出广东地平线多少度？出南京地平线多少度？洪若翰一一予以详细回答②。中午，圣祖召见致仕回籍的熊赐履，圣祖当即屏退左右，与其谈论至黄昏。圣祖问熊赐履：李光地学问如何？熊赐履答：一字不识，皆剽窃他人议论乱说，习惯一味欺诈。圣祖又问：听说他通晓天文历法。熊赐履答：皇上可以试问他天上的星，他一个也认不出来。熊赐履离开后，圣祖便率领一班大臣登上观星台，圣祖略带愠色问李光地：你认得星吗？李光

---

① 钱泳：《履园丛话》。
② 南怀仁：《熙朝定案》，康熙二十八年二月二十五日。

地答：不认识。历法也不过从书本上抄几句，具体就说不出来了，至于星象全不认识。圣祖指着天上的参星问李光地：这是什么星？李光地说是参星。圣祖反问道：你说不认得星，如何又认识参星？李光地答：几个经星人人都认识，其他的星则都不认识了。圣祖又问：参星是不是老人星？李光地答：根据书本上说，老人星现，天下太平。圣祖说：两者之间没什么关系，都是胡说，老人星在南，在北京自然看不见，到这里自然能看见。若到你们闽广，连南极星都能看见，老人星哪一天不在天上？如何说看见则太平？后圣祖拿出星空图，当场给李光地讲解①。

在江宁驻跸几日后，圣祖于三月初一日离开江宁，经扬州、淮安，初六日抵达清河。在清河，圣祖又重点巡视了高家堰一带闸坝工程。之前，河道总督王新命曾经提出疏通通往长江的旧河道，使淮河即使涨水也不致漫溢，堤坝更不会冲决。圣祖一开始对此建议拿不准，所以并没有立即同意，也没有表示反对。经过他自己的这次考察，他认为王新命的方案是可行的，并进一步指出按照王新命的方案疏通后，要在淮水会合之处修建水闸，这样，一旦淮水大涨就可以开闸放水；如果淮水水量较小，就可以闭闸蓄水了。

三月初八日，圣祖来到宿迁，听取众臣奏报所讨论的中河工程事宜，众人基本肯定了开中河的价值，而圣祖经过一段时间的了解，也逐渐改变了他原来对中河怀疑的态度，开始承认中河的必要性，并告诫刚接手中河工程的河道总督王新命：中河工程尚未完工，之后的一切事宜你必须要处处留心办理，随时修治。圣祖乘坐的御舟到达支河口后，对徐秉义说：士兵如果食不果腹、饷不足发，他们怎么会听从命令呢！听说将领经常克扣军饷，士兵的军饷发放不足，要求徐秉义要严查此事，并及时将结果汇报给他。徐秉义跪受领命，表示虽然他的衙署在松江，无法完全将江南的情况查清楚，但一定

---

① 李光地：《榕村语录续集》卷10。

会尽心尽力严查克扣军饷的违法行为。

视察完河工后，圣祖领众大臣乘舟先后经济宁、寿张、东昌、临清、故城、天津、武清等地于三月十九日抵京。回到宫中的圣祖由于对河工有了亲身了解，增加了对靳辅的了解，也逐渐改变了对靳辅的偏见，并在御门听政时当众宣布靳辅治理河工功劳甚大，成效也颇著，并恢复靳辅原来的一切官职。

第三次东巡祭祖

东北是清朝的发祥地,也是清朝祖陵之所在。每有大事必定祭拜祖先,统治者甚至亲自出关,前往东北祭祖,拜谒陵寝,寄托孝思。当然,统治者还会借此机会沿途考察民情吏治,了解地方边备敌情,安抚各少数民族,慰问勋贵,同时还伴有赏赐、惩罚、免赋甚至是大赦天下等举措。因此,清帝东巡不仅仅只是祭祖谒陵,告慰祖先,同时也是一项治国理政的活动。

康熙三十七年(1698)夏天,圣祖经过三次亲征终于平定了漠西蒙古首领噶尔丹的叛乱,兴奋之余决定东巡祭祖,感谢祖宗庇佑,同时还可以巡视塞北,督察军务。

七月二十九日,圣祖奉皇太后(孝惠章皇后),并率皇长子胤禔、皇三子胤祉、皇五子胤祺、皇七子胤祐、皇九子胤禟、皇十子胤䄉、皇十三子胤祥及王公大臣等从京师出发开始东巡吉林。这次东巡并没有从山海关行走,而是绕道蒙古,圣祖对此解释为:这个时候正是庄稼生长的时期,若从山海关走必定要践踏庄稼。其实这并不是他东巡绕道的主要原因,其真实目的是为了进一步安抚蒙古诸部,部署边防。而此次东巡,圣祖不但有大量的人员随驾，也随带了大批的物品，声势浩大。除此之外，从山海关沙河驿至盛京，原来的每个驿站添足马匹100匹，以保证传递信息之用。

此次东巡的人员构成除了皇室成员外，就是从京师扈驾而来的王公贵胄，各部司官、司役人员以及盛京将军等迎驾的地方官员。每当到一个地方驻扎休息时，仅皇室就有3个行辕。皇太后行辕40人（包括随侍人员）、皇上行辕147人、内廷主子（指随行嫔妃）行辕24人，驭车太监159人，合计370人。在东巡队伍启程之前，已有大量的物品先行运往盛京。其中绸缎等物1460余斤，装了两车；运往伊吞口的米面有13 690余斤，装了20车。东巡队伍启程，除了随驾人员众多外，带去的各种物品数量也非常巨大。户部为圣祖东巡带往盛京的银两、绸缎等物，计重8900斤，装了12车；造办处带的衣物、鞍辔等物计4200斤，装了6车；广储司带的缎服等项，计2300斤，装了3车；掌仪司准备的葡萄干等果品500斤，装1车；药房所带各种药物等780斤，装1车；御膳房所带杂物如扁担、簸箕等物580斤，装1车；茶房带茶叶、奶油等690斤，装1车；内管领所带米面等34 300多斤，装了49车；武备院所带的弓箭等物8280斤，装了12车；庆丰司所带牛犊装了8车；器具装了一辆车。另外，还携带了奶牛70头，以便随时获得新鲜牛奶①。

东巡的大队人马出京后经密云、古北口越长城，出口外，经承德直奔蒙古牧区，召见了喀喇沁和硕端静公主与额驸。之后，转东北行，经翁牛特、敖汉、奈曼、科尔沁旗，在科尔沁旗召见和硕纯禧公主与额驸后再转南，经拖尔惠、乌楚滚等地。其间先后对来朝的翁牛特、敖汉、奈曼、阿禄科尔沁、喀喇沁、土默特诸王贝勒均赏以"白金彩缎"，同时还亲临科尔沁和硕达尔汉巴图鲁亲王满珠习礼墓奠酒。至通辽时，得知皇太后父母所葬之地在发库山，距离通辽约有二百多里，命令内大臣索额图等在道路附近找一块洁

---

① 王佩环：《从康熙东巡的膳食用品看满族的生活习惯》，《满族研究》1985年第1期。

净之地遥祭。

九月初十日由内蒙诸旗转向吉林，十三日至伊儿门河，当日赐鹿给喀尔喀蒙古哲布尊丹巴呼图克图、八旗护军及牧马人、牵骆驼人，又赐予专门负责御鞍的新满洲胡克著及进马人等白金。之后，圣祖率东巡人马取道正北，渡过松花江，至法塔哈鄂佛罗。

十八日晨，圣祖命大学士伊桑阿祭松花江水神。又泛舟松花江上，亲自投网捕鱼，一网捕鱼达14 000斤，这一天捕鱼多达数十万斤，堆在行宫前，就像一座小山。圣祖将捕到的鱼分别赐给扈从人员，圣祖还与众大臣在夜幕之下，篝火烹鱼。

二十五日抵达吉林乌拉，黑龙江将军萨素布、宁古塔将军沙纳海等奉旨觐见。圣祖赐宴给诸王大臣、侍卫及蒙古诸王台吉、黑龙江将军萨布素、宁古塔将军沙纳海及大小官员。在宴会中，圣祖开始广施恩惠，首先赏赐了黑龙江将军萨布素，指出：黑龙江未设防之前，萨布素为瑷珲将军，深得部下及百姓的爱戴。在平定俄罗斯侵略军的过程中，萨布素及其所属官兵连年出师，官兵不但毫无怨言，且个个皆奋勇杀敌，观诸将军内萨布素为第一，因此赐给萨布素皇帝亲自穿戴过的蟒袍褂帽等物，授予他一等阿达哈哈番爵位，世袭罔替。副都统喀特胡因协助萨布素有功，赐予袍褂，授予拜他喇布勒哈番爵位，世袭罔替。宁古塔将军在各民族杂居之处管理得当，深得官民之心，也赐予他蟒袍褂帽等物。奖赏完毕，圣祖将萨布素、沙纳海等人召至御座前，亲自赐酒；此外，其他军官，如协领等人在圣祖大营门内，佐领等人在大营门外，防御在门外台阶上，骁骑校等在台阶下，分别一一领受皇帝所赐之酒。之后，圣祖又将果饼赐给全体官兵。

九月二十九日从吉林南下，经布尔喀河、牛磨顺河、富尔哈河等地，并在途中行围打猎，圣祖射杀老虎2只、大熊2只。

十月十二日到达兴京（今辽宁新宾），驻扎在永陵之西。当日率领众大臣参观兴京城，并赐兴京城地藏寺僧官张忠保、显佑宫道士韩昌达白金各百两。

次日，祭拜永陵。同时，派大臣祭告武功郡王礼敦和巴图鲁恪恭贝勒等人之墓，向守陵人赏赐财物。祭奠永陵结束后即沿琉璃河西行，向盛京出发，途中在萨尔浒、琉璃河两地各宿一夜。

十六日，圣祖率领东巡的大队人马抵达盛京。为了迎接圣祖的到来，盛京派出迎驾官员239人，兵丁5760人，留守盛京文武百官及兵民、商贾、老妇孺童合城人众齐集城门外摆设香案夹道跪迎。盛京各皇庄备办了大量供应圣驾的物品，有蘑菇15斤、木耳15斤、蕨菜30斤、盐500斤、蜜100斤、白面2000斤、大麦面100斤、淀粉5金斗、白稻米2金斗、稗米4金斗、白小米2金斗、黄小米2金斗、红高粱米4金斗、白高粱米8金斗、绿豆2金斗、红豆2金斗、菜豆2金斗、芝麻1板斗、芝麻油400斤、白芝麻油100斤、榛子仁1板斗、鸡蛋5000个、腌菜1856斤。盛京内务府备办的物品有：猪油炒白菜6罐、猪油炒芹菜6罐、猪油炒芹菜心6罐、猪油炒胡萝卜6罐、猪油炒菠菜3罐、酱烧茄子6罐、水焯茄子6罐、水焯白菜心6罐、水焯白菜6罐、腌韭菜4罐、腌韭菜酱瓜4罐、腌韭菜茄子2罐、腌水焯茄子2罐、腌水焯酱瓜2罐，合计60罐。另备有渍头等山里红1罐、二等山里红1罐。打牲乌拉总管衙门派出550名"蜜丁"养蜂采蜜，每名"蜜丁"要交纳约8斤生蜜，550名"蜜丁"共交纳生蜜4000斤，以供东巡之需①。

圣祖来到盛京后同以前一样在城外居住，并没有住在清宁宫，圣祖认为清宁宫乃先帝太宗皇太极的寝宫，只可作为"胜迹"瞻仰，而不可作为行宫下榻。至于关雎、麟趾、衍庆、永福四宫亦为皇祖四大妃的居址，作为寝所是为不恭。当时，被发配盛京的陈梦雷听说皇帝来到盛京，认为这是一次难

---

① 中国第一历史档案馆藏：《内务府行文档》。

得的申冤机会，于是在十月十六日迎至抚顺，趴伏在御道之左，长跪不起。圣祖召陈梦雷入至帐中问话，陈梦雷将自己的遭遇一一禀明。圣祖询问了陈梦雷的年纪、是否会读满文、此地有无家人、如何生活等问题，陈梦雷对圣祖的关切之情感激涕零。几日后，陈梦雷献上了120韵的七言排律《圣德神功恭记》，圣祖将他召至坐榻前，并让其展开诗卷，览后大加赞扬。过了几天，下旨赦免陈梦雷之罪，召回京城，结束了陈梦雷在盛京长达16年的流放生涯。

十七日，圣祖率领诸王、内大臣、侍卫、文武官员前往福陵隆恩殿祭拜。祭奠完毕，礼部题请按照第二次东巡之规范派大臣前往祭奠"开国五大臣"及诸王墓，圣祖则指出"开国五大臣"功勋卓著，不需派人前往，亲自祭奠。至于其他诸王墓，若在福陵周边的，则由皇子代为祭奠。闻听圣祖将亲自前往祭奠，"开国五大臣"子孙再三跪请勿往。圣祖指出五大臣开国功勋实大，仍坚持亲自祭奠。

次日，圣祖率众大臣拜谒昭陵，并亲自祭奠五大臣墓。祭奠完毕后，赐宴给当时的盛京将军卓可托及以下文武百官，赏赐福陵、昭陵的守陵人和奉天官兵大量的财物。在盛京，朝鲜国王依照惯例，派全城君李混进贡方物。祭拜结束后，圣祖率领众王子、蒙古诸王公、随驾大臣等人行围打猎，官兵人数众多，仅仅盛京就有1000名八旗兵参加。

十月二十一日，圣祖启程回京，盛京文武大小官员缙绅百姓皆至郊外焚香跪送，大队人马从盛京出发，沿山海关大路西南行入山海关，十一月初八日至孝陵祭拜，向其父之灵告知剿灭噶尔丹的事迹。一路之上，圣祖不但犒赏有功之臣，接见了朝鲜使臣，还关心民生，沿途蠲免很多地方的钱粮赋税。十三日，历时103天的东巡队伍回到京城，至此历时最久、规模最大的东巡宣告结束。

圣祖第三次南巡

康熙三十八年（1699）正月，圣祖因黄淮地区连年洪水，百姓连年受灾，虽然每年都从国库中拿出数百万两白银来治理，却一直没什么成效，决定进行第三次南巡。

正月二十一日，圣祖命令户部、吏部、兵部和工部开始准备出巡所需之物，同时向全国官员下令，严禁官员借南巡之名勒索百姓，随行的大小官员也必须遵守法度，不能骚扰百姓，百姓也不必因此而打乱自己的日常生活。

一切准备妥当后，二月初三日，圣祖奉皇太后，携皇长子胤禔、皇三子胤祉、皇五子胤祺、皇七子胤祐、皇八子胤禩、皇十三子胤祥、皇十四子胤禵及众大臣于大通桥乘舟南下，开始了第三次南巡。御舟经河西务、杨柳青、周家嘴、青县、东光等地，于十二日至桑园镇。在此地，圣祖因为漳河与滹沱河故道原来是各自入海，现如今两水合在一起，所以才经常泛滥为害，命直隶巡抚李光地等人前去查看，如果漳河故道可以找到，即可开通引入运河。如果运河难以容纳引来的水量，则于河道的东边另挑一条河，使河水入海。具体的情形是怎么样，等李光地等人考察完后再详细上报。

二月二十三日，南巡队伍进入山东境内后，圣祖决定让南巡队伍分开行走，一路由众皇子奉皇太后继续南下；一路由他自己带领少数随从大臣巡查卫河。有一日圣祖带领随从来到馆陶县境内，在距离馆陶县城西北大约七八里的地方有一村庄叫丁圈村，御舟至此处搁浅，无法行走，随行人员想尽各种办法就是不能把御舟从搁浅处拉走。此时，从河边粮库跑来了一个名叫李珍的人，只见此人身高七尺，臂力惊人，他来到船边，一只手就把圣祖的御舟拖出浅水区。圣祖的御舟在村旁卫运河西岸的清凉寺靠了岸，特地召见了李珍，对他大加褒奖，并超擢李珍为河南开封府原武县主簿。此事一时传为佳话[①]。

三月初一日，圣祖与皇太后会合后巡视清口、洪泽湖、高家堰、归仁堤等处，并对随驾的大学士等大臣说：洪泽湖水位低，而黄河水位一直以来都很高，以致黄河倒灌，洪泽湖湖水无法流出，往往泛滥成灾，兴化、盐城等七州县深受其害。如果能将黄河河底的泥沙进行挑挖，则洪泽湖之水就可以直接从清口入黄河，这样就避免了湖水泛滥成灾。遂命令于成龙尽快将下河地区的入海口处进行疏浚，并把具体的想法面授河道总督、漕运总督。

次日，圣祖乘小船巡查烂泥浅等处，亲眼见到了被淹地区百姓的生计甚是艰难，立即卜旨给户部，命令截留漕粮10万担，在高邮、宝应、兴化、泰州、盐城、山阳、江都等受灾的七个州县各留1万担，然后以低于当时的价格卖出去；在邳州留8000担，在宿迁、桃源、清河、安东四县各留5500担，也是同样销售。最后，再截留10万担，在扬州、淮安两府各储备5万担，以作应急之用。

视察完清口、洪泽湖一带后，御舟继续南下，先后经高邮、扬州、南京等地，于三月十四日至苏州。而在到苏州的前一日，圣祖在途中发布命

[①] 宋金镜等：《馆陶县乡土志》卷6。

令，宽免南巡途径的山东、江南地方官员中因公罣误、罚俸、住俸、降俸、降级、革职留任者的原来处罚；免除江苏、安徽两省康熙三十四、三十五、三十六年奏销未完百姓所欠的一切地丁钱粮、米豆麦杂税；大赦山东、江南两省在监罪犯，除十恶及诏款不赦、官吏贪赃等罪外，其余在康熙三十八年三月十五日之前死罪以下已结未结的罪犯都予以宽免。圣祖到达苏州，官员耆老们出城跪迎，每人都拿着黄绸旗帜，旗帜上标有姓名和恭迎圣驾的字样。苏州驿前虎邱山麓一带，凡圣祖驻跸之地，都建有锦亭，亭子之间连接画廊，架以灯彩，结以绮罗，极其华丽。

十八日，圣祖生辰，众大臣作诗若干册，分天、地、人、和四册，以示庆祝。此外，还在周边山上及城中寺庙做祝寿道场。次日，圣祖召见苏州在籍官员翁叔元、缪日藻、顾汧、王原祁、慕琛、徐树穀、徐升等人，并给予他们一定的赏赐。另外，赐彭孙遹、尤侗、盛符升御书匾额。圣祖对两江总督张鹏翮、江苏巡抚宋荦说：听闻吴人每日必进五餐，得毋以口腹累人乎？张鹏翮回答道：这是这里的习俗。圣祖笑着说：这种习俗恐怕你们也无法劝化。

二十日，御驾出葑门，登上御舟，南巡浙江杭州。

二十二日，至杭州。在杭州，圣祖下命免除淮扬九个州县当年没有完成的地丁漕等项银两19万两、米麦11万担。宽免浙江因公受罚官员们的处罚，赦免罪犯，蠲免钱粮，然后就是检阅杭州八旗驻军，并率诸皇子骑马射箭。浙江普陀山镇海寺主持性统和尚前来拜见，并奏报镇海寺的重建情况，谈话中性统和尚向皇帝提到寺院最缺琉璃瓦，请求帮忙解决。圣祖当即捐献黄金千两，又下令将江宁明朝旧宫殿上的琉璃瓦和顶梁等拆运至普陀，供镇海寺建寺之用，并将镇海寺改名为法雨寺，赐给寺院亲书"天花法雨"和"法雨寺"匾额，赐给性统和尚亲书"修持净业"匾额[①]。

---

① 方长生：《普陀山志》。

在杭州巡游几天后，圣祖开始回銮。在返程途中，奉皇太后顺道游览太湖。四月初三日早晨，圣祖一行乘坐的御船驶出胥口进入太湖，前行十余里，此时只见一条渔船向御舟驶来，周围护驾的船只欲上前阻拦，圣祖予以制止，传谕渔民驾舟靠近。只见渔船中装着一筐银鱼和一箩筐鲫鱼，渔民蒋汉宾特敬献太湖之鱼。圣祖颇为高兴，询问了渔民的赋税、打渔的收成等，渔民一一做了回答。圣祖一时兴起，亲自动手撒网捕鱼，一网下去收上来，只见网中有两尾金黄色的大鲤鱼，众大臣见状，全部跪倒口称：此乃盛世之兆！圣祖见状，十分高兴，吩咐手下赏渔民元宝四锭。

皇帝弃舟登岸后，东山的耆老三百余人执香在路旁跪接，山中寺庙的尼姑奏乐。圣祖的到来在东山引起了轰动，男女老幼云集观瞻，圣祖对众百姓说：农为立国之本，你们千万不能踩踏田地中的庄稼。这时，有湖东百姓告状，痛陈沿湖土地每年都被淹没，但老百姓却照常纳粮，居民生活甚是艰苦。圣祖听后命人收下状纸，传谕巡抚立即查办此事，不得迟延。又当即问随驾的守备牛斗：太湖有多大？牛守备答道：八百里。圣祖又说：为什么方志中说只有五百里？牛守备解释说是因为沿湖风浪冲坍堤岸，日积月累，所以扩大到如今的800里。圣祖又说道：去了许多地方，却没有一个地方奏请免除诸如地方税粮的。守备答道：这种情况并非只有水东这一处，有很多地方均如此，如乌程之湖溇，长兴之白茅嘴，宜兴之东塘，武进之新村，无锡之沙溦口，长洲之贡湖，吴江之七里港。圣祖叹道：朕不到江南，民间疾苦利弊都无从知晓！并立即下令地方官查明近年来百姓田地的淹没坍塌情况，并减免粮税。

回到苏州后，圣祖略加休整，准备返京。江苏巡抚宋荦从当地制茶高手朱正元处购得精制的茶叶"吓煞人香"进贡，圣祖觉得这一名称非常不雅。只见茶叶卷曲似螺，泡过后色泽碧绿，春时采制，又得自洞庭碧螺峰等特点，圣祖当即钦赐其美名"碧螺春"。从此碧螺春遂闻名于世，成为清宫的贡茶了①。圣祖将自己喜欢的内廷御用一品豆腐赐给宋荦,并派御厨至宋荦家,传授一品豆腐的烹调技艺②。

四月初十日,圣祖抵达江宁府,全城官员出来迎驾。圣祖住在江宁织造府,抵达织造府后,曹寅搀扶母亲孙氏、也是圣祖幼年的乳娘前来迎驾,正准备下跪之时,圣祖急忙上前搀扶起孙氏,说:"这是我家老人!"并给予了优厚的赏赐。当时,正逢府中萱花盛开,圣祖于是御笔亲书"萱瑞堂"三个大字赐给乳母孙氏,以表达感恩之情③。

十三日,圣祖至明太祖陵,祭奠明太祖,并命令地方官员查访明朝皇室后裔,可以使明太祖代代祭祀,但由于清初对明皇室后裔的屠杀,现存的明代皇室后裔也全部改名换姓,不敢表明身份,因此无法查访,圣祖鉴于此,只能下令让地方官特派一个佐贰官专门负责祭祀,按照时节准时祭奠。同时,命令江苏巡抚宋荦、江宁织造曹寅整修明太祖陵,圣祖亲自为明太祖陵题"治隆唐宋"的匾额。

从江宁启程返京的途中,圣祖再次巡视河工。四月二十一日抵达扬州后,就开始巡查运河两岸的石工堰坝,所到之处均一一指示方略。二十七日至清口时,又亲率众官员驾小舟渡黄河,检查新修的堤坝。在清口南岸察看,命令须修建挑水坝。在高邮等处运河越堤弯曲之处,指示必须将湾挑直。诸如此类,皇帝都亲自察看,对重要河工都做出指示。至直隶地界时,圣祖又亲自与众大臣讨论关于漳河的治理,经过讨论和圣祖的亲自考察,最后同意了直隶巡抚李光地的漳河治理方案。

之后,圣祖南巡的队伍先后经李海务、梁家浅、郑家口、河西务、通州等地,于五月十七日回到紫禁城。至此,第三次南巡结束。

---

① 王应奎:《柳南续笔》卷2。
② 宋荦:《漫堂年谱》七十二岁条。
③ 冯景:《解春集文钞》卷4。

最后三次巡江南

第四次南巡

康熙四十一年（1702）九月，圣祖给京师各部下谕旨，要进行第四次南巡，视察河工，并重申了以前南巡时所订下的诸多规定。

二十五日，圣祖带着皇太子胤礽、皇四子胤禛和皇十三子胤祥启程离京南下。圣祖南巡队伍先后途经永清、文安、河间、献县、阜城、景州，于十月初四日至德州。在德州夜宿时，皇太子胤礽突感风寒，高烧不退，于是圣祖和南巡的大队人马不得不留在德州行宫，等待太子胤礽的康复。然而，太子的病情经过半个月的调理并未好转，圣祖担心太子的病情会恶化，决定停止南巡，并于二十一日火速返京。

康熙四十二年正月，圣祖决定重新开始没有完成的第四次南巡的计划，并决定于正月十六日启程，仍由皇太子胤礽、皇四子胤禛和皇十三子胤祥陪伴。

二十四日，至济南府。先是圣祖率领南巡队伍从齐河县邱家岸出发，乘辇由万寿亭从西门入济南府城，全城百姓在道旁跪迎。路过已故清官孙光祀的旧宅时，圣祖停下车辇，亲自询问其子孙的仕途及生活情况，以示关怀。圣祖先在巡抚衙门内观看了珍珠泉，午饭后，题字作诗《三渡齐河》，而后出南门观趵突泉，并坐在柏树下，先题"源清流洁"匾额，让人悬挂于趵突泉边；再题"润物"匾额，让人悬挂于珍珠泉边，另外还赋诗一首《趵突泉留题源清流洁四字》。

在济南府某一乡村留宿时，半夜村中发生了火灾，圣祖半夜里叫醒随驾的大臣及侍卫去帮助村民救火。第二天还让巡抚王国昌等查明村民受灾情况，每烧毁房屋一间，补助白银三两，并让御前侍卫海青等人监督发放银两。

二十六日，登泰山，当晚夜宿于泰安。圣祖登完泰山后发布谕旨，宣布免除南巡途中所经过的山东24个州县上一年没有交完的钱粮，免除山东省因受灾而歉收的25个州县上一年没有交完的钱粮，当年钱粮可以分作三年交纳。

二月初二日，南巡队伍抵达桃源县。抵达后，皇帝便带领河道总督、漕运总督、两江总督等众大臣马不停蹄地开始南巡中最重要的任务——巡查河工。他们由桃源县的五花桥渡过中河，将沿河堤工查了个遍，然后再渡黄河，在上古城夜宿一晚。第二天继续巡查徐家湾等处的堤工、祥符等闸，之后又查看了新修的河口，并率众人登舟，从河中遍查堤工。

在烟墩登岸后，圣祖对河道总督张鹏翮指出：黄河矶嘴坝太短，不能逼流，如果按照永定河修长挑水坝的办法来处理怎么样？张鹏翮回答了圣祖的疑问，客观原因是永定河与黄河不同，黄河万里而来，势大水深，矶嘴加长，一旦遇到暴发大水，容易冲坏。主观原因是河官也害怕自己赔修，不敢加长。圣祖听了张鹏翮的解释后提出，可以将一两处挑水坝修长来试一试，如果真被大水冲坏，相关官员免其责任。在巡视烟墩后，又对张鹏翮提出烟墩这个地方甚是险要，虽然有月堤仍不能保证安全，必须加固缕堤，此处应建挑水坝；而且从烟墩到龙窝一带的堤工也必须加固。之后，圣祖率众人先后经扬州、常州、苏州、嘉兴，于十五日至杭州。在杭州共住了4天，除了参游外就是检阅驻防在杭州的八旗兵以及随行众皇子的骑射，时时告诫满人，骑射是旗人本色，不能丝毫放松。于十九日启程返京。

二十六日，在经过江宁府时，派大学士马齐祭奠明太祖陵，同时赏赐驻防兵丁银两。

三月初二日至初四日，圣祖在黄淮运交汇一带巡查。从洪泽湖的高家堰开始一直到黄河北岸九里冈等堤，都进行了仔细地察看，并不时地对河道总督加以指授。在察看完此处的河工后，圣祖率大队人马先后经宿迁、邳州、沛县、济宁、东平、东昌、武城、沧州等地，于三月十四日在通州弃舟登岸陆行，于次日回到京城，结束了第四次南巡。

第五次南巡

与第四次南巡时隔两年后的康熙四十四年（1705），圣祖又开始了他的第五次南巡。这年的元宵节刚过三天，圣祖就传谕众大臣决定要前往江南查看河工问题，之后在京各部开始了繁忙的南巡准备。

二月初八日，内阁大学士张玉书、陈廷敬乘船先行，先期料理南巡途中事务。

初十日，圣祖率皇太子胤礽、皇十三子胤祥及京中大臣于张家湾登舟南下。

十一日至河西务，圣祖率众人下舟，与随行的八旗官兵进行骑射。后因天气变化，运河结冰未融化，南巡船只无法行驶，一直在河西务待了近4天，十五日上午船队才开始徐徐南行。

三月初五日，圣祖到达黄淮运一带，并驻扎于宿迁。在随后的两三天内,先后察看了桃源河工、河口二闸、王家营工程。之后,御舟抵达清江浦,漕运总督率阖署衙役跪迎。在清江闸口,圣祖弃舟登岸,率众人步行入城。行至沙河时,淮安城士绅百姓早已准备好万民宴恭候,又在盐场搭建七座彩亭迎驾。入淮安城后至漕运总督衙门行宫,又有百姓进贡万民锦屏一副,以及各道府官员百姓等进贡古董、食物等,圣祖命令百姓进贡的东西分毫不取。

十二日,圣祖乘舆进扬州城。扬州百姓男女老少全部出城跪迎,进献鲜果等,并有淮扬盐商花重金为南巡修建了茱萸湾行宫。鉴于此,圣祖指出,他每次南巡看景赏物都会流连忘返,作为九五之尊与百姓的心情是没有多少区别的,但凡事也会有个度,不会旷日持久,导致贻累百姓。至淮扬盐商所修建的茱萸湾行宫,虽然是他们的诚心,修建的费用都是出自他们自己,但修建费用不下数千数万,古代汉文帝曾因珍惜露台百金而后世留名,更何况在此只留宿三夜,就要花费十倍于汉代露台的费用,实在有些铺张,所以特定作述怀近体诗一首自警,并镌刻于石,嵌在墙上,与淮扬百姓共勉。此外,圣祖还就河工善后方略指示河道总督张鹏翮,黄水倒灌时,可将天妃闸板放下,积蓄清水以抵抗黄河之水;惠济祠一带堤坝需要再建三四座挑水坝;运河东岸的堤坝也应该加高加固;界首以南两岸及靠近淮安城堤岸的薄弱之处,皆需要加固。

十七日上午,船过苏州的浒墅关。至午时,到达苏州的阊门靠岸,皇帝及皇子、宫眷都乘轿入苏州城。全城百姓家家门口摆设香案,大街小巷张灯结彩,从入城一直到苏州织造衙门内的圣祖行宫,一路都搭建了五彩天篷。次日,是圣祖52岁生日,随行和地方的文武百官都早早地来到行宫恭贺。官员们以及来自山东、河南等省的乡绅都前来进献物品,皇帝在行宫召见河道总督张鹏翮,斥责他为属下所欺,任用非人,并告诫他必须尽心河工。

二十七日,在松江府行宫前检阅驻防官兵,并对随侍的两江总督阿山、江苏巡抚宋荦说：此次南下，所经过地方的百姓虽然不能家家丰裕，但也能安居乐业而面无菜色，这是他感到最欣慰的事。此次出巡，随行人多，迎接的百姓人数也众多，但道路狭窄，此时又是油菜花开、麦苗盛长的时候，所以一定要告诫众人切勿踏坏禾苗。青浦县有孔子的衣冠冢，皇帝亲临孔宅，并亲题"圣迹遗徽"匾额和对联一副，命人制成匾额悬挂。

四月初三日，抵达杭州，宿于杭州织造衙门行宫。之后，像前几次的惯例一样先检阅八旗绿营官兵，然后率领众皇子练习骑射。

初八日，移住于西湖孤山行宫，下令将浙江、福建两省自康熙四十四年四月初八日以前，除犯诏款不应赦者外，其余死罪以下，以及康熙四十三年秋审奉旨监候缓决者，将其罪行减一等发落。

初十日，圣祖率众人从杭州启程返京，先后途径苏州、常州等地，于二十二日至江宁，立即派大臣前往明太祖陵祭祀。此外，还在南京贡院举行了一次特别的考试。圣祖下令让上江各府和江宁、徐州等十二府州的贡生、监生和童生以及镇江进献诗册的生员、童生等都要齐集南京贡院，准备圣祖特别举行的考试。

二十四日，圣祖派遣侍卫带着亲自所出的题目与两位内阁大学士、翰林院掌院学士揆叙、翰林院学士查昇齐前往贡院。当日，参加考试的贡监生童等共500多人，圣祖让考生按照他所作之诗的韵律再和两首，如果有些考生不善于作诗，可以将圣祖所作的七律诗用楷书抄一遍。

二十六日，圣祖来到江宁校场，命令将满汉官兵姓名登记在册，以备测试。首先检查了众皇子的骑射，然后是大臣侍卫的射箭，最后是地方军事官员，从将军开始，一一检视。其中城守左营守备尹国镇弓弦落地、城守把总张得胜违禁擅穿云龙缎袍、督标把总潘宏和陈定明弓箭平常，奏对不出，圣祖命人将这些人的名字记下，交兵部除名。另，又从八旗兵丁中挑选100人，督标中挑选50人进行比试，从中选出4名旗兵和1名督标兵褒奖；督标把总张一豹、夏升甫等数人因精于骑射，圣祖命令录名记功。检阅完毕，圣祖亲自登场射箭，射箭两支，箭箭中的。此外，还下令按照浙江、福建的赦免案例宽赦安徽、江苏地方罪犯。

二十七日，祭完明太祖陵后返京。

南巡人马先后途经扬州、宝应、淮安，于闰四月初九日抵达清口。次日，察看河口闸，遍阅高家堰河堤后，斥责河道总督张鹏翮未能如期建成石堤。去年上奏河工告成，今年又奏堤坝冲决，其所用非人，告诫他一定要痛改前非，否则严惩不贷。又在惠济祠阅视河堤，如今岸比水高出一丈多，洪泽湖之水畅流无阻，看到这种状况，圣祖甚为高兴。连续五六天考察完黄淮运一带的河工后，圣祖经东阿、临清于二十日抵达山东清平的渡口驿，在此地，一如之前的做法，传谕山东按照闽浙和苏皖的办法宽免山东的罪犯。之后，圣祖率大队人马经故城、沧州等地，二十六日南巡船队到达河西务，在此地留宿一晚，次日由河西务登岸，陆行一天，二十八日抵京，结束了第五次南巡之旅。

第六次南巡

第六次南巡，也是最后一次南下，于康熙四十六年（1707）正月二十二日启程，这次南巡所带五位皇子，即皇太子胤礽、长子胤禔、十三子胤祥、十五子胤禑、十六子胤禄，随驾皇子在六次南巡中最多。圣祖率南巡队伍先后途经东安、静海、沧州、德州、台庄等地，于二月十七日抵达宿迁的白洋河，开始这次南巡最重要的任务——巡视河工。

圣祖首先实地查看河道总督张鹏翮和两江总督阿山所提在泗州之西湖淮套地方开挖新河的方案。圣祖从清口至曹家庙一带进行了详细查看，发现这一段地势很高，虽然开凿成河，淮水恐怕不能直达清口。实地的调查与河督、总督所进呈的图样不同，而且所标立开河的地方不但毁坏百姓的房屋土地，更重要的是要毁坏百姓们的祖坟。这让圣祖非常恼怒，立即召来河督责问，怎么忍心让无数骸骨暴露于野？张鹏翮作为河道总督提出这种掘人坟墓的开河方案，竟然没有一个属员敢提出异议。而张鹏翮作为一个读书人，竟然会做出如此残忍的事，读书还有什么用？并直接责问张鹏翮：如果张鹏翮你家的祖坟被别人掘了，你会做何感想？你会默默无语吗？而且此河如果开了，你们能保无事吗？张鹏翮等人跪听圣祖的训斥，表示若开成新河，并不能确保无事。听了张鹏翮等人的回答，圣祖立即指出，奏请在湖淮套开新河，不是地方官员谋取私利，就是河工官员谋求升迁。而在河工效力的人员没有一个能为百姓主持正义，说真话，既然如此，还留在河工干嘛？

回到行宫后，圣祖谕令侍卫马武传谕河道总督张鹏翮，对在河工效力的人员，稍有一些能力的暂可留在河工效力，其余一概斥退。其中特别指出，同知南梦班、降调通判徐光启、主簿方德弘等皆属不堪小人，必须革职驱逐。此外，圣祖下令否决在湖淮套开新河的方案，命人自曹家庙至清口一带沿途所立的开河标杆全部撤去，不允许毁坏百姓的祖坟。百姓听到这个消息后无比高兴，都感谢皇帝的恩德。

二月二十七日，圣祖抵达扬州。留宿扬州时，圣祖对提议在湖淮套开新河的相关人员进行了处罚。将河道总督张鹏翮和两江总督阿山加重处罚，革去总督阿山的尚书职、河督张鹏翮的宫保衔，漕运总督桑额降五级，安徽巡抚刘光美、江苏巡抚于准各降三级。之后，过江宁，再次祭奠明太祖陵，率众皇子演武骑射。

三月十六日，大队南巡人马到达苏州。次日，召见工部尚书王鸿绪，圣祖因上次南巡听说有人随行时在苏州买卖女子，这次南巡恐怕又会出现这种情况，特别嘱咐王鸿绪细细打听此事，而且一定要保密，切不可让别人知道。接受了圣祖密派的任务后，王鸿绪便展开密查。而圣祖则继续他的南巡,于四月初二日抵达杭州,然后像以前一样检阅兵丁、巡幸游玩、省方问俗、褒奖耆老、关怀勋旧等,在杭州呆了10天左右后起驾返京。

四月二十四日抵达扬州。在扬州,圣祖接到了王鸿绪关于细查苏州买卖女子案的第一份密奏。王鸿绪的密奏揭露了当时苏州买卖女子的情况非常盛行,而且很多官员,特别是圣祖身边的许多人都参与其中,如一些御前侍卫也曾经买过苏州的女子。特别是有一个候补金事道范溥,此人在迎驾活动中因向圣祖进花,曾被赐给御箭,于是就带着御箭到处招摇。范溥强买平民子女时,都打着御前人员的旗号,因此谁也不敢贸然刨根问底;如果女子的父母不同意,范溥便让地方发文强买。这只是王鸿绪的初步调查结果,后面还有两份密奏,圣祖返回京师后陆续收到。

五月初二日,圣祖在南巡的归程中再次视察了清口一带河工,指出应将南运口西岸草坝加大加宽,这样可以使洪泽湖水多入黄河,少入运河;在蒋家坝处开河建闸,将洪泽湖之水由人字河、芒稻河入江,最后由下河及庙湾等处入海,这样无论洪泽湖水大水小,都可以蓄泄由己;将归仁、利仁、安仁3闸改宽泄水,这样徐州一带民田就没有淹没的危险了。

次日,渡过黄河,检查黄河以北一带的河工。

之后,圣祖率领的南巡返京队伍经宿迁、济宁、德州等地,中途在各地驻跸时,圣祖都要省方问俗,召见当地官员,询问百姓生活等,最后于五月二十二日抵达京城,结束了第六次南巡,也是最后一次南下。

第一次巡幸西安

康熙四十二年（1703）秋冬之际，圣祖结束了第四次南巡后决定西巡西安。他以西安为边疆重地，当年在剿灭噶尔丹时曾经历边地，但未曾亲临西安，因此于十月初五日乘农闲之际西巡西安，并且颁旨，西巡的途中一切应用花费都由皇宫内廷支付，不给地方政府增加负担，也禁止地方官员以此为借口骚扰百姓。

十月十一日，圣祖启程开始西巡。他带着皇太子胤礽、皇三子胤祉、皇十三子胤祥和一些王公大臣启行，当晚夜宿在良乡县十三里村，并再次重申不许随驾官员骚扰地方，更不许地方官打断百姓正常的生产生活。一旦发现有骚扰百姓的情况，严惩不贷。从良乡出发，不久就进入直隶境，之后沿途夜宿涿州泽畔村、安肃县田村堡、保定府小汲店、庆都县十五里铺、新乐县、真定府城内、获鹿县城东、井陉县东关等地，西巡队伍于二十一日抵达固关，进入山西境。

十月二十五日，至太原府境。山西巡抚噶礼为了向圣祖表忠心，接待事宜极其奢华。噶礼不但亲自到庆都迎驾，同时还带来了数百位百姓代表恳请皇帝亲临太原府，而这些"百姓"都是噶礼强迫来的，有的甚至是被押来的。到了晚上，数百位百姓冒着寒风站在外面等候。为了准备迎驾，仅建行宫就花去18万两白银，迎驾这一天的供应馈送物品则花费白银达15万两之多。噶礼给圣祖准备的轿子，其顶和钩锁都是纯金镶制。从庆都到太原府的路上，每一站都建有行宫，行宫里面还有俊童歌女，都由噶礼从江南聘请名师教导。同时，噶礼还贡献了四位美女，圣祖当即予以拒绝，并对噶礼说：这是美人计吧！你把我看成什么人了？圣祖得知其左右很多人都收了噶礼馈送的女色，全部予以严惩。皇帝在众人的夹道欢迎下进入太原城。

次日，噶礼率全省官员前来拜见，并奏报了全省情况。听完奏报，圣祖对噶礼谈了他西巡的原因以及这一路上的所见所闻。圣祖指出：自从入山西省境以来，时刻注意观风问俗。前因很多地方灾情严重，百姓生活肯定会过得非常艰难，而这一路走来看到百姓生活有些起色，民人生活朴素，注重节俭，为此感到非常高兴。但不要因为丰收了就奢侈浪费，否则一遇荒年就无法度过了，作为巡抚一定要用礼仪来教导百姓，引导他们守法、以农为本，这样国家就没有后顾之忧。同时，圣祖还发布谕旨，宣布将康熙四十三年以前山西省所辖州县还未缴完的银两米草全部蠲免，减轻地方州县和百姓的负担，以达到藏富于民的愿望。在太原住了一晚后，圣祖准备启程。太原城的百姓听说圣祖准备启程离开，皆齐集跪在行宫前再三恳求圣祖再留数日。圣祖看到百姓的殷切恳求，决定再留宿太原一日[①]。

十月二十八日，西巡队伍从太原启程，向西安前进。先后驻扎于徐沟县南、祁县郑家庄、介休县湛泉铺、灵石县城内、霍州县内，十一月初四日到达洪洞县。圣祖驻扎于洪洞县城南后，派领侍卫内大臣和硕额驸尚之隆祭

---

① 李光地：《榕村语录续集》。

祀女娲陵，并于此地召见山西名士硕儒。山西洪洞人范鄗鼎是河东理学的代表，立志振兴儒学，虽被清廷诏举博学鸿儒，但因终养高堂，坚不就征，享誉士林。圣祖召见范鄗鼎，鄗鼎进呈《明儒理学备考》等著作，圣祖亲赐手书"山林云鹤"四个大字。在召见河东大儒李颙时，李颙坚称自己已老迈，不能行动，拒不应召，最后只派其儿子李慎到洪洞县城南圣祖大营禀明情况，并将自己的著作《二曲集》《四书反身录》呈进。圣祖无奈，也没有怪罪李颙，只好亲赐手书"操志高洁"。

十一月十一日，圣祖的西巡队伍至黄河岸，并率诸皇子练习射箭，圣祖自己亲自上阵射了二次，两次所发之箭皆中箭靶。然后，大队人马从山西渡过黄河，至潼关，入陕西境。陕西绅衿士庶听说皇帝要来，早已在潼关跪迎。士绅百姓在路上摆设香案，贡献果食，男女老少手执藏香跪迎。跪迎人群从黄河岸边一直延续至城内，城外遍满山麓，城内填塞衢巷，欢呼之声震天。

十一月十五日，圣祖从临潼县启行，进入西安府。驻防西安八旗官兵及老幼都穿上漂亮的新衣服，从关厢一直到霸桥；陕西绿旗官兵也都站队列营，从霸桥一直绵延二十里，陕西省文官全部身穿朝服，列班跪迎，全城内外士庶云集。百姓们欢呼相告："自古帝王出入都是要禁止行人，不但不能目睹帝王容貌，即便是仪仗队也不能靠近。而如今皇上下令，让我们百姓都可瞻仰，真是我辈之大幸啊！"①百姓距离近的扶老携幼，家住得远的带上钱物干粮早就赶来了，都争先恐后以求目睹皇帝的风采。此外，青海和硕亲王扎什巴图尔，鄂尔多斯多罗郡王董罗布、松阿喇布，多罗贝勒纳木扎尔额尔德尼，厄鲁特多罗贝勒巴图尔额尔克济农，喀尔喀台吉哈嘛尔戴青，青海台吉盆苏克等也纷纷来朝。到达西安驻扎下来后当天，圣祖命令乾清门侍卫马武、内阁学士色德里立即查清楚历代帝王陵寝有哪些在西安附近，以及本

---

① 《清朝起居注册·康熙朝》，康熙四十二年十一月十五日。

朝勋旧的坟墓在方圆百里之内有多少。

十一月十六日，圣祖至西安城内教场，率诸皇子及善射侍卫等进行弓箭射击，之后检阅了西安驻防八旗官兵的骑射状况，结果官兵们骑射都还算精练，圣祖非常高兴，命令侍从将其中骑射最优异者记下来，以备犒赏和重用。此外，马武、色德里已将圣祖交代之事调查清楚，在西安附近的历代帝王陵寝及勋旧坟墓有周文、武、成、康王，汉高祖、宣帝，唐高祖、太宗、宣宗陵寝，提督张勇、总兵梁化凤坟墓，圣祖指示立即派官前去祭祀，以昭示圣祖的仁君形象。

十一月十七日，圣祖传谕陕西巡抚和甘肃巡抚，将这两省所属地方州县康熙四十二年以前各项积欠银米草豆钱粮全部免除，等本年其他各省庄稼大获丰收，再将陕西省次年的正供也全部免除，并让两省官员立即在全省贴出告示，务使人人都知道皇帝的恩惠。此外，还召见了西安百姓中八九十岁的老人，对他们亲加慰问，并赐予银两。

十一月十八日，圣祖率诸皇子及内大臣、侍卫等再到西安府城外校场，检阅西安驻防满洲八旗、汉军八旗及绿旗官兵军容，火器、马兵、步兵全副武装，站队列阵，等待检阅。检阅完毕后，圣祖以西安将军博霁训练军队有方，即解自己的弓矢赐予他。接着又赐川陕总督觉罗华显、陕西巡抚鄂海弓矢。在校场的箭亭传命摆宴，赐宴给陕西省官兵以及蒙古诸王、贝勒、台吉等。西安地处蒙藏，为了凝聚和促进西北边陲的民族团结，又决定在西安城内西北角敕建一座喇嘛寺庙，并命名为"广仁寺"，寓意"广布仁慈"。敕建广仁寺，是要向蒙古族、藏族表明，清政府不但充分尊重他们的宗教信仰、生活习俗，而且还大力保护藏传佛教，以此笼络人心，达到巩固西北边陲的目的。广仁寺兴建后，圣祖亲笔题写"慈云西荫"大殿匾额。

十一月十九日，圣祖第三次来到城内校场，检阅绿旗官兵骑射，对于西安绿旗兵的骑射十分满意，对巡抚鄂海、提督潘育龙等表示，满洲官兵善于骑射自不可言，而绿旗兵也能做到精于骑射，实在难得。次日，圣祖总结在西安检阅军队的结果。他对这次西安之行非常满意，特别是对驻防在西安的八旗、绿旗官兵的军力尤其满意，并对相关官员论功行赏，对绿旗官兵自提督以下、把总以上官员都各加一级；满洲八旗兵丁自将军以下、骁骑校以上俱各加一级，巡抚齐世武之前曾降五级留任，现加恩取消之前的所降之级。赏赐之后，圣祖宣布次日启程返京。皇帝回銮的消息传出后，西安众官兵及士绅齐集行宫前，跪求再多留一日，以使深处僻远之地的百姓能够有机会赶来瞻仰。在官民的再三请求下，皇帝同意了他们的请求。

二十二日，圣祖从西安启程返京，次日夜宿于渭南县城内。当晚，圣祖再次施恩于众西安官兵，赐眼镜给西安将军以下协领以上、提督以下参将以上、文官总督以下知县以上等官员父母；赐巡抚以下知县以上及武官人参，赐前侍郎王承祖亲笔题写的"林泉养素"四个大字，赐已故江西巡抚马如龙"绩著西江"四个大字，让人将四个御字悬挂在墓上。

当日，圣祖检阅了陕西提督潘育龙标下劲旅固原提标中营将士，对士兵在检阅中的表现非常满意，大加褒奖，又对随行的大学士马齐等人说：巡历诸省，没有一个能比得上潘育龙所辖绿营。其辖下绿营兵士弓箭娴熟，体格劲健，这些都是统帅将领训练有方，命令自提督以下官员加一级记录。检阅完毕后，圣祖召见潘育龙，不但赐给御书百札、亲题"镇绥将军"御字，还给他增加俸禄，此外又命身边侍卫将随带御用食物赐给受检阅的官兵。

二十四日，从渭南启程后，先后途径华阴县台头村、潼关城内、阌乡县十五里铺、灵宝县摩云寺南、陕州张茅镇村、渑池县城南、新安县城内、河南府城内。

十二月初四日，路过河南怀庆府时，圣祖顺便检阅了怀庆总兵辖下兵丁，却发现怀庆总兵王应统标下营伍不整、骑射不堪，即使是王应统自己也是骑射荒疏。圣祖对此非常愤怒，命令对总兵官王应统及属下的千总、把总进行严惩。

　　一路上，圣祖不遗余力地慰问功臣勋旧、遗老名士、耆老乡绅，检阅军队，安抚和团结西藏、青海、甘肃等地少数民族众头领，训练众王子的骑射，查看百姓生活和生存状况，十二月十九日圣祖西巡队伍回到京城，结束了近50天的西巡之旅。

六

严饬吏治　重视民生

父廉子贪两大臣

康熙朝清官辈出，贪官也出了不少。俗话说：虎父无犬子，但像赵申乔这样廉洁的官员，却有一个儿子成为"天下第一贪官"，这种情况在整个清朝绝无仅有。

赵申乔，字松伍，又字慎旃，江苏武进人。康熙二十五年（1686），因在河南商丘知县任上政绩突出，廉声颇著，很快被任命为刑部主事（正六品）。在刑部主事任上，他秉持铁面无私、执法公正的个性，使一些冤案得到了公正办理。正因为有出色表现，很快就升任为刑部员外郎（从五品）。不久，身体不好的赵申乔被迫向圣祖请求辞职回家养病，一养病就是几年，直到康熙四十年，直隶巡抚李光地向圣祖推荐闲居在家的赵申乔。

圣祖召见赵申乔，通过观察，判断赵申乔此人"敬慎"，如果让他来管理钱粮，可谓人尽其用。圣祖遂越级提拔他为浙江布政使（从二品）。在拜见谢恩之时，圣祖告诫他：因为浙江是国家的财赋重地，自张鹏翮之后一直不得其人，所以浙江省钱粮账目都非常混乱，甚至有人从中浑水摸鱼。如今特别提拔你担任布政使，你一定要秉公核查，做到不亏空、不累民。布政使担负着一省的钱粮，是全省的表率，如果布政使清廉了，下属自然不敢犯法。最后圣祖表示相信赵申乔一定能做到。赵申乔对圣祖的知遇之恩感激得五体投地，当即表示：此去赴任，定要做个清官、好官，若做不到，请圣祖将他予以重典惩罚。陛辞后，赵申乔简单地收拾了一下，带着家人、随从13人南下浙江就任。

上任之后，赵申乔不用幕僚，一切事务皆亲自处理。他积极革除钱粮征收过程中的火耗银和各种勒索行为。百姓在向官府缴纳漕粮时，官府胥吏另外还向百姓勒索每石40文的铜钱，说是要用来买口袋装漕米用，所以又称为"口袋钱"，而且还有越来越重之势，百姓深受其害。赵申乔经过调查了解，很快取消了"口袋钱"的征收，百姓对此拍手称快。他按照圣祖"欲要正人，必先正己"的教诲，首先对自己藩司衙门进行了整饬，表示要想让下面的州县不亏空，藩司衙门先革除各种陋规。对于钱粮加平、时节往来、奏销部费、各种孝敬等各种名目的陋规都加以废除和禁止。而对于一直以来全省都在通行的火耗，以他一人之力虽无法解决，但他却一分不要，将实在无法推掉的陋规全部封存起来，交到藩库中，留给下任藩司用作衙门办公经费。

康熙四十一年（1702），赵申乔的表现没有违背他之前的誓言，他的廉洁行为得到了圣祖的肯定，随后被提拔为浙江巡抚，之后又改调为偏沅巡抚（后改名为湖南巡抚）。

同年，赵申乔受圣祖之命，妥善地解决了红苗之事，次年，赵申乔上疏，向圣祖建议善后事宜。在圣祖第四次南巡途中，赵申乔前往行宫朝见。圣祖对赵申乔表示，湖南地处偏远，官吏对百姓横征暴敛，各种附加税成倍于别省，并特别颁诏对这种情况进行了申斥。作为巡抚的赵申乔一回到湖南就立即在主要街道上建了碑亭，将这一谕旨刻在石碑上，晓谕属下官吏，禁止苛剥百姓的行为，同时还参劾巴陵县知县李可昌等人屡次不听教化，苛敛百姓，经朝廷同意，对这一批贪敛的官员进行了重处。

康熙四十五年（1706）起，赵申乔连续两年对漕运问题提出了建议。赵申乔发现湖南的清浪、平溪二卫地处偏僻，山高路远，交通不便，漕粮的运输非常麻烦，而且运输的花费要比所缴纳的漕粮还要多，鉴于这种情形，赵申乔向圣祖上奏，请求将所征漕米改成征银，如此便可省去了很多麻烦，尤其是省了运费，减轻了百姓的负担。漕运旗丁在承担运输漕粮的过程中，会得到耗赠、行月钱粮，在漕船启运前发给，作为运输补贴。而给事中戴嵩条上奏请求等到通州补发，想以此来预防亏缺。赵申乔指出，湖南运道要比江、浙两省远，而且旗丁原本就没有耗赠，只有行月钱粮可得，如果扣至通州，旗丁途中的运费就没有着落，肯定会耽误漕粮的运输，因此还是请求按照原来的规定办理，不必更张。圣祖同意了赵申乔的请求，并将此作为一个制度确定下来。

康熙四十七年，赵申乔被调派至湖北，审理荆州同知王侃等人侵蚀木税一案，结案之后，上疏请求裁港口渡私税；请求以靖州属鸬鹚关税并入辰州关。另外，还针对兵饷都是在正月支领，而这个时候地丁钱粮还没有开征，如果挪移则累官，预征则累民，因此请以隔岁余存米石拨给兵饷，此建议经过众大臣讨论并报皇帝同意后施行。

不久，内阁学士宋大业祭告南岳回到京师后，弹劾赵申乔轻亵御书，圣祖下诏诘问赵申乔。赵申乔上疏申辩，指出宋大业初次到湖南，得到礼金9000两。而此次再次到湖南，只得到礼金500两，所以他非常不满，并知会布政使董昭祚，要求南岳庙工程余银不要向户部报告，但赵申乔却坚持将工程余银向户部汇缴，故此才有了诬劾之举动。后经过调查，宋大业因勒索不遂而生忿恨，被罢官，赵申乔也因此降五级留任。

次年，赵申乔与提督俞益谟两人互相参劾，赵申乔参劾提督俞益谟贪污兵粮35石，而提督俞益谟参劾赵申乔为官苛刻，属官已难以忍受。疏上后，赵申乔被解任，接受调查。不久，圣祖派尚书萧永藻前来调查。经过调查，赵申乔所奏属实，提督俞益谟被罢官，赵申乔官复原职。但提督俞益谟所奏并不是无中生有，只是赵申乔为官苛刻并不是政绩上的大错，圣祖不可能以此给赵申乔定罪，虽然圣祖也知道赵申乔很多时候总是吹毛求疵，特别在湖南，大小官员无不被参，难道一省之内没有一个好官？不久，赵申乔被提拔为都察院左都御史，负责风言奏事。

康熙五十年（1711），赵申乔弹劾编修戴名世所著《南山集》《孑遗录》中充满了大逆不道的言语，《南山集》案株连数百人，涉案成年男性被杀，其家属及未成年男性被流放宁古塔，终身给披甲人为奴，由此造成了清朝最大的文字狱冤案，这也是赵申乔一生中不光彩的一笔。

康熙五十一年，赵申乔向圣祖建议，每年农忙的时候，京师应该停止案件的审理。圣祖对此表示，赵申乔所奏虽然表面上看有理，但经不起推敲。最重要的是地方官不滥受案件，如果受理了就尽快审结，这样诉讼不就少了吗？如果从四月到七月之间停止审理案件，那么其间如果有奸民谋害善良百姓，那冤屈向谁诉？八月是收获季节，难道也要停止审案。而福建、广东四季都是农忙，难道一年都不要审案了？对赵申乔的所奏不予批准。次年，升任户部尚书。

康熙五十三年，国内刚刚铸造了大钱，商人们呈请用银换取小钱，然后将小钱送到宝源局改铸大钱，圣祖命内务府与户部讨论商人们的请求。赵申乔当即表示反对，他指出：收小钱，是相关机构的职责，而商人们之所以提出来是因为其中有利可图，如此可能会借端扰民，这个头切不可开。赵申乔的奏折上奏后，经过讨论，同意了赵申乔的建议。不久，赵申乔再次上书请求辞官。圣祖问他原因，赵申乔表示：我所上的奏疏，没人在上联名题署，这是对我的藐视，既然如此，我还有什么颜面待在这个官位上？圣祖对赵申乔的表现又好笑又好气，告诫道：如果有司官藐视你，你只管参劾。而你性格苛急,不能容人。你做官是廉洁,怎么能因为廉洁而生骄呢?最后,圣祖让赵申乔留任,同时也采纳了他关于罢商人纳银领钱的建议。

康熙五十九年(1720),赵申乔以病乞休,圣祖褒奖赵申乔的清廉,让他在任养病。不久,病死任上。

由于赵申乔的廉洁,其子赵凤诏也得到了很大的关照,中了进士后没多久就被授予临汾县令,任职刚一年,又被越级升为太原府知府。

康熙四十二年,圣祖西巡西安,至龙泉关,特意召见前来迎驾的赵凤诏,并对赵凤诏说:你父亲是有名的清官,你做官应该以他为榜样,向他学习。赵凤诏跪在圣祖面前,当即表示:微臣可以确信自己能做到的就是不受贿,不贪财。做官受贿,为人所不齿,我也深以此为耻。圣祖听完赵凤诏之言,笑着对他说:你所说的是话糙理不糙,如果果真能做到如你所说,那是非常好的①。紧接着圣祖问赵凤诏山西巡抚噶礼这人做官如何?地方上的百姓对他的评价如何?赵凤诏却信誓旦旦地向圣祖表示:山西巡抚噶礼可以称得上山西第一清官,他来山西后是一文不取,在山西再没有人比他清廉了,百姓们都十分爱戴他。圣祖因为他是赵申乔的儿子,肯定不会欺骗他,也就没有怀疑。不久,江南总督员缺,圣祖就将赵凤诏口中的"山西第一清官"噶礼提拔到富庶的江南任总督。

然而,赵凤诏口头上说一套,做得却是另一套。他并不像自己所说的那样绝不贪污受贿,而是分文必取。噶礼在山西任巡抚时,与赵凤诏过往甚密,可以说赵凤诏是噶礼的心腹,噶礼自然是千方百计地保护他。圣祖在西巡西安的途中,四川道监察御史刘若鼐上奏,弹劾山西巡抚噶礼贪得无厌,虐吏害民,贪赃达数十余万两白银。而太原府知府赵凤诏是噶礼的心腹,其人专用酷刑来勒索钱财,以满足贪壑。奏折上达后,圣祖并没有重视,而是

---

① 佚名:《啁啾漫记》。

让噶礼自己解释一下。噶礼自然一方面为自己大叫冤屈，一方面褒奖赵凤诏的清廉。很快，赵凤诏在噶礼的庇护之下安全地躲过了一劫。但不久，噶礼就被调任两江总督，赵凤诏失去了保护伞，其卑劣行径很快被揭露出来。

康熙五十四年（1715），山西巡抚苏克济上奏圣祖，参劾太原知府赵凤诏在任13年，从所属官员中索取礼节银两，强勒诉讼双方的官司费，加起来共有40多万两白银。圣祖收到苏克济的奏报后大为震怒，立即命湖广总督额伦特、巡抚李锡前赴太原，会同山西巡抚苏克济审理此案。

不久，额伦特等人经过审理，确认了赵凤诏贪污勒索的事实，审得婪赃银达18万两之多，按照大清律例当处以斩刑，而赵凤诏乃赵申乔之子，更是罪加一等。此案经刑部复核后，确认赵凤诏勒索赃银174 000余两，九卿众大臣讨论，请将赵凤诏改为斩立决，同时追缴勒索的赃银。圣祖同意了九卿的决议，并表示像赵凤诏这样不忠不孝的人应当立即正法。赵申乔因其子赵凤诏的罪行而深受打击，也非常害怕连累自己，于是上奏自请罢官，并表示对圣祖忠心耿耿，决不欺君。圣祖诘问道：你如果不欺君，你的儿子贪赃数十万两白银，你为何不先上奏？赵申乔一时语塞[①]。

康熙五十七年，圣祖召见大学士马齐、松柱、李光地、萧永藻等人，讨论赵凤诏处以斩立决之事。众人一致同意九卿的结论，最后圣祖下旨将赵凤诏立即处斩，其勒索得来的赃银全数追回，不足之额由其父赵申乔、其兄赵熊诏赔补。

---

① 《康熙起居注》第三册，第2174页。

案三 审江南科考

清代乡试三年一科,每逢子、午、卯、酉举行。康熙五十年(1711)是辛卯年,这一年正好是江南读书人翘首以盼的乡试之年。副都御史左必蕃为江南乡试的主考官,翰林院学士赵晋为副考官。此时,扬州有一盐商名叫程光奎,他也打算参加本年的科考试试运气,听说自己的老熟人赵晋是本场乡试的副考官,他盘算着如果能得到赵晋的帮忙,中个举人轻而易举。于是,便火速赶到了京城去拜访这位老朋友,请他从中给予帮助。赵晋答应了程光奎的请托,之后两人商量好了如何暗通关节。

八月,全省的读书人都信心满满地进入了考场,参加乡试的三场考试。九月初九日,乡试的考试结果发布,原来被称为人文渊薮的苏州这一年却只有13人榜上有名。而在举人的录取名单中,一大批文理不通的扬州盐商子弟充斥其中。这种十分不公的结果让读书人非常不满,一时间舆论哗然。

九月二十四日,读书人的不满情绪继续发酵。以丁谷宜为首将近1000名士子聚集在苏州元妙观门前,他们将当地民间信奉的五路财神像抬入府学,锁在明伦堂内。大街小巷到处贴着愤愤不平的诗句、对联、揭帖、告示、歌谣等，这种不满情绪很快在民间扩散开来，人们纷纷传诵吟唱这些歌谣、诗句等。在江宁，"贡院"大门上的匾额被愤怒的读书人用纸糊上，写上"卖完"二字。有的人更是将愤怒直接对准主考官，扬州一读书人带着怒气捣毁了主考官左必蕃家的祠堂。两江总督噶礼为避免事态进一步扩大，将为首的丁谷宜捉拿拘禁，并下令封锁消息。此事还是很快传到了京城，而苏州织造李煦、江苏巡抚张伯行、江宁织造曹寅等人也已将地方舆论以及读书人聚众的情况向皇帝做了汇报，甚至还将士子们所作的对联诗句以及百姓们所传的诗歌上呈。

接到消息后的圣祖非常重视，立即下旨，派户部尚书兼武英殿大学士张鹏翮、漕运总督赫寿两人为钦差大臣前往江南，会同两江总督、江苏巡抚、安徽巡抚在扬州审理此案。

十一月二十七日，张鹏翮与赫寿抵达扬州，他们在安徽巡抚梁世勋因故还未赶到扬州的情况下决定会同两江总督、江苏巡抚先行办案。他们根据丁谷宜的揭发首先审理了被人揭发舞弊的席玕等5名举人。将这5人带到大堂，当堂出题考试，结果是，席玕文理不通，其他4人笔迹与科场原卷上的笔迹不同。在钦差的审问下，席玕供认了在科场上的作弊行为。

乡试副主考官赵晋当堂供认受贿黄金300两，阅卷官王曰俞、方名也供认徇私舞弊，把在考卷中做了暗号的程光奎、吴泌等人选中。三个考官当堂被革去功名，收监待罚。对程光奎、吴泌的审讯比较顺利，一经过堂，他们便将作弊的所有情形原原本本地供了出来。程光奎供出，先是赵晋将关节暗号告诉程光奎，由程光奎的另一个至交好友交与房考官山阳知县方名。在考试时，方名先将事先写好的文章带入考场，并埋在程光奎的考舍里。程光奎进入考场后，取出埋在地下的文章，直接抄写即可。然后，由方名将程光奎的考卷推荐上去，副考官看到程光奎所做的关节当场点中，录为举人。

另一个贿买举人的考生是歙县盐商吴荣赞之子吴泌。考试前吴泌通过好友余继祖贿买举人，许诺付银8000两作为报酬，并且先拿出黄金100两、白银200两交给安徽巡抚叶九思的门生员星若，请他代为打通关节。

八月初三日，员星若拜见叶九思，并假称吴泌是他的表弟，求抚臣在科考时设法帮忙，并表示事后酬谢银两。叶九思表示可以帮忙，拿个暗号来即可，但银两不要。次日，员星若与余继祖商量，定下"其实有"为考试关节，放在第一破题内。几天后，员星若将这个关节告诉了巡抚叶九思。叶九思知道泾县知县陈天立是副主考赵晋的亲戚，就把这个关节暗号交给了陈天立，让他代交副主考官赵晋，并向副主考官说明吴泌是他的好友，请他加以照顾，并答应酬谢银子500两。入场考试后，吴泌坐荒字号考棚，事先得了吴泌5000两银子的扬州府学生员相权坐庙字号考棚。相权替吴泌做了头场考题，又受余继祖之托，帮助修改第二、三场文章。在批卷时，泾县知县陈天立找到同考官句容县知县王曰俞，说受副主考委托，请他关照吴泌的考卷，并说"其实有"为考卷关节。同考官王曰俞就把吴泌的卷子推荐上去，最后在副主考赵晋的关照下，吴泌高中第十三名举人。

然而程、吴二人的供认各送赵晋300两黄金，一共是600两黄金的贿赂，但赵晋却坚称只受到两人共300两黄金的贿赂。在审问涉案的安徽巡抚叶九思家人李奇时供认，另外300两黄金交给了布政使马逸姿的家人轩三，委托转交总督大人。案情进一步复杂了。

让人惊讶的是，审理科场案变成了督抚两大臣之间的相互参劾，影响巨大。办案大臣张鹏翮、赫寿见此案越来越复杂，牵涉的人越来越多，特别是两江总督噶礼也牵涉进来。最后，两位钦差办案大臣在权衡利弊后决定对江南科场案结案，决不旁及其他人。对贿买举人的吴泌及原安徽巡抚叶九思的家人李奇，拟定绞监候，秋后处决；程光奎及副主考赵晋、通考官方名、王曰俞以及布政使家人轩三等，拟定流放充军3000里；主考官左必蕃予以革职，其他被参获功名者，革去举人，但允许下次参加考试。对涉及噶礼以及督抚两大臣之间的互参之事，采取大事化小，小事化了的办法，并在处理中偏向噶礼。张鹏翮等人拟定好处理结果后立即上报，圣祖觉得这种处理结果过轻，有包庇之嫌，于是另派大臣重审。

不久，任命户部尚书穆和伦、工部尚书张廷枢二人为钦差，火速南下再审江南科场案。七月十八日，穆和伦和张廷枢抵达扬州，经过一番准备后开始重审。除了在一审中已究查过的人犯外，其他之前未提审过的涉案人员全部到堂，与相关人员当面对质，并释放了无故牵连之人。经过审理后，两位钦差拟定了处理意见，他们向圣祖汇报了他们的审理结果：主考官左必蕃革职查办，副主考赵晋、阅卷官王曰俞、方名均应斩立决；程光奎、吴泌、席轩等分别拟绞刑；参与案件的余继祖、员星若、李奇等人也拟处绞刑；噶礼与舞弊案无关，但审案不力，应予以斥责；张伯行诽谤重臣，应拟革职处分。圣祖很快接到了穆和伦、张廷枢两人的奏报，但二审的处理意见与一审相差无几。办案钦差对科场案的主要情节已审理清楚，但关于两大臣之间互参之事，前后派了四位钦差大臣，都未能有一个妥善的结果，于是圣祖传旨，速将所有涉案人员递解到京，在京师再审此案。不久，在京师开始了科场案的三审，当然这次审理并不是深挖是否还有其他人参与科场舞弊，而是圣祖要弄清噶礼与张伯行之间互参之事，给江南百姓一个交代。

参 督抚两大臣互

康熙四十八年（1709）年底，户部侍郎噶礼被圣祖任命为两江总督。之后没到一个月，张伯行被任命为江苏巡抚。噶礼是满洲正红旗人，办事干练，很有能力，但此人非常贪婪。他在山西巡抚任上时可以说是声名狼藉，百姓怨声载道。张伯行，河南仪封（今河南兰考）人，是当时有名的清官。江南不但是人文渊薮，而且更是中国最富裕的地方。噶礼到了江南，如鱼得水，更加恣意妄为，贪污受贿，排除异己。张伯行到任后，由于两人清浊分明，自然无法和睦相处，而且随着时间的推移，矛盾逐渐公开化，就连皇帝也知道此两人不和已非一日。

康熙四十九年，张伯行在办理"张元隆案"的过程中发现噶礼贪污受贿的线索。大海商张元隆为了能够顺利地将粮食运到海外贸易，使用重金贿赂两江总督噶礼。噶礼则利用权力，动用战船帮助张元隆运送粮食至外洋，从而避开检查。张伯行便将此事奏报给圣祖，然而还没等到进一步指示，江南科场案便爆发了。此案将总督噶礼和巡抚张伯行之间的矛盾推向顶点，两人纷纷向圣祖上奏参劾对方。

在扬州第一次审理科场案时，牵涉到两江总督噶礼。得到这一线索后，参与审案的张伯行欲追查到底，噶礼则拍案而起，斥责堂下刁民诬蔑封疆大吏，并唤人将李奇等人拉出去乱棍打死。张伯行赶紧制止，两人顿时争执不下，堂上气氛异常紧张。最后，两位钦差从中打圆场，宣布暂时停审，将相关案犯暂时收押。两人的争执从堂上一直持续到堂下，两人走到衙门外仍在互相指责，甚至互相谩骂，以至于扭打在一起，噶礼被张伯行踢了一脚，疼得在衙门口的地上直打滚，引起了大批百姓的围观①。张伯行坚定地认为噶礼肯定与科场案有关，否则他不会如此千方百计地阻碍办案，如果要想科场案真相大白，必须首先将噶礼的问题搞清。于是，张伯行决定弹劾噶礼就任以来的各种违法行为。

康熙五十一年正月十九日，张伯行向圣祖呈上了参劾噶礼的密疏。张伯行在参劾中指出，噶礼在这次科举考试中贪污受贿，甚至舆论盛传总督与监察、提调等各官员之间沆瀣一气，狼狈为奸。他们通过贿卖举人名额共得银50万两，在扬州审案时千方百计阻扰案件的审理，应请将噶礼解任受审，否则作弊之人为奉旨办案之人，科场案真相是永远审不出来的。张伯行还指出，自从李奇和轩三招供后，总督已经下令不允许再提审一个犯人，即使两位钦差也不得不受其掣肘，无可置喙，任其妄为。

得知张伯行上奏参劾，噶礼也不甘落后，连夜写好了参劾张伯行的奏折，兼程送往京师，噶礼的密奏虽然比张伯行的奏章迟发5天，不知何故却先到皇帝手中。噶礼在密疏中一共列出了张伯行7条罪状。一是阻止总督出洋缉捕海盗，挟私仇草菅人命。二是袒护其同窗好友上海知县许士贞，将许士贞任内意外致死的八人谎称未死，试图让其好友免除处罚。三是其与苏州知府陈鹏年一起反对总督推行保甲制度，导致盗贼害民。四是帮助查处盗案

---

① 顾公燮：《丹午笔记》。

不力的苏松粮道臧大受逃避处罚。五是为苏松两府漕粮迟误寻找借口，掩饰欺诳。六是为戴名世《南山集》作序的方苞是其好友，案发后竟不派差役捉拿，有意袒护。七是以著书卖书为事。性多猜忌，人更糊涂，对于命盗案件不能清理，且大行株连，屡屡致死民命。最后，噶礼也将当时审理科场案的情形做了说明。即审问案犯时，张伯行总是唱反调，说不应如此审问，为此他在之后的审案中几乎不语，然而张伯行仍污蔑其贿买举人得50万两银子，请求圣祖为其做主，惩罚张伯行污蔑大臣之罪。

督抚互参在当时可以说是轰动朝野。圣祖对督抚互参之事也颇感棘手，一时也难做决断。经过几天的斟酌，二月初四日，圣祖提出了关于督抚二人互参的处理意见。在圣谕中，圣祖指出噶礼有办事能力，用心缉拿盗贼，然而他的操守可能有问题。而张伯行为人老成，操守廉洁，但缉拿盗贼等办事能力不强。噶礼曾经参劾过苏州知府陈鹏年，而陈氏是胆大强悍之人，又与张伯行交好，因此噶礼、张伯行不和互参，断定系陈鹏年怂恿导致的。至于张伯行参劾噶礼得银50万两白银，未必全是实情，也未必全是虚捏。这样的案子审起来比较困难，如果让满人来审，难免要庇护满人；如果让汉人来审，也难免会偏袒汉人，都会对案件的审理造成影响，于是决定将噶礼、张伯行一同解任，严令张鹏翮、赫寿秉公审理，将督抚互参一事调查清楚。

不久，钦差大臣对督抚互参一事做出了审理结果。噶礼、张伯行互参各个条款皆查无实据，系假造虚捏。特别是张伯行生性多疑，无故参劾总督噶礼，导致督抚互参之事的发生，总督噶礼降一级留任，巡抚张伯行革职流放。审判结果很快送到京城，请皇帝做最后决定。同时，这一结果很快在民间传开，一时间舆论哗然。贪污受贿的总督被留任，清官反而被革职，百姓们对审理结果非常不满。京城舆论也将这一审理结果视为笑柄。

江宁织造和苏州织造将民间的不满纷纷密奏给圣祖。圣祖否定了督抚互参案的审判结果，斥责他们是故意掩饰，有意和稀泥，并于六月十八日改派户部尚书穆和伦和工部尚书张廷枢再次南下，重新审理。

穆、张二人到扬州后，对相关案犯重新进行审问。从抵扬州直至九月二十九日案件审理结束，共历时两个多月。对督抚互参的审判结果是：噶礼参劾张伯行不能出洋缉盗之事属实，噶礼与科场舞弊案无关，但对此案审理不力，应予以斥责；张伯行参劾噶礼之罪状属无中生有，诬蔑朝廷重臣，拟将张伯行革职①。这一审判结果经吏部复议后通过。将此审判结果与第一次相比，其实是大同小异。

圣祖看过穆、张二人的审判结果以及吏部的复议后非常失望，同时也非常气愤，立即对督抚互参之事做出了指示，并表明了自己的立场。指出，张伯行居官清廉，这一点天下人皆知，但他的能力不行，才能不如其操守。而噶礼却有能力，办事效率高，但此人喜欢生事，也没有听说他的操守好。此二人的互参都出自私人恩怨，是听信别人谗言引起的。噶礼多次参劾张伯行，圣祖也以张伯行操守天下第一予以保全。而此次的审理结果却是非颠倒，实在让人气愤和失望，决定再进行第三次审理，并传谕江南各官，将相关涉案人员全部解送至京城审理。

十月初五日，圣祖指定九卿詹事科道重新审理督抚互参一事。次日，圣祖召见九卿科道等参加审案的官员，为审案定下基调。指出，江南地方若没有张伯行，不止一半的百姓都要受到噶礼的搜刮。像张伯行这样的清官如果还不被保全，那么还有谁愿意去做清官，大清的天下还能稳定吗？九卿科道组成的审判官员遵行皇帝意图开始仔细查看案卷，严格重审各个人犯，最终于十月十二日拟出了审判结果，其结果为：两江总督噶礼和江苏巡抚张伯行都是封疆大吏，而两人却不思报国，相互参劾，有损朝廷重臣的颜面，应将噶礼、张伯行革职。但地方需要操守廉洁的官员，这样才能不贻害百姓，因

---

① 《清圣祖实录》卷251。

此张伯行是否革职,请圣祖做最后定夺。会审的结果上达后,圣祖批准九卿会审的结果,将噶礼革职,张伯行留任。

张伯行留任、噶礼革职的消息传到江南后,百姓欢声一片,人人称颂皇帝的公正开明。至此,轰动一时、震动朝野的督抚互参案以清官留任、腐败官员落马画上了一个句号。

开海设立四关

清承明制，康熙之前，清政府一直推行禁海政策。一直到康熙初年，由于海上抗清势力的存在以及台湾的郑氏政权，使得康熙前期也一直秉持着严格的海禁政策。康熙二十三年（1684），清廷收复台湾，完成国家南部版图统一大业，更是基本上扫清了海上以及沿海一带的反清武装力量，为开海禁创造了条件。

康熙二十三年四月，之前一直在东南沿海一带强制实行的迁界令被废除，江浙东南各省展界复业的工作也宣告完成，但仍然禁止商船出洋贸易。收复台湾有功的施琅和沿海一带的一些封疆大吏屡次向圣祖上奏，请求废除禁止商船出洋贸易的禁令，以发展沿海居民的生产生活。

不久，圣祖接受了施琅等人的建议，宣布允许江浙等省沿海居民出海贸易、捕鱼等。虽然圣祖的出发点是为了沿海居民着想，因为允许出洋贸易对沿海居民非常有利，但有些地方督抚大员却由于种种目的而阳奉阴违，拒不执行圣祖开海的命令。圣祖针对闽、粤两省的消极回应予以斥责，并一针见血地指出闽粤两省的官员们之所以不愿开海，就是因为总督、巡抚们自图得利,却不顾百姓的利益。

　　七月十一日,圣祖与大学士石柱之间进行了一场关于闽粤等地开不开海禁的谈话,清楚地表现了圣祖开海禁的决心。他问内阁大臣、大学士石柱之前是否到过广州的一些地方。石柱回答说,他曾经到过广东肇庆、高州、雷州、琼州、广州、惠州、潮州等府,并从潮州府到福建,当时是奉皇上的命令前往开放闽、粤两省之海禁,当我带着命令去的时候沿海居民纷纷焚香跪迎,都说我们离故土20多年,原以为毫无回归故土的希望了,现皇上神灵威德,平定海盗,海上太平,我们百姓感激不尽。圣祖听完石柱的讲述后说,百姓乐于沿海居住,原因是他们可以在海上贸易、捕鱼等。你们这些大臣及闽粤督抚等大员明知其故,为什么不准海上贸易?石柱回答说,海上贸易自明末以来就未曾开过,所以不准行。圣祖立即指出,过去的海禁是因为有海寇,如今海寇已经投诚,还有什么借口?石柱说,据粤、闽总督巡抚告知,台湾、金门、厦门等处的防守驻军均刚刚到,还没有熟悉情况,等一两年后再相机而行开海贸易。听完后圣祖大怒,指出:封疆大吏应当以国计民生为重,那些不同意开海禁进行海上贸易的人,都是总督巡抚,他们都在考虑自己的私利。在圣祖的直接指挥和严厉推行下,原来一直不愿意开海的闽粤也不得不在康熙二十三年七月废除禁海的命令。

　　十月二十五日,圣祖把开海的命令推行全国,宣布直隶、山东、江南、浙江、福建、广东各省海禁处分之例全部废除,实行开海。同时颁布了允许出海的一些政策:载重500石以内的船只允许出海,但只能是单桅杆商船。在出洋之前须预先禀明地方官,登记姓名,取具保结,从所在地方领取印票执照,另外还要在船头烙印号码以备出入海口时官府查验;如果私带违禁品,如硫黄、军器等物出洋的"照例处分"。之后,政策又进一步宽松,将"只能打造单桅"商船改为"许用双桅",这样有利于商船的远距离航行,且安全性提高。对外国人来华的政策,一方面作为"天朝上国"最高统治者的圣祖为了体现怀柔之意，对外国在华的贸易给予了很多优惠条件，甚至外国商品所交的关税比国人所交的关税要低很多，开海的第二年清政府决定减少洋船所缴纳的关税，在原来所交关税的基础上再减少二成；另一方面加强对在华外国商人的管理，规定外商必须投宿在商行的商馆，不得随便闲逛游荡，不得携带枪炮火药，外商遇事必须用禀帖形式通过商行传递给地方政府。

康熙二十五年（1686），清政府将广州商行分设为洋货行和金丝行。如果是本国商人来广州经商，其所要缴纳的税课填报在住税报单上，投金丝行后，赴税课司纳税。若是外国商人来华贸易，或者是国内出洋贸易的货物，则填报行税报单，投洋货行，等到出海时洋商亲自到海关衙门纳税。这个措施很好地把从事国内外贸易的商人区分开来，划清了货税的性质，从而革除了明代以来对外贸易中住行二税的混淆不清以及由此而来的重复纳税或偷税漏税的弊端。为了确保这一措施得到贯彻执行，清政府还规定：来广州贸易的商人必须按照规定办事，各个衙门也不得对商人重复收税。如果有奸吏对商人重复收税，商人可以立即到巡抚衙门控告。如果有收税人员需索生事，收取陋规，商人也可赴巡抚控告，巡抚衙门将对这些违法之徒进行重惩，以保护各商的利益。为了扩大海外贸易，清政府放开了很多限制：允许外国人来华进贡时顺带货物，允许他们在京城或其他地方进行贸易；如果不是进贡的商船装载货物来华贸易，只要按照规定投行纳税，也要听其自由贸易。康熙四十七年（1708），清政府规定，暹罗使臣来华所带货物，允许他们随处进行贸易，而且还免征赋税。

海禁一开，东南沿海一带的海外贸易日渐活跃，与南洋各国的贸易量猛增。随着这一贸易趋势的发展，清政府急需要创建管理海外贸易的机构——海关。不久，创建海关就被圣祖提上了议事日程，并命令户部积极筹划，提出计划。

康熙二十三年八月，户部尚书梁清标向圣祖上奏，题请让户部司员宜尔格图和吴世把二人为收税郎中，前往福建、广东负责筹建海关。圣祖同意了梁清标的题请。此外，为了重视海关的筹建，还破例特批给予筹建海关的两人以敕书。在宜尔格图前往广东前，圣祖特地召见了他，耳提面命，强调设关征税的原则，即在广东福建设海关收税，并不是为了多得钱粮，而是因为东南一带的兵饷都是从别的地方运来的，恐怕会劳民伤财，设海关收税以供兵饷。所以一些零星的贸易不必尽行收税，否则就会真的有劳民之嫌。宜尔格图等人经过思考提出了筹建设想，他们提出立即在广东和福建两省设立专门的衙门，以全权管理海关事务。这个想法得到了圣祖的赞同，但在其他方面却与圣祖的设想有差距。宜尔格图、吴世把提出，按照内地税关的模式来设置海关，特别是要在桥、道、渡口等处都要设置关卡收税，圣祖严斥了他们的提议，这与他设置海关的本意相差甚远，这样做无异于在本没有税收的地方增卡收税，在圣祖看来这形同敛财，是扰民的行为，圣祖断然否决。在圣祖的直接指挥下，清政府先后在江苏的云山、浙江的宁波、福建的漳州和广东的澳门设立四个海关，各设海关监督一人，负责海关事务；满汉笔帖式各一人，承办海关衙门的日常文书工作，兼作海关监督的秘书。其中海关监督由户部题请选定，受户部管辖，同时也受地方总督、巡抚的管辖和监督。

海关设立之初，户部根据圣祖的指示订立了《开海征税则例》，规定：福建、广东新设立的海关只对进行海外贸易的货物征收税款，而海口内桥津等地方的贸易船车不允许收税。不仅如此，则例颁行后不久，在粤海关监督宜尔格图的奏请下，清廷还降低了关税。

康熙二十八年（1689）三月，为了贯彻设海关不扰民的初衷，圣祖又专门重申了关于海关征税的原则，规定沿海采捕鱼虾的船只、民间日用之物以及百姓赖以糊口谋生的贸易都不允许征税。而且来往福建与台湾之间的船只以及澳门陆上贸易后由海上运输的船只只能征收一次关税，不许重复征税。另外，刚开海时清廷禁止商船携带火器，为了确保中国商人在海上贸易的安全，清廷改变了这一命令，重新规定：内地贸易船只可以根据船只大小、人数多少，由督抚确定所带防护火炮、军器等武器的数量。启程时交与收税官员及防守海口官员检查数量，回来时照原数查验，这一规定有利于出海船只的安全，促进了海外贸易的发展。

为了适应开海禁后迅速发展起来的海外贸易需求，清政府大力鼓励殷实商人与洋人打交道。广东官府就公开鼓励，如果有殷实的人愿意充当行商可以向地方官申请，这一措施改变了之前货物壅滞、商人稀少的局面，极大地促进了对外贸易的发展。此后，清政府还不断地调整海关政策，采取了很多办法吸引外国商人来华贸易。开海政策为康熙朝经济发展做出了一定的贡献，推动了社会前进。

六　严饬吏治　重视民生

恩遇叠邀三织造

顺治年间虽然就已经在江南设立了三个织造局,但这个时候的织造局地位还不高,完全是专办宫廷御用和官用各类纺织品的专门机构,还没有参与统治者的政治活动。直到圣祖即位后,江南三织造的地位大大地提高,与康熙朝的政治关系越来越紧密,甚至在一定的时期内对康熙朝的政治产生了不小的影响。

江南三织造,即江宁、苏州、杭州三个织造局。刚开始时,这三个织造局还不完全是一个固定的机构,管理织造局的织造一年一换人,其后又改成三年一换人。直到圣祖登基初年,江南三织造才开始改为常设机构,织造由皇帝委任亲信大员担任。织造下设笔帖式2人,库使2人,司库1人,会计司郎中3人,员外郎6人,主事1人,管理内府帑笔帖式26人,织造局钱粮归户部管理。从康熙年间开始,江南三织造之间互为姻亲,形成一张盘根错节的关系网,他们之间往往是一损俱损、一荣俱荣。

康熙二十九年(1690)前的江南三织造虽然已经成为常设机构,但还没有在康熙朝发挥政治影响。康熙朝前29年是圣祖稳定政治大局的阶段,在这一段时间里先后擒鳌拜而亲政、收复台湾维护国家统一、平三藩稳定了国内政局，通过努力维护了社会秩序，巩固了皇权统治。然而由于江南的富庶，在收台湾、平三藩的过程中，江南一直都是清政府财源的主要供应地，江南百姓承担着繁重的赋税。当时由于清政府官员薪酬一直都非常低，根本无法满足一个官员的用费，因此富庶的江南自然也成了官员们眼中的一块肥肉，千方百计都要从中分一杯羹，贪污腐败自然也成了江南社会中无法祛除的痼疾。上述两个因素，加上江南自古以来就是"人文渊薮"，而且更是汉族士人聚居地，明末以来江南一带一直是抗清反满的中心，汉族知识分子视满族为异族，千方百计从文化上、心理上予以排斥，这就促使圣祖在解决了国家统一稳定的大事后开始把注意力投到江南。

康熙二十九年，圣祖的亲信曹寅出任苏州织造，两年后曹寅调任江宁织造，同时派李煦任苏州织造。在这两个人上任之前，圣祖将他们召见内宫，在他们职责之外又交给他们一项很特别的任务：圣祖要他们充当在江南的耳目，严密关注江南各地的动静，凡是来江宁、苏州等地各色人员，要观察他们的一举一动，一旦有任何问题，立即奏报，不可懈怠，还要不时地进行暗访和调查。康熙四十五年，孙文成出任杭州织造，圣祖也赋予其同样的使命。

三织造除了做好其本职工作外，最大的任务就是替圣祖刺探消息，消息范围可以说是无所不包，重点集中在如下内容：雨雪粮价、官员表现、地方舆论、江南知识分子的举动。其中，江宁织造曹寅和苏州织造李煦最为积极，影响也最大。

康熙三十三年（1694）四月，端午节即将到来，按照惯例，三织造都要向圣祖进贡。李煦向圣祖贡上了异常精美的苏绣龙袍，以感谢圣祖的信任。圣祖在奏折中告知李煦：今年春天因京城玉泉寺超揆和尚多事，已经将此人打发回江南。此人不甚安分，回江南后他如果要与你交往，你应该断绝与其往来。

圣祖风闻东洋一带召集国内流亡，教导武艺弓箭兵马，有非分之举。为了一探究竟，康熙三十九年十一月，下旨要派一人秘密前往东洋。为了保密起见，此事只让江南三织造共同商讨，而且必须保密。三织造奉旨后于次年正月聚集商讨，会商结果是杭州织造下属乌林达莫尔森可以去东洋，但必须等五月大洋上风季到时才可从宁波出海起行。但宁波是一个比较繁忙的贸易港口，商船很多，如果从宁波出海，此事一定保密不了，甚至还有招摇之嫌，后经三织造商议，将启程地改为上海，这样就比较隐蔽。当年六月初四日，莫尔森改扮成商人模样，乘船从上海出发，前往日本打探动静，并于同年十月初六日回国。

康熙四十三年（1704），曹寅和李煦先后任两淮巡盐御史。他们在担任巡盐御史期间，积极联合淮扬盐商为圣祖修建行宫，勤劳监修，且捐助银两。曹寅、李煦各捐银二万两，圣祖表示，他们能如此尽心公务，各自勤劳，甚为可嘉，理应按照捐银数目议叙加级。但是这次捐银数目过多，不便加级，因此授予他们京堂兼衔，给曹寅以通政使衔，给李煦以大理寺卿衔。这样的虚衔虽然没有实权，但对于织造来说意义却是非同寻常的。他们的身份从只服务于皇家后勤延伸到国家政治中来，这一跨越正好说明了统治者对他们的信任和依赖。

刚刚兼任巡盐御史的李煦、曹寅请求圣祖特颁谕旨，禁革盐商的苛捐杂税，以减轻盐商的负担。为了确保官盐的畅销，严厉缉拿私盐，他们经常率部属人等巡查三江地区的稽查情况，调查私盐的缉拿情况，还多次代盐商借用皇帑，由此与盐商的关系更加紧密。

康熙四十五年，孙文成被任命为杭州织造，临行陛辞之时，圣祖叮嘱他好好为朝廷效力，同样还交给他充当皇帝耳目的任务，尤其让他不断详加探听浙江及沿海一带各种消息，即使打听不实或错误也不会怪罪于他，此外还专门让他传口谕给另外两位织造：三处织造视同一体，三人必须要和气。如果有一人行事不端，其他两个人予以警告，如果改过便罢；若不悛改，就应该大胆弹劾参奏。此后几年内，除了请安、行月粮价等一些例行事务外，孙文成特别关注有关海盗的消息。

康熙四十七年（1708）二月，曹寅的弟弟曹宜因皇帝颇信浙江普陀山观世音菩萨，特捐资由皇家在京城建造两尊佛像，圣祖命送往普陀山的普济、法雨两寺供奉。三月十八日，佛像运至扬州，江南三织造一起到扬州迎接，并护送佛船渡过长江，然后交给杭州织造孙文成与曹宜，由他们于闰三月十四日护送至普陀山安置。

在护送佛船至普陀山的过程中，孙文成得知温州沿海洋面有海盗抢劫船只，孙文成将整件事情打听清楚后向圣祖进行了详细汇报，圣祖得到奏报后在奏折上朱批，指示孙文成再继续探听消息，让他打听这些海盗是从哪里来的，巡海的水兵采取了哪些行动，孙文成按照圣祖的要求详细打听海盗的消息，及时奏报，直到整件事情结束。浙江地面上所发生的一切事情无论大小，孙文成都会一五一十地向圣祖如实汇报，尤其像陈五显起事这样的民变和起事更是三织造监视和关注的对象。

康熙四十八年，圣祖第一次将皇太子胤礽废黜，但于次年又复立太子。这事之后，全国各地议论纷纷，圣祖首先想到可能是江南的舆论引导整个国家的舆论方向，为此他特地告诉李煦：近来听说南方一带有很多流言蜚语，这些流言往往是无中生有，以假作真，江南士人往往不论大事小事都会评头论足一番。我没有别的可以相信的人来帮我打听这些言论，唯有依靠你们这些心腹大臣。你们如果有什么听闻，不论何事，都可以将所听所闻亲写于奏折尽快呈上来，但千万不可让别人知道，若别人知道了，就是自找祸端①。

---

① 故宫博物院明清档案部编：《李煦奏折》。

接到朱批后的李煦经过秘密查访,得知已解职回籍的原户部尚书王鸿绪为代表的一批汉人官员向外私自议论皇储之事,李煦立即将他打听到的全部消息向圣祖做了汇报:王鸿绪解职回家后并没有闲着,而是每月都派家人进京,至其兄都察院左都御史王九龄处打探宫中的消息。王鸿绪对外称,虽然现在东宫太子得以暂时复位,但皇帝还在犹豫之中。此外,李煦还将两个官员的招摇撞骗之举向圣祖做了汇报。一个是徽州人程兆麟,曾做过道员。此人经常往来于苏州、扬州间,招摇撞骗,蛊惑人心,散布流言。另外一人是江苏人范溥,原来是山东东平州知州,因丁忧回籍,他经常对别人宣称自己在京师有很硬的关系,认识很多人,也经常散布一些没有根据的谣言。圣祖根据李煦的汇报进行了调查,最后对相关人员进行了惩处,稳定了民心。

这一年,大学士熊赐履退休回家,虽然熊赐履深受皇帝倚重,圣祖也曾一再说熊赐履居官清正,学问好,即便如此,圣祖对这些致仕老臣仍不放心,仍然让曹寅刺探熊赐履平时的一举一动。曹寅如实汇报了熊赐履的情况:熊赐履平时不出远门,同城的官员前去拜见,他也都闭门不见。有的时候会和江宁一两个秀才及鸡鸣寺的和尚在一起赏赏花,作作诗,并有小桃园杂咏24首,已经刊刻,并将刊刻之书呈上,因平时与他不交往,其他的就不知道了。不久,熊赐履在江宁病故,曹寅向皇帝汇报此事,圣祖却还要曹寅打听熊赐履病逝之前用什么药?临终前说了些什么话?他的儿子如何?等等类似的问题。曹寅打听后,将圣祖所关心的事情一一具奏①。

康熙五十五年(1716),苏州府崇明总兵胡骏平日克扣士兵军饷,其属下兵丁归朝宰等人联合起来向提督杜呈泗控告,总兵胡骏知道后非常气愤,便借机责打其中的参与者。当时兵营辕门外正在演戏,看戏的士兵得知后都

---

① 故宫博物院明清档案部编:《李煦奏折》;故宫博物院明清档案部编:《关于江宁织造曹家档案史料》。

不服气，当时就喧闹起来，将兵营辕门的照墙捣毁。为了避免哗变，总督赫寿、巡抚吴存礼、提督杜呈泗各派人立即前往崇明安抚，才得以平息。然而督抚们在审理此案时却偏向总兵胡骏，把此事给隐瞒了下来，并没有向上汇报。李煦将此事调查清楚后，据实向圣祖做了汇报。

从康熙二十九年开始直至康熙朝结束，江南三织造作为圣祖的亲信和耳目，常驻在江南最繁华的江宁、苏州、杭州三地，除了服务于皇族的日常需求外，还承担着皇帝所赋予的更为重要的情报工作。因此，在例行公务之外，及时了解江南士人的动向、社会舆论、官员表现等成了他们的日常工作。这种耳目的角色在圣祖团结江南各派政治力量，拉拢江南士人，保证江南官场的廉洁，维护社会稳定等方面做出了重要贡献。

开矿禁矿两难定

清入关以来,对矿产等资源一直施行封禁的政策,禁止民间开采。这一禁矿政策到康熙三藩之乱时有了变动,清政府为了平乱,需要大量的铜来铸造大炮,加铸铜币以供军饷,凡此种种,直接导致了对铜需求急剧上升。然而,国内每年铜的产量基本是恒定的,如果没有战争,铜的供需勉强能够平衡。但战争一开,就打破了这种暂时的平衡,现有的铜量无法满足战争的需求,为此清政府想了很多办法以求摆脱这一困境,但都是一些拆东墙补西墙式的应急之法,无法从源头上解决这种供需矛盾,所以铜的严重匮乏一直是当时清政府需要面对的一个难题。很快,增加铜的供应,从"开源"的角度来解决铜缺乏的问题开始纳入统治者的考虑范围。

在平三藩的过程中,户部等衙门向圣祖呈递了《钱法十二条》并得到批准。其中有一条是:各省可以允许本省百姓开采铜铅,按照一定比例分成。此外,还规定根据所缴纳矿产的多少给予官员奖励。这一办法解决了铜、铅等矿产匮乏的难题,在一定程度上为平三藩取得胜利提供了保证。但这一措施也只是战争时期暂时性的办法,不能作为国家的长期政策。

三藩之乱后，平定云南有功的蔡毓荣被任命为云贵总督。为了治理乱后云南，他向圣祖呈递了《筹滇十疏》，其中就有一疏专门论述了鼓励百姓开采矿产。

蔡毓荣指出：开采云南丰富的铜矿，一方面可改变云南省赋税紧缺、军饷无着落的情况，更重要的是增加了政府税收，扩大了当地的就业，有利于稳定当地的社会秩序，同时也满足了清政府铸币用铜的需求。此外，蔡毓荣还进一步提出，因为官府资本有限，莫如放开采矿限制，让民间资本可以投资采矿，这样不但税收不会少，还省去了很多不必要的麻烦。

经圣祖批准，鼓励开矿政策在云南大范围地实行起来，云南的矿业也很快繁荣起来。

蔡毓荣大力推动矿业发展，不但对已经登记在册的老矿厂继续维护，还对遍布云南省全境36处已经荒废或被官府封禁的矿场进行了清理摸底，其中有铜矿12处，铅矿10处、银矿10处、金矿2处，积极利用民间资本，准备予以恢复。此外，为了使该计划落到实处，还专门制定了对道、府、州、县各级官员的奖励办法，凡是能够招商开矿，矿场每年缴税1万两，予以优先升迁；开矿商民缴税3000~5000两，可以根据情况授予功名顶戴。在蔡毓荣的推动下，云南的矿业发展非常快，大大地促进了云南经济的发展，促进了三藩之乱后社会秩序的迅速恢复。

云南鼓励开矿的政策得到圣祖批准，无疑对其他省份具有很大的刺激和影响，其他各地都在纷纷效仿放开矿禁政策，允许商民出资开矿。针对这一既成事实，下自州县衙门官员上至统治者大多睁一只眼闭一只眼，并没有予以反对，他们心知肚明全国都在这样做，其实就差颁布一个全国性的书面命令。

很快这一层窗户纸就被捅破了，康熙二十三年（1684）九月，户部侍郎陈廷敬向圣祖奏报由于铜的供应量越来越少，铜币越来越贵，影响国家稳定，为此请求在全国允许百姓开矿，特别是铜、铅等物。圣祖根据众大臣的讨论同意了陈廷敬的意见，批准在全国允许百姓采矿，"听民自便""任民采取"，同时也要求官府加强对矿场的保护和管理。至此，放开矿禁正式成为了一个国家性政策。

矿禁的放开促进了矿业的发展，稳定了银钱价比，保障了民生；另外，还增加了政府税收，促进了社会经济的繁荣。

但任何事物有利就有弊，随着矿业的发展，矿工人数的急剧增加，社会稳定问题越来越突出。大量的罪犯躲到矿场做矿工以逃避惩罚，大批矿民聚在一起也频频发生暴力事件，因而反对开矿的声音也开始增多，正因为如此，清政府开始考虑调整开矿政策。

安徽境内的开矿最先引起了统治者的关注。由于安徽开矿破坏风水、农田而引起的争讼频发，经常聚众影响社会秩序的稳定，反对的人越来越多，甚至有人向圣祖奏报以开矿已损害大清风水为由要求禁止开矿。越来越多由开矿引起的社会问题让圣祖也开始担心起来，加上朝廷中此起彼伏的反对声音，促使圣祖的态度向禁矿转变。

康熙四十三年（1704），广东海阳县商人何锡在海阳县仲况山投资开矿，矿场很大，招收的矿工也非常多。不久陕西道监察御史景日昣向圣祖上奏，指出：商人何锡奉文开采，却公然号召不肖之徒明来暗去，聚散不定，党羽不下十余万，大有聚众谋事之势，因此请求禁止开矿。圣祖接到景日昣的奏报后立即下令关闭何锡的矿场，将何锡捉拿下狱，不久何锡就死在狱中①。

此事让圣祖重新考虑调整开矿的政策，加上许多官员也开始提出禁矿，其中圣祖所信赖的李光地就是反对开矿官员中的一位。不久，皇帝指出开采

---

① 李唐：（民国）《丰顺县志》卷2，国家图书馆藏。

山场弊端很多，毫无益处，于是，向全国颁布谕旨：开矿之事对于地方各省毫无益处，嗣后任何开矿的申请都不允许批准。虽然，这道命令是禁止再开新矿，并不是要禁止现行的矿场，但在之后清政府从上到下都空前一致地有意曲解圣祖的谕令，逐步向禁矿转变。

康熙四十四年，云贵总督贝和诺在圣祖的默许下改原来"任民自便"为官府控制，从而导致了矿场的纷纷倒闭。当时商民兴办的规模最大的矿场在广东，也被清政府永久关闭了。

在之后的几年里，各地有大量的矿场由于政策的转变而倒闭，或者被政府强行关闭。公开的开矿受阻，民间盗矿却越来越多。虽然政府一再严禁开矿，但原来以开矿为生的矿工无以为生，不得不冒险违抗政府禁令前往深山僻谷偷挖矿物。这种情况在南方比较普遍，南方许多省份矿山被封禁之后，由于矿物潜在的巨大利润而使开矿之人不甘心就此罢手，仍在暗地里集聚矿徒盗挖获利。

康熙五十二年（1713）五月初三日，四川提督康泰向圣祖奏报四川一碗水地方聚集万余人开矿，虽然官兵前去驱逐，但每次都是前逐后聚，官兵无可奈何。圣祖指出，这种情况并不仅仅只有四川存在，在浙江、广东、湖广、云南、贵州等省，私自开矿的人比比皆是，并将此事交与大学士、九卿共同商讨。

五月初五日，九卿、大学士经过讨论后做出决议：云南的开矿是为了维护清政府的铸币需求，是特许的省份；湖广、山西的矿场是由皇商承办；除此之外，其他各省没有开采的矿山仍严禁开采，各地贫苦百姓可以允许在本地开矿，以便谋生；严禁民人到外省开矿，而富民无论是在本地还是外省都被禁止开矿。

这一讨论结果经批准后对外颁布。这一政策又缩小了范围，趋向严苛，但允许贫民为了生计而开矿。

在这一严苛的开矿政策规定下，清政府关闭了许多矿场，如：云南路南州开太厂与羊脚迹厂两处铜矿、广西弥勒州红万铜矿、湖南省的铅矿，河南、四川等省的矿产也基本被关闭。

与上述严厉的禁矿态度相比，圣祖对平民百姓为了谋生去开矿的态度却非常宽容。虽然贫民开矿也带来了不少社会问题，但并没有因此而再下令禁止，而是让地方官府加强监督和管理。到了后期，很多商人、富民也加入百姓开矿的热潮中。所以，从整个过程来看，圣祖在其晚年并没有完全禁止开矿，而是在严苛的限矿政策中留有余地。

三次争论治河

圣祖勤政不息，河工则为其平生施政的三件大事之一。康熙年间，除了黄河之外就属黄淮运交汇之清口一带最难治理，自从圣祖任命靳辅为河道总督后，河工治理得到了较大的改善，但问题仍没有得到根本解决，这让圣祖始终无法释怀。为了进一步掌握河工全局，康熙二十三年（1684）秋，圣祖进行了第一次南巡，视察河工。

在南巡途中，路过高邮、宝应等州县时，运河以东的下河一带百姓田庐被淹，生活无着落，凄惨之状让身处其地的圣祖感同身受，遂下决心一定要将河工治好。随后，圣祖亲自勘察了这一带地形，走访了当地耆老，最后了解到下河一带之所以经常被淹，民不聊生，原因在于下游入海水路淤塞，水无法入海，只能流向地势较低的下河州县。基于这样的认识，圣祖决意要将入海水路深挖疏通，然而这项工作并没有交给河道总督靳辅，而是交给了安徽按察使于成龙来负责。一个是专管河工的河道总督，一个是临危受命的钦差；一个坚持"束水攻沙"的治理方案，一个却是负责疏浚海口。两人在治理方案上出现争执，互不相让。于成龙是圣祖钦定负责疏通入海水道的大臣，因此他坚持疏浚海口为主；而河道总督靳辅则认为疏浚海口的方案不妥，必须将入海河道的两岸大堤加高，从清口一带的车逻镇筑起，一直到高邮，然后从高邮东至海。两人意见不统一，工程无法开工。

康熙二十四年（1685）十一月二十一日，圣祖就两人所坚持的方案交与众大臣讨论，然而讨论的结果却是两种方案都可行。见此情况，圣祖心中也没有十分把握，为了慎重起见，他决定让最有发言权的下河籍在京官员发表看法，让他们各抒己见。时任起居注官的宝应人乔莱召集在京11位下河籍官员，联名向圣祖上呈《束水注海四不可议》来反对靳辅的治理方案。他们提出的理由有：建大堤，会毁村落，掘坟墓，有违伦理。筑起大堤，大河成了悬河，一旦有大风大雨，大堤溃决，则下河一带全部被淹。次日再次讨论时，乔莱又抓住了圣祖对下河百姓遭受水患所产生的同情心，进一步强调靳辅提出的办法是不可行的，是害民之举。面对两种方案，双方都有合理性，双方又激烈争论互不相让，圣祖还是无法做出最后的决断，因为他知道无论哪一种方案，如果稍有不慎，不仅治河款项会付之东流，甚至关系到国计民生的漕粮也会因河道不畅而无法运到京城。正在左右为难之时，大学士明珠建议，除了让群臣讨论外，最好还应该听听淮扬百姓的意见。圣祖对明珠的这一建议表示赞赏，立即派工部尚书萨穆哈、学士穆称额前往淮安、高邮等下河州县，就两种方案询问当地百姓的意见。

二十五年二月，两人从淮扬返京，立即向圣祖汇报了他们的调查结果：淮扬百姓都一致指出挑挖海口没有什么用处，挑挖下河的工程应该停止。听到此奏报的明珠当即附和：如果按照于成龙的方案，大约需要花费百余万两白银，如果将这百余万两白银花在没有什么用处的工程实在是浪费。在这种情况下，圣祖不得不放弃自己的方案，下令停止挑挖海口的工程，负责此事的于成龙也被擢升为直隶巡抚。正在圣祖心有不甘之际，升任礼部尚书的汤斌于闰四月到京就任，在陛见时圣祖向他问起淮扬百姓对挑挖海口的反应，汤斌告知淮扬百姓支持疏挖海口，这让圣祖最终下定决心开挖海口，于是拨发帑银20万两，令工部右侍郎孙在丰前往负责①。

二十五年十月十四日，负责挑挖海口的工部右侍郎孙在丰上奏，要求尽闭高家堰及上河各减水坝，以便施工。但如果按照孙在丰的要求就会出现问题：若开启减水坝，上河放水，下河无法挑浚施工；若闭塞减水坝，则高家堰及运河堤工会发生溃决，危及百姓生命和漕运安全。针对孙在丰的请求，靳辅则坚决反对，认为可以关闭高邮南北各坝，高家堰诸坝断不能堵闭。但如果上游高家堰诸坝不塞，下游高邮诸坝则无法关闭，挑挖海口也就无法进行。

在两人争执之时，礼部尚书汤斌指出：高家堰诸坝应该堵闭，只有如此，淮河之水才能够从清口畅出，使黄水不致有倒灌运河之患。高家堰既然已经加高加固了，不让淮水从清口畅流刷沙，反而开高堰诸坝，使下河七州县陷入洪水之中，实乃弃利取害的行为；靳辅所修筑的毛城铺等减水坝，其泄下之水全部汇入洪泽湖，然后通过高邮诸坝又全部流入运河，运河不能容时必然全部流入下河七州县，下河的情况实在是让人担忧。汤斌的上奏指出了靳辅自相矛盾的地方，如果不高筑高家堰大坝，则一遇大水，洪泽湖大堤必然溃决；筑高家堰减水坝后，下河地区却遭水患，且会有黄水倒灌危险。汤斌所提出的疑问一直是靳辅没有解决的难题，在讨论中也没有就汤斌的问题进行辩解和回应，而是重申了之前所提出的：若将黄河南岸诸坝堵闭，将会导致黄强淮弱，黄水就会倒灌清口，不但洪泽湖、运河都有淤垫和溃决的危险，最重要的是漕运就无法按时进行了。针对靳辅的辩解，圣祖斥责：如果将高家堰减水坝堵闭，则淮水自然不会弱，黄水怎么能倒灌清口？由于皇帝要完成他提出的疏挖入海水道的方案，必须要将上游诸坝堵闭，靳辅别无

---

① 《康熙起居注》，康熙二十五年二月初一日乙酉；靳治豫：《靳文襄公（辅）奏疏》卷1。

他法，只能听从安排。次年正月，圣祖下令：堵闭高邮州一带高家堰及黄河南岸各处闸坝，以使孙在丰能够进行下河工程施工。

之后，靳辅虽然要服从圣祖的安排，但他还是在下河治理过程中不断地表达其反对疏浚海口的方案。康熙二十六年，圣祖因靳辅在不断地改变下河治理方案，特派遣户部尚书佛伦和侍郎熊一潇南下淮扬一带勘察。十二月，佛伦勘工回报：应该批准靳辅所提出的修筑高家堰大堤方案。而于成龙则再次明确表示反对，他指出：下河宜挑不宜停，重堤宜停不宜筑，两人又起争论。

十二月二十二日，江南道监察御史郭琇上奏，参劾靳辅治河无功，浪费钱粮，千方百计阻扰开浚下河，而且还抢夺民田，假称屯田。由于圣祖对靳辅反对自己的方案早已心存不满，加上郭琇的参劾，圣祖便公然斥责靳辅的治理方案：靳辅的方案如果真的有用，为什么不早提出来？

康熙二十七年二月，山东道监察御史陆祖修等人也上奏弹劾靳辅，说他人虽然在京外，却暗地里与九卿互通声息。漕运总督慕天颜、右侍郎孙在丰也上奏参劾靳辅在下河一带名为屯田，实则扰累百姓，且阻扰疏浚下河。

圣祖将两人的方案再次交给大臣们讨论。廷议时，尚书科尔坤支持佛伦、靳辅的意见，而尚书张玉书、左都御史徐乾学则指出靳辅在下河屯田累民，意指反对靳辅的方案，除此之外其他大臣明白其中的利害关系，则缄默不语。接着，郭琇再次上奏，将矛头指向靳辅的"后台"——大学士明珠，并在参劾中指出：靳辅与明珠、余国柱等人相互交结，每年的河工工程银两大部分都被他们瓜分，所用的河工官员也是他们的亲信，且极力庇护。郭琇的这一弹劾不再仅仅只针对治河的分歧问题，而是指出靳辅与明珠等人已结成圣祖最为痛恨的朋党。靳辅并没有坐以待毙，他也不甘示弱，上奏辩称，并参劾于成龙、慕天颜、孙在丰等人也结成朋党，阴谋陷害，阻扰河工。

圣祖当即命令，让双方来京对质。在双方对质中，两人仍各执己见，并大批对方的方案。靳辅指出开挖海口会导致海水倒灌,于成龙则认为修筑大堤,高家堰就会两面受水,更加容易溃堤。然而靳辅精于河工,这一点却是于成龙不能相比的,这在圣祖的质询中清清楚楚地表现出来。凡是问到河务问题,靳辅总能对答如流,而于成龙却总是推诿躲避。圣祖问于成龙崔维雅治河的方案是否可以?于成龙却说不太了解。圣祖又问如何将上河之水放入下河,于成龙却说靳辅自有诡计放水,他实在不知。两人在河工上表现虽然让圣祖看到了谁才是最有发言权,但他并没有因此而重用靳辅。对于于成龙在河工问题上的拙劣表现,圣祖不但没有怪罪,反而替他辩解。但圣祖明白,河工需要具备很强的专业技术,如果像于成龙一样不具备这方面的技能是无法胜任的。最后,圣祖下旨罢了靳辅的官,河道总督一职由闽浙总督王新命接任;慕天颜也遭罢官,于成龙因无专才,圣祖不再让他负责河工,而是让他在直隶巡抚任上全心全意地治理地方。至此,围绕下河治理的三次争论宣告结束。

六 严饬吏治 重视民生

八次修治永定河

圣祖曾把河工作为其施政的三件大事之一，倾力不辍，对永定河的治理就是他奋力治水的典型代表。

永定河因经常泛滥成灾，在历史上曾被称为"小黄河"或"无定河"，明清时也被称为浑河。此河发源于山西北部，先后汇边外诸河，经内蒙古后穿宛平、良乡、固安、永清等县，至天津入海河归海，全长1200余里。由于永定河上游颇高，水势陡峭，而到中下游后河流却很平缓。上游支流众多，且流经黄土高原，因此永定河水含有大量的泥沙。每当汛期来临，众多支流全部汇注永定河，大水横冲，使黄土高原的泥沙建瓴而下，出怀来县后，原来陡峭的山地变成平原，河流变缓，水缓沙停，以致河道淤塞，河床越淤越高，导致河水不能畅流。每当汛期时，从石景山至卢沟桥一带，水势散漫，对京师的安全造成了直接的威胁。为此，在平定三藩之乱后，便开始关注河工之事，尤其对京师有直接危险的浑河更是首先需要解决的问题。

康熙三十一年（1692）二月，浑河两岸大堤因年久失修，被大水冲决多处，且河道本身也在渐渐北移。大堤冲决，周边的永清、霸州、固安、文安等县均遭大水,民生维艰。见此情形,圣祖特命直隶巡抚郭世隆对浑河河道详细勘察,并对将要治理的工程做一预算,然后由国家出资准备着手治理。经郭世隆的仔细调查,得到了有关浑河的具体实情:固安、永清两县之北是浑河的故道,原有旧堤长72里,如今虽然浑河已经北移了,但米各庄以北堤坝一旦决口,固安、永清两县所属田地总是遭水,因此此堤不可不修。但此处地势北高南低,若旧堤一修,北来之水就无归路,堤北居民仍受其患。而永清县东北原来有旧河一道,长54里,因年久淤塞,急应疏浚,使其顺流归淀河。而固安西北及沙垡等处已成为浑河正流,绵亘40余里,河两边都是沙砾之地,即使筑成大堤,也难免冲溃,因此需要经常疏浚。圣祖对郭世隆的提案表示赞同,这样做不但疏通了河道,暂时解决了河患,还在青黄不接之时让百姓做工,可以养家糊口。圣祖随即下令,让地方官召集民夫135 980人,从户部国库中拿出银两,从四月十二日开工,至五月初五日结束,历时二十多天,对浑河旧堤进行了整修,这是第一次治理永定河。

康熙三十七年二三月间,浑河从新城九花台大堤决口,大水泛滥。圣祖亲查灾区,目力所到之处田亩被淹,百姓流离失所,无以为食,仅依靠水藻为生,生计十分艰难,见此惨状,圣祖颇为动容,一面令官员对灾民进行救济,一面责令直隶巡抚于成龙立即前往浑河一带详细勘察,该如何治理一定要拿出方案。直隶巡抚于成龙得旨后,立即会同西洋传教士安多等人对从霸州到郎城一带的旧河道进行了详细丈量和勘察,经过调查指出:从永清、固安至张协原来有旧堤一道,大约有70里长,问题就出在这里,此处亟待整修挑浚,并绘制河图呈览。圣祖详看了于成龙的奏报和河图之后决定,要尽快对浑河进行挑挖和筑堤,并令于成龙负责浑河的治理。

四月,浑河的治理工程开始,对河道的挑挖从良乡的老君堂旧河口开始,经固安县北、永清县东南朱家庄、安澜城河一直到西沽,共计长145里。浑河南岸需修筑的大堤从旧河口开始,至永清县郭家务止,全长82里。同时还要在南岸从高店村堤坡下至坝上堆积沙堤35里,与所修之大堤共计长117余里;浑河北岸需筑大堤从良乡张庙场开始,至永清县卢家庄止,长102里。北岸从卢沟桥南石堤下至垡村南止,需堆接沙堤22里,两者全长129里余,同时还要在旧河口建竹络坝,使浑河之水向东汇流。浑河的这项挑筑工程非常浩大,疏导河道,挑挖出来的泥土堆积的地方共占用了霸州、永清、宛平、良乡、高阳、献县、固安等七州县民田139顷62亩,工程花费白银3万两,于当年七月二十一日竣工,圣祖亲自将浑河改名为"永定河",以示永无水患之意。

此次治理后,为了确保河水安澜,圣祖加强了对河道的监察和防护,在永定河两岸设置了专门管理永定河的官员。除了直隶总督兼任管理永定河的北河总督外,在永定河两岸设立南北分司,总管两岸所有事宜,除此之外南北两岸还各设八汛,并从部院笔帖式和效力河工人员中挑选36人,每日稽查河道,监察河情;设南北把总4人,带领河兵分段防护,在两岸配设河兵2000人,以备随时抢修。

永定河经过第二次大修后,河道情形有了较大的改观。但第二年夏天,华北却下起了百年未遇的大雨,昼夜不停,山水突发,两岸大堤薄弱之处由于大雨的冲刷多处坍塌,大量农田被淹,不少百姓受灾严重。这一紧急情况很快呈到皇帝案前,圣祖为此坐立不安,并于康熙三十八年(1699)十月初十日带领众大臣亲自前往永定河坍塌之处查看,所见皆让他深受震动,虽然永定河刚刚修筑,但河道容易被泥沙淤垫,河淤则河身抬高,如此河水便容易泛滥成灾,沿河百姓常常遭受水灾。圣祖指出:治理永定河,必须除去河道中淤积的泥沙,河身疏通深了,河水自然顺流东注入海。

十月十二日,圣祖亲巡至永清县郭家务村,在村南永定河大堤上,命人用测量仪器立于永定河冰面上,测出河身淤垫已高出七八尺之多。圣祖指出,此处既已淤高如此之多,下游一带,特别是出口,肯定还要严重,若不及时疏挖，日积日高，必定会造成更大的水灾。回宫后的圣祖决定在永定河南岸另开一条河，以永定河的南岸为新河的北岸，新河在郭家务处开河口，经霸州、柳岔口入辛章淀，经天津入海。同时还要对新河两岸的大堤进行修筑，南岸从郭家务大堤开始至柳岔口止；北岸从卢家庄开始至柳岔口以东止，工程于康熙三十九年春正式开工。在施工过程中，圣祖还亲往查看。

二月初九日，圣祖带领一些大臣、侍卫等乘小船开始前往郎城、柳岔口等处查看，船在途中因河道淤浅而无法前行，圣祖改乘小舟，仅率几个人前往。在狼城，圣祖发现此处河道已经全被泥沙填满，当即指示相关人员尽快挑挖疏导。在郭家务新开的河口处，圣祖命人测量河身状况，结果是新开河道要比旧河道低近7尺，旧河道的水自然要从新河道走，郭家务以下河道无水流入，于是急命河道总督王新命动工挑挖。

为了确保永定河施工，圣祖特别让工部派一名司官负责催督江南、浙江、江西、湖广等地协助永定河所用的桩木，同时这些桩木在运输途中都赋予了优先通行权，即使是漕粮也得让道。而对所修建的大堤工程质量更是重视，他告诫管理的官员敦拜，大堤修建务须坚固，且河南岸要用大桩木签钉排桩，郭家务以上河道南岸旧堤单薄之处也需钉下排桩，并亲自查看葛家坞一带永定河南岸桩木的情况，发现所筑大堤下所钉桩木很浅，且桩木短小，桩后夯垒的苇秸松动，圣祖震怒，当即斥责河道总督王新命等人，指出他们施工迟缓拖延，即便是桩木尺寸也不能按要求施工，此处离京师不过一天的路程，如此近的距离，王新命等人竟然欺君。再如此办理，必将对相关人员处以极刑。同时命令李光地监理永定河工程，对永定河工程及相关物料要严密稽查，同时也要监察工程所用钱粮。

为了加快施工进度，圣祖还命令八旗及其包衣，每佐领选派护军各两人，骁骑各两人，以及步军共1000人由直郡王胤禔率领，参与永定河工程施工。在圣祖的一直督促和监督下，永定河工程于康熙四十年（1701）六月竣工。永定新河南岸自郭家务至柳岔口，挑挖新河及筑起大堤70余里；北岸自卢家庄西何麻子营至柳岔口以东70余里。此次工程历时一年半之久，用银52 000余两。工程竣工后，永定河自三圣口到柳岔口新修两岸大堤，每岸设立笔帖式两人，分段管理。

不久，在永定河又设立了同知，统领河兵，负责雇佣夫役维护大堤。除了这些河道专官外，圣祖还责令地方官员要尽心防护，时加修葺，还要求相关官员即时奏报永定河河水的情况，特别在汛期时，规定两三天奏报一次河水情况。经过这次治理，永定河中下游两岸有了较为坚固的防护大堤，大大减少了水灾的次数，保护了百姓的生命财产安全。

永定河经过头三次治理后，每当汛期，河水横冲的状况大为改观，两岸百姓所受之水灾也大为减少。此后，对永定河还进行了4次修治，但规模明显要小得多，可以说是对前期治理的修补。最后5次的治理分别是：

康熙四十九年，加培衙门口村真武庙二段石堤、纪家庄至庞村土堤，以及建真武庙、回龙庙前挑水坝7座，共用银13 400两。康熙五十五年，加修两岸沙堤大堤，共长36 770丈，用银25 000余两。

康熙五十六年，加培永定河郭家务以上河段两岸沙堤大堤，用银25 000余两。康熙五十九年，卢沟桥修建石堤，建挑水坝7座，用银13 780余两。

康熙六十年，永定河两岸修理沙堤大堤以及石工背后土堤，用银47 460两。

康熙一朝，对永定河进行成规模的治理达7次之多，此外还有无数次的小修小补，这些努力共同维护了永定河多年的安澜，确保了两岸百姓生命财产的安全。

七

剪除异心 维护统治

SHUDU QINGSHI
KAICHUANG SHENGSHI

兵变两月被平息

三藩之乱中,清政府为了平定叛乱的需要不得不临时扩充军队数量,于是大批的绿营兵被招募从军。战争结束后,清政府需要裁撤这些临时增加的绿旗兵丁,以节约兵饷,减轻国家的财政压力,于是康熙二十年(1681),一场全国性的裁军拉开序幕。

二十年二月二十一日,圣祖向全国发布命令,要求从三藩之乱以来所增加的绿营官兵都必须裁撤。不久,他又补充所发布的命令,要求各地将军队编制外所有增加的绿旗兵在两年内必须全部裁完。在圣祖的一再催促和监督下,各地的裁兵工作比较平稳地进行着。但随着时间的推移,剩下未裁的兵丁数量越来越少,朝廷也越来越不关注,最后导致夏逢龙率领数千裁汰之兵在武昌起事。

湖广地区是三藩之乱的前线,三藩之乱后湖广两省遵行朝廷旨意开始裁兵。从二十三年开始,先后裁兵3000人。之后,由于总督蔡毓荣犯罪,湖广巡抚张汧因贪污被革职,而继任总督徐国相与巡抚同驻一城,却充耳不闻,不向朝廷汇报,在圣祖看来这明显是在包庇张汧,十分愤怒的圣祖立即指出,这样的总督留着有什么用,形同虚设,下旨将湖广总督一职裁掉不设。

此时,湖广不仅没有了总督,且因巡抚张汧之案牵涉甚广,布政使、按察使及知府等皆被罢免官职,只有颇能清廉自持的粮储道叶映榴没有被罢黜。在继任巡抚还未到任的情况下,一时整个省最大的官就是叶映榴,全省之权都归叶映榴掌握。由于官员的缺位,湖北裁兵的善后工作被迫停顿下来。这些身经百战幸存下来的士兵既无田产,也无积蓄,只能依靠军饷生活,因此裁撤的兵丁需要做好善后工作,否则很容易出现乱子,而这些工作岂能是一个粮储道所能完成的。

由于善后工作的中断,2000名被裁撤的兵丁顿时衣食无着,流离失所。而且,湖广官员经常克扣士兵的军饷,这些被裁撤的士兵在无计可施的情况下,为生活所迫,不得不去索要被克扣的军饷,但屡次被拒。最后,走投无路的士兵们忍无可忍,他们歃血为盟,推举平日素得人心的总督标兵材官夏逢龙为盟主,准备起事。

康熙二十七年(1688)五月十二日,被罢黜总督一职的徐国相乘船离开省城回京城,此时在其任时被裁撤的百余名士兵围住他的船索要军饷,见此情景,徐国相并没有立即设法解决,而是命令手下立即解开缆绳,撑船离开,数百名被裁撤的兵丁一下子被徐国相的行动激怒,顿时大哗。当时,署理按察使黄州知府苏良嗣、署驿盐道武昌同知朱璘、署武昌府通判张芑、巡抚标兵游击马骏声等人将这一情况立即报告给署理巡抚柯永昇,柯永昇立即派守备胡定海带兵前去惩办带头闹事之人。

粮储道叶映榴知道此事若处理不好,后果将不堪设想,便向署理巡抚柯永昇建议:第一,不必派兵前去,可以好好安抚,否则将更会激怒被裁撤的兵丁;其次,这些被裁撤的兵丁生活困苦,应该给予两个月的军粮,然后打发他们各归各业。在叶映榴的建议下,柯永昇派遣督标守备胡定海前去责问,结果众兵士一致告发中军副将傅尔学克扣军饷达5000两、米1000石。督标守备胡定海将此事向署理巡抚柯永昇做了汇报，后经柯永昇等人商议，命令中军副将傅尔学拿出一半、其他各官凑足剩下的一半，然后分发给士兵，同时将按照士兵们自己的意愿分别安置他们回家务农或继续当兵，众兵士听到这样的消息和答复后欢呼而散。

没过几天，士兵们又聚集在巡抚衙门前，要求设立武昌总兵，让他们重归行伍。武昌府同知朱璘则向柯永昇建议：将其中夏逢龙等50个领头者选为督标亲军，并赏以重金，其他人则拆散分归各部，按照这个方法处理，事件逐渐平静下来。但中军副将傅尔学、靳起功，千总胡耀乾等人却阴谋陷害夏逢龙等人，在这种情况下，夏逢龙等人决定起事。

五月二十二日黎明，夏逢龙率数百人至巡抚衙门前，情形非常激动，叶映榴劝阻署巡抚柯永昇切勿用强，一定要好言相劝，等人群散后再做处置。署理巡抚柯永昇见到如此之多出言不逊的裁兵，十分气愤，根本听不进叶映榴的建议，便以恶语相激，说，如此之多的裁兵聚集在巡抚衙门口，难道想谋反吗？裁兵们听到巡抚如此一说，群情激奋，喊道：反了又如何？裁兵们顿时哗变，露出刀刃围攻巡抚衙门，并在辕门将襄阳总兵许盛射伤。裁兵们冲入巡抚衙署，夺走了巡抚大印。署巡抚柯永昇见状翻墙逃走，后在围追中被迫跳井身亡。

夏逢龙自立为总统兵马大元帅，僧人大元为军师，在阅马厂官衙门面南背北而坐，宣告起事，旗纛设为白色，参加起义者都剪去了头发作为标识。次日，夏逢龙下令关闭全城城门，分兵驻守各街巷，将钱款中的金银横扫一空，打开监狱大门释放囚犯。同时，强迫城内自叶映榴以下诸官员必须接受夏逢龙授予的官职。叶映榴佯装答应，提出如果夏逢龙不劫掠百姓，打开城门让百姓自由出入，则可以接受他给的官职。夏逢龙答应了他的要求，打开城门让百姓出城。

二十六日，叶映榴写好遗疏，将遗疏和官印一并交给家人，嘱咐家人立即出城上呈朝廷，自己则自刎而亡。武昌府同知朱璘、通判张苊不但不顺从还破口大骂，被绑缚在烈日中暴晒，从早晨一直到日落。张苊与督标守备胡定海密谋让守备李国俊假装投降作为内应，然后对夏逢龙的军队来一个里应外合的打击，结果没有成功。

夏逢龙起事后，不但将原来裁撤掉的数千兵士全部招了回来，还招募江湖人士；打开监狱，释放囚犯，从狱囚中招募了一批不良分子，此外还放任兵丁四处劫掠，很快便占领全城。夏逢龙率兵先后攻克咸宁、嘉鱼、蒲圻、汉阳等县，队伍越来越大，人数已达数万。此时，夏逢龙任命的总兵胡耀乾和军师大元固守省城，部将赵得率领舟师沿长江进攻黄州，而夏逢龙自己则率兵渡过汉阳后进攻德安，接连攻克黄陂、孝感、云梦后包围了应城，准备在拿下应城后长驱荆州、襄阳，以图控制长江上游的重镇。而此时的应城县守兵只有数十人，知县齐国政率领城中百姓昼夜守护在城墙上，抵御夏逢龙军达九天九夜。后荆州将军噶尔汉率领驻防八旗赶到，与夏逢龙军数战皆大捷。一天晚上，夏逢龙准备派兵偷袭，派出了敢死队半夜用梯子攀登城墙，假装答应入伙做官实则为内应的李国俊害怕应城县城内不知道这个情况，于是在夏逢龙敢死队刚攀爬到一半时突然鸣钲大喊，城中守军惊起登城，急忙抗敌。守军箭石纷纷落下，夏逢龙派出的敢死队被迫撤退，城内官兵乘机出城追击，大败夏逢龙，解了应城之围，夏逢龙败退武昌。

夏逢龙和赵得率部离开武昌后，李国俊秘密联络武昌守备胡定海，让他做内应，但密信却误送到夏逢龙的总兵胡耀乾手里。事发后，胡耀乾立即带兵捉拿，李国俊发觉后也迅速向东逃跑。胡耀乾则紧追不放，最后双方大战于樊湖，李国俊战死。夏逢龙部将赵得率领舟师沿长江而下，战船蔽江，进攻黄州。当时炮声远播数十里，终日不绝。黄州副将阮述设法守城抗敌，而其部下守卒却树白旗以示归顺，阮述无法，只好弃城逃至蕲水。而此时的蕲水也不太平，蕲州营以丁原为首的一些士兵也蠢蠢欲动，开始焚掠，策划兵变。赵得占领黄州府后，只取富户资财，绝不任意杀戮，因此从近城至巴河之间数十里范围内的百姓都纷纷响应。

武昌兵变的消息很快传到京城，朝野震动。六月十日，圣祖立即任命都统瓦岱为振武将军，率领从江宁调集的满汉官兵火速前往湖广平叛。同时，湖广提督徐治都从上游率领常德舟师出洞庭湖，急抵至距离武昌60里的金口待命。六月十四日，徐治都率领大军大战夏军于应城，阵斩夏逢龙副将2人、守备2人、把总1人及众多兵士。夏逢龙率部万余人自武昌出，再围应城。徐治都分兵两路，内外夹攻，夏逢龙不敌，败退德安。之后，夏逢龙军又与徐治都争夺金口达旬余。之后，清军纷纷收复被夏军占领的州县。七月十日，南阳总兵史孔华在蔡店打败夏逢龙军，收复汉阳。

七月十五日，夏逢龙率兵万余，乘沙船四十余只至鲤鱼潦，与提督徐治都军大战。傍晚时分，突然下起了大雨，夏逢龙军的火枪都被雨淋湿了，无法使用。此时，提督徐治都命人在上风放火，并以精锐轻舟上前搏杀，夏军损失惨重，阵亡及溺水死亡者达四千余人。最后，夏逢龙带领残兵退回武昌，而此时他任命的武昌总兵已将军师大元斩杀，并献城投降了清廷。夏逢龙至武昌城，见城门紧闭不开，顿觉察到有异样，遂不敢再强求入城，便带领残部逃往黄冈一带。

二十日，振武将军瓦岱率部向黄州追剿，夏军总兵赵得率部出城投降。原署武昌府知府通判张苎也与守备李馥延、知县乔文锦等斩杀武昌县夏逢龙守将投清。原来被夏军占领的州县纷纷被清军收复，夏逢龙已无路可走，被迫流亡在黄冈一带，饥寒交迫，只能在农村、寺庙中讨要一些食物充饥。书生易惟圣发现了流亡中的夏逢龙，立即报告清军将其擒住，后与其委任的总兵胡耀乾一同被处死。

七月二十八日，大军进入汉阳，至此被叛军占领的所有州县全部被收复，历时两个月的武昌兵变被平息。

"朱三太子案"再起

清初"朱三太子"案一直纷纷扰扰，对清统治者来说一直以来是一个难以祛除的心病，对明朝忠臣来说却是一块反清复明的极好招牌。因此，无论在朝廷还是乡野，"朱三太子"都是一个敏感而忌讳的话题，清政府一直欲除之而后快。

明崇祯帝共生七子，其中第二、六、七子早殇，只剩下长子朱慈烺、三子朱慈烔、四子朱慈炤、五子朱慈焕。明亡后，朱慈烺、朱慈烔、朱慈炤、朱慈焕四人流落民间，其中朱慈烺、朱慈烔、朱慈炤三人被清廷杀害，唯有朱慈焕颠沛流离，到处躲藏。朱慈焕因与四哥朱慈炤同岁，而朱慈焕在崇祯活下来的儿子中排行第三，所以被人们习惯称为"朱三太子"。

当年，李自成农民军被清军在山海关打败撤出京城的时候，朱慈焕被一个姓毛的农民军将领带往河南，过起隐居的生活。清朝政权入主北京后，开始对李自成的农民军展开了全面的围追堵截。姓毛的将军因为害怕，最后丢下朱慈焕逃走了，不知所踪。当时只有13岁的朱慈焕被迫四处流浪，不久他来到了明皇室的祖籍地凤阳，当地一位姓王的老乡绅曾在京中做过谏官，得知他是明皇室后裔，冒险收留了他，并让他改姓王，在王老先生家与其子一起读书，就这样朱慈焕躲过了清政府的最初追杀。

五六年后，王老乡绅去世，朱慈焕因为种种原因只得离开。后实在无法过活，清军又在四处追捕明朝后裔，朱慈焕被迫学习他的老祖宗朱元璋，找到一座寺庙出家做和尚，以求安身立命。就这样平平安安地过了几年，长大后的和尚朱慈焕四处云游。有一天，他云游到浙江一座寺庙，在庙中遇到了一位胡姓余姚人，其人也曾在前明做过官，两人攀谈起来。通过交谈，胡姓余姚人很赞赏朱慈焕的才学和见识，便邀请朱慈焕回家，让他还了俗，还把女儿嫁给了他。于是，朱慈焕又改姓王名士元，入赘胡家，和尚朱慈焕便变成了胡家女婿王士元，在余姚长期隐居下来。

此时的朱慈焕已经历过种种坎坷，也厌烦了颠沛流离的生活，所谓的国仇家恨、反清复明对他来说无疑是镜中花、水中月，他只想做一个普通人，平平安安地度过一生。然而即便隐姓埋名也难保不露出蛛丝马迹，不久家人知道了朱慈焕的真实身份。朱慈焕开始担心时间长了也难保自己的身份不暴露，所以带着家人或独自一人经常改换姓名在江浙、山东一带教书为生。饶阳县知县李方远就是在山东一位路姓乡绅的宴会上认识了朱慈焕，当时朱慈焕是路姓乡绅的家庭教师，后两人以诗文交友，熟悉起来。

康熙四十六年十一月，江苏太仓州北门外永乐庵张念一（一念和尚）率领众人头裹红巾起事，打出"反清复明"旗帜，以拥立"朱三太子"为口号。同时，张念一等人在浙江宁波、绍兴、台州三府交界之处四明大岚山以大明为旗号聚众起事，也宣布拥立朱三太子①。不久，浙江巡抚王然很快擒获大岚山起事首领张念一、张念二等人。经过审讯，张念一供出他所知道的朱三太子及其家室的具体情况。巡抚王然立即将张念一的供述一字不漏地

---

① 《李煦奏折》。

向圣祖上奏，接到奏报的圣祖顿觉此事比天大，因为对圣祖来说，"朱三太子"到底是谁并不可怕，可怕的是时时有人利用"朱三太子"这面大旗的影响力来动摇清朝的根基，"朱三太子"不除，都会让圣祖犹如芒刺在背。于是，立即派侍郎穆丹火速前往浙江亲自审理，并命王然按张念一的供称捉拿朱三太子一家人。朱慈焕听到有人打着他的旗号起事后，惶惶不可终日。加上江浙一带官府加紧缉查朱三太子，同年十一月，整天担惊受怕的朱慈焕不得不再次远走他乡，希望能避过危险。

在逃亡中，朱慈焕想起了多年前在山东做家庭教师时结识的饶阳县知县李方远，当年两人以诗文相交，交情还算可以。且李氏又是官员，到山东躲一躲，或许在李氏的庇护下能够安然躲过一劫。

康熙四十五年冬天，朱慈焕带着两个儿子来到了山东，找到了当时已解任在家的李方远。当然，朱慈焕不会说来山东是为了避难这一真正原因，而是借口说江南连年水灾，粮食比黄金还要贵，在江南实在生活不下去了，所以来到山东投靠他，请他帮忙推荐一下，找一家需要家庭教师的人家教书糊口。李方远当时表示，现在已经是年末了，次年的家庭教师都已经定好了。不过，我有几个孙儿，都是一些没有开蒙的孩子，不知道先生能不能屈尊来教教他们。朱慈焕当即答应留在李方远家，教李氏的几个孙儿，就这样，朱慈焕在山东李方远家平平安安地度过了两年。不久，朱慈焕所期盼的平静生活便告结束。

康熙四十七年四月初三日，李方远正与朱慈焕在书房下棋，突然地方军政大吏率领士兵衙役冲入李家，将李方远和朱慈焕紧紧拿住，当时李方远还一头雾水，不知是何缘故。李方远和朱慈焕被星夜兼程解送省城，四月初六日到了省城后立即被带到了巡抚衙门大堂。除了正堂坐着巡抚赵世显，左右分别坐着布政使和按察使外，没有其他人。巡抚赵世显对李方远说，你既然做过知县，应该明理遵法，为何还要窝藏朱三太子，图谋不轨？李方远顿觉诧异，他告诉巡抚自己解任后只知道在家读书，外面一切事都是不管不问，所以不知道朱三太子是谁，也从不敢做违法之事。巡抚又问李方远，你家的教书先生是何人？李方远将他所知道的回禀，其他的一概不知。最后，巡抚命人将李方远家的教书先生带上堂问话。时年已七十多岁的朱慈焕在堂上将自己的身世及这么多年来所经历的坎坷，怎样躲避的情况一五一十地全部说了出来。至此，李方远才明白朝廷一直在缉拿的朱三太子原来一直都在自己身边，想到这不觉惊了一身冷汗。不久，巡抚赵世显将捉拿朱三太子之事向圣祖做了汇报，同时将朱慈焕与李方远等人送到浙江，与被捉住的起事首领张念一当堂对质。

山东巡抚赵世显为了确保万无一失，派出东兖道、抚标副将、都司、守备、千总、把总等以及马兵、步兵数百人，一路押解朱慈焕等人南下，而且路上每隔一段路还有上千的官兵接应，旗帜招展，队伍众多，前呼后拥，真是如临大敌一般。十四日到了淮安，将在此处换舟前往浙江。当时戒备非常森严。押解船周围都是振海将军布置的战船和清兵，人船都比陆地上多好几倍。二十二日达到杭州。

到杭州后很快便在贡院开始对朱慈焕等人的审讯。参与审讯的共6人，以圣祖派来的钦差侍郎穆丹为主，其他陪审5人分别是杭州将军、两江总督、闽浙总督、江苏巡抚、浙江巡抚。主审官首先问朱慈焕江南两处叛乱都以你为旗号恢复明朝，你可知罪？朱慈焕回答道："我今年已经75岁，年老体衰，须发皆白，哪还有力气造反啊？再说，我不在三藩作乱时造反，却在如今太平盛世造反，于情理不通。如果谋反，必要占据城池，积蓄粮草，招买军马，打造盔甲，我曾做过其中的一桩吗？我只是因为灾荒生活艰难才来到山东教书度日，这里距京师那么近，有怎么会有造反之事呢？"听完朱慈焕的申辩后，主审官命人将张念一带上来对质。经辨认，张念一并不认识朱慈焕。据张念一交代，他们只是假借朱三太子的名号来鼓动百姓而已，其实并不知道谁是朱三太子，以前所供也全部都是听别人所说。之后，开始质问李方远，朱慈焕在你家那么长时间难道一点都不知情？李方远将认识朱慈焕的过程全部如实交代，保证绝不知情。最后，将太仓起事的头领押上堂来辨认，结果也是不认识朱慈焕为谁。经过一段时间的审讯后，具体实情也非常清楚。朱慈焕并没有参与江南两处的叛乱，这两起叛乱只不过假借朱三太子之名来煽动百姓。

侍郎穆丹等人将审案实情一一向圣祖做了汇报。不久，圣祖传下谕旨，朱慈焕虽无谋反之事，难免无谋反之心，应处以极刑，以断除叛乱之源。至于李方远，虽说不知情，但在他家待了好几年，且在他家擒住，难保不知情，因此以知情不报罪判决李方远流放三千里，发往宁古塔。圣祖特别叮嘱穆丹，立即将朱慈焕押送到京城正法，途中一定要多加兵丁防护。七月十一日，大岚山起事被俘之人被处决。次日，朱慈焕被押解入京（不久，经过内阁大学士再次复审，得出的结论为：崇祯第四子已于崇祯十四年去世，遵从圣祖的旨意传唤明代老太监前来辨认，都称不认识，此人是假冒的。即使被九卿大学士认定为假冒的，朱慈焕父子也被判凌迟处死，后圣祖将凌迟之刑改为斩立决）。

牵连数百人的"南山案"文字狱

康熙五十年（1711），发生了一起大的文字狱冤案，即中国历史上著名的戴名世《南山集》案。此案使大批汉族读书人受到株连，汉族知识分子又一次受到压制和打击。

戴名世（1653—1713），字田有，一字褐夫，号药身，又号忧庵，安徽桐城人，因家居桐城南山，后世称之为"南山先生"。戴名世幼时家境贫寒，但聪慧刻苦，好学上进，6岁便学习诗书，11岁熟背《四书》《五经》，被乡里长辈公认为出类拔萃，将来定能出人头地。他刻苦求学，很快便成为一个远近闻名的饱学之士。20岁开始授徒，挣钱养家糊口，28岁成为秀才，并入县学，34岁被选拔为拔贡生入京师国子监，并被任命为正蓝旗监生教习。

戴名世早年就立下了宏大的志向，想仿照《史记》写出一部有价值的流芳百世的著作，达到"成一家之言"的目标。当时由于明史资料散逸颇多，有些又失于记载，因此尚无人能秉笔直书一部《明史》。为此，他游学各地，访问古老，考证野史，历尽心血，搜求明史资料，试图能弥补无人写

《明史》的缺憾。他在收集明史资料的过程中，看到了其同乡方孝标撰写的《滇黔纪闻》一书，书中详细记载了方孝标在云南的所见所闻。戴名世觉得此书非常有价值，可以弥补一些明史资料的缺失。

几年后，戴名世有一个名叫余湛先的弟子结交了一位名叫犁支的僧人。这位僧人告诉余湛先他原是桂王朱由榔的宦官，因桂王被害，便削发为僧，法名犁支。在谈话中，讲了很多南明的逸事。戴名世得知此事，火速赶赴余湛先家，但僧人已离去，戴名世便让余湛先将谈话内容详细完整地记录下来，然后与方孝标的《滇黔纪闻》相对照，发现二者可以互为佐证。为此，他还专门写了封信《与余生书》，高度赞扬了僧人犁支所述的南明史实，并对当时的敏感问题表达了看法。他指出，南宋最后快灭亡时只占据了几个海岛，存续时间非常短暂，但元朝在修《宋史》时，仍然予以详细记载，纪元仍以南宋为准。这种情况与明末状况差不多，明朝中央政权覆灭后，弘光称帝南京，隆武称帝闽越，永历称帝两广云贵，统治范围不下数千里，前后也延续十七八年，而其事迹却没有记载，且有被人遗忘的趋势，所以他要把僧人犁支找来，记录下南明的史料以备后用。此外，戴名世还写信给一位倪姓弟子，阐述了自己关于史学体例的看法。他认为应该把康熙元年作为清朝的开始，在这之前顺治虽统治十八年，但南明各政权还存在，因此顺治朝还不算天下的正统。后来，他的学生尤云鹗将戴名世所作文章百余篇刊刻出来，并以戴名世所居南山命名为《南山集偶钞》，其中也收录了《与余生书》和《与弟子倪生书》。

康熙四十八年（1709），57岁的戴名世高中会试第一名，在殿试中名列一甲第二名榜眼，并授予翰林院编修之职，参与编修《明史》。这使得戴名世踌躇满志，更加立志要写出一部流芳百世的明史著作。然而，厄运很快便降落在他头上。

康熙五十年十月，有清官之誉的都察院左都御史赵申乔上疏参劾戴名世，说他私刻文集，恃才放荡，颠倒是非，言语悖乱。弹劾上达后，圣祖严令刑部立即彻查此事。而刚刚入翰林院没多久的戴名世随即被投入大牢，等待着他的将是严厉的惩罚。经过刑部审讯后，戴名世交代了《南山集偶钞》的相关情况。此书为十年前戴名世的弟子尤云鹗所刊印，受方孝标的《滇黔纪闻》启发而作。文集内《与余生书》一文中的方学士即方孝标，其《滇黔纪闻》内载永历年号。方孝标曾做过内弘文院侍读学士，因此家乡皆称之为方学士。但碰巧的是在吴三桂军中也有一个名叫方光琛的安徽人，吴三桂之乱被平定后，方光琛及其儿孙被处死，其中有一个名叫方学诗的儿子逃脱。而圣祖将《滇黔纪闻》的作者方孝标误认为是方光琛逃脱之子方学诗。在圣祖看来，戴名世作为翰林院编修，竟敢使用反叛分子著作中的史料、年号、称谓等，实属大逆不道，必须严惩。

根据圣祖的旨意，刑部详细检查了戴名世的《南山集》，从中得出了戴名世的五大罪状：第一，以南明各朝如弘光、隆武、永历为正统，记录有关南明人物的传记。第二，尊称故明亡君，如写崇祯帝朱由检时称为"上"；写唐王朱聿键时称为"皇帝"；写桂王朱由榔称永历帝。第三，赞颂对明王朝尽忠和殉难的士大夫，并在诸传记中有明显的体现。第四，主张南明三朝在历史书写上应该有其地位，不应该一笔抹杀。第五，揭露清廷杀害明崇祯帝儿子的隐事，毫不避讳。而且随着刑部对戴名世的追查，还牵涉到他之前所写的《孑遗录》一书，书中记述了桐城遭兵乱始末，其中直接用弘光年号是其大忌。此外，为戴名世文集作序的当时名士汪灏、方苞、王源等人，以及出资为其刊刻和相互讨论的方正玉、尤云鹗、余湛先共一百多人，连同方孝标一族，全部捉拿进京审问。

经过近三个月的严审，刑部于康熙五十一年正月做出判决：戴名世大逆不道，判其受凌迟之刑，已故方孝标所作《滇黔纪闻》更是不奉清廷为正统，应对其尸骸挫骨扬灰。戴名世、方孝标五服内男子16岁以上者俱押至京城处决，其族内女子以及15岁以下男子俱给功臣家为奴，同族中有职衔的一律革职。为戴名世作序的汪灏、方苞、王源等人处斩，其他相关人员及其妻子流放宁古塔。审判结果上奏后，圣祖对此提出了一些意见。刑部遵照圣祖旨意，反复审查。

康熙五十二年二月，圣祖做出最后判决：刑部拟定将戴名世凌迟处死，加恩宽免其凌迟之刑，改为处斩；方孝标之子从宽免死，与他们的妻子充军黑龙江；其他受株连的三百余人员俱加恩宽免治罪，全部入旗为奴。二月初十，戴名世被斩首，时年61岁。戴名世被处斩后，其友人杨千木为其收殓，后其弟戴辅世自京师扶棺回故乡，归葬于老家桐城所居南山砚庄之南。至此，轰动一时、株连数百人的南山集案宣告结束。

百艘海船梦破碎

康熙朝中期社会稳定、人口增长以及国内经济的发展极大地刺激了丝织品、棉织品、茶叶、瓷器等中国传统商品的生产及销售，特别是康熙四十六年（1707）放开海禁之后，取消了不许民间私造双桅以及多桅海船的规定，使西方急需的这些中国传统产品有了更有利的条件和机会运销国外市场。而靠近"三吴"之地的上海便成为当时对外贸易的一重要口岸，苏杭一带深受西方人喜爱的丝织品、茶叶等商品源源不断地运到上海，并由上海运往西方国家，由此催生了盛极一时的海上贸易及其相关行业，航运业就是其中最典型的代表。

海外贸易离不开造船业和运输业，对外贸易越发展，造船业和商船运输业也就越发展。随着康熙中期国内经济的发展和对外贸易的扩大，上海及东南一带涌现出一大批实力雄厚、家资巨万的富商大贾，他们贸易于东西两洋，来往于南北各省，成为当时经济发展的一大亮点。其中，上海县大船商张元隆就是其中的一位佼佼者。

张元隆，又名张羽可、张御科，上海县人，家拥巨资，是江浙沿海一带有名的大海商。除了进行国内贸易外，他还在上海进行口岸贸易，将各种商品销售给外国人。此外，他还建造了几十艘大船，把商品运到国内外进行销售。起初，张元隆只有很少的几艘沙船，只能开展国内贸易，最远也只能将布匹、瓷器等物品在海关缴纳关税后运到辽东半岛销售。随着贸易越做越大，资本积累越来越多，特别是清政府放宽了对海外贸易的限制，张元隆大造出洋大船，开始往来于南洋一带贸易。

经过几年的积累，沙船增至22艘，且每艘船只造价都在白银七八千两，但他不满足于此，并下决心要使他的船队超过洋人成为最大，甚至立意要用百家姓来冠名他的船只，要使他的船只命名把百家姓用完。他的第一艘出洋大船命名为"赵元友"，第二艘船被命名为"钱两仪"，后面的船依次被称为"孙三益""李四美""周五华"……依次用百家姓和数字排下去[1]。

张元隆之所以能积累起如此雄厚的资金，其船队在东南沿海一带畅行无阻，其中的原因就是他打通了官场从上到下的关节，以官为后台，官商联合，其中最重要的当属两江总督噶礼对他的庇护。张元隆经商多年，他心里清楚如果想做大贸易，必须有官员的支持和庇护，而且必须是大官，否则遇到了难题无法摆平。在上海经商，这一带最大的官当属两江总督。两江总督在全国地方官员中地位也是非常高的，非皇帝的亲信不能担任此职。于是张元隆决定通过一切手段与噶礼建立起密切的关系。首先让其弟张令涛成了噶礼的女婿，这样张元隆与噶礼之间就有了姻亲关系，然后他再以这层关系为幌子通过其弟张令涛大肆贿赂噶礼，据说向噶礼行贿的东西足足装了十多艘船。除此之外，其他方方面面的官员，张元隆也想方设法拉拢，常常用西洋物品来贿赂官员。因此，张元隆的贸易活动长期得到了官府的格外保护[2]。

---

[1] 曹炳麟纂修：(民国)《崇明县志》卷4。
[2] 张伯行：《正谊堂文集》卷2。

海禁松弛之前，清政府为了避免海上出现反清势力和海盗，严格禁止粮食出海。开海禁后，对粮食的管理还很严格，但相对于之前政策环境宽松了不少。由于粮食贸易的利润非常大，商人们都想从粮食贸易中分一杯羹。但如果没有很强硬的后台，出口粮食到海外绝对是在用自己的身家性命做赌注。张元隆看到了出口粮食的巨大利润，而对他来说是没有任何的限制和困难，因为他有两江总督噶礼这样的后台。于是，张元隆开始从国内大肆购买粮食，准备运往南洋售卖。他先派人到苏州采购大量的稻米，然后噶礼动用水师战船将张元隆所购之米从苏州运到宁波，这样就逃避了各个关卡的盘查，到了宁波后将粮食从战舰转移到张元隆的商船上，然后再由战舰护送离开沿海水师稽查的范围。在噶礼的庇护下，张元隆的粮食出口贸易一直非常顺利，获利非常丰厚。作为回报，张元隆也以各种名义给噶礼送去了不计其数的贿赂。

很快，张元隆的好运到头了。康熙四十九年六七月间，一直很顺利的张元隆出洋商船突然连续遭到海盗郑尽心等人的劫夺，从来没有吃过如此大亏的张元隆立即将此事报了官，有关海盗的案件很快到了江苏巡抚张伯行的案头。巡抚张伯开始着手调查张元隆商船被劫一案，在调查的过程中张伯行发现张元隆商船上的水手雇员很多都是假名冒籍，而且是出洋私卖经年不归。

不久，海盗郑尽心被捕。随着调查的深入，对张元隆不利的线索越来越多。张伯行发现张元隆贿赂噶礼，私用战船运米出洋售卖的情况，并将此事向圣祖做了奏报。为了将此事调查清楚，康熙五十年，张伯行开始着手全面严究张元隆一案。先因照票不符拿获了张元隆下属余元亨等人，这些人供出他们的照票都是张元隆一手操办。得知这一线索后，张伯行命令上海知县和常州府通判立即捉拿张元隆到案。不久，上海县知县和常州府通判回称张元隆已于去年（即康熙四十九年）十二月二十四日病死。张伯行遂将张元隆商船的水手和商行的雇员全部提解当堂审问，试图查清案情。

正在张伯行调查之际，上海民人向官府告状，状告张元隆之弟、噶礼之婿张令涛强占民房，并与海盗勾结，现在藏匿于布政使牟钦元署中。张伯行当即行令牟钦元立即交出张令涛，并多次告知牟钦元，但牟钦元始终否认藏匿张令涛。两人之间僵持了五六个月，忍无可忍的张伯行强行收缴了牟钦元的印信，并派巡抚标下官兵将布政使衙门团团围住，让两名道员进入衙署中进行了详细的搜查，结果并未找到藏匿的张令涛①。

不久，江南科场案发生，总督噶礼与巡抚张伯行之间的矛盾开始尖锐，甚至发展为两人相互参劾。其中就有巡抚张伯行参劾噶礼接受张元隆贿赂，派战船帮张元隆运米出洋。而噶礼则弹劾张伯行草菅人命，对无辜的12名船主严刑拷打，最终因扛不住酷刑而相继毙命。由于江南科场案、督抚互参案以及张元隆一案相互牵连，错综复杂，圣祖曾几次派出钦差大臣前往江南审理。但在审理过程中，很多证据对张伯行极为不利。首要涉案人张元隆已死，可以说是死无对证了；其次张伯行控告布政使牟钦元窝藏张元隆之弟张令涛，结果也查无实据；再次，勾结海盗之事查无实据。正由于这些不利因素，使得张伯行在此案中处于不利位置，钦差赫寿与噶礼等人上奏张伯行污蔑官员，草菅人命，应处死。

为了慎重起见，圣祖又派张鹏翮和副都御史阿锡鼐重新调查此案，得到的结果仍然如前，张鹏翮等奏报张元隆、张令涛都是遵纪守法的商人，请求夺去张伯行的官职。张伯行一再解释自己是做了一个巡抚应该做的事，是为了大清江山。之所以没有拿到证据，是由于一些官员的庇护。皇帝见张伯行所奏报的"张元隆一案"确实查无实据，张伯行只好"自认诬参"。最后，圣祖不得不将张伯行罢官，调他来京师在南书房行走，署仓场侍郎。而被张伯行强行拿走印信的牟钦元也官复原职了。至此，围绕"张元隆"运米出洋勾结海盗一案结束。

---

① 张伯行：《正谊堂续集》卷2。

两次废黜皇太子

皇太子胤礽系圣祖的第二个儿子,是圣祖与其第一位皇后赫舍里氏所生。康熙十三年(1674),赫舍里氏因难产去世,时年仅22岁。帝后感情非常好,圣祖对赫舍里氏的去世非常痛惜,因而将自己的一片深情全部融入赫舍里氏所生嫡子胤礽身上。赫舍里氏去世刚一年,圣祖便做出了一个惊人的决定,要将赫舍里氏所生的刚刚满周岁的儿子胤礽立为皇太子,并于同年年底派遣官员祭告天地、太庙、社稷,同时举行册立仪式。此后,圣祖在年少的皇太子身上投入了很多精力来培养他,从生活起居到读书写字,事事都要亲自过问。甚至,圣祖为了巩固太子的地位,维护其权威,不惜对藐视皇太子的满汉大臣进行打击,这样做的目的无非是要将胤礽培养成一个合格的可以托付江山的接班人。然而,随着皇太子年龄增长开始接触政务,由此导致朝廷大臣们或明或暗排班站队,圣祖与其子胤礽之间开始产生矛盾,并随着时间的推移不断激化、加深,甚至最后到了无法相容的地步。

康熙二十九年(1690),两者之间的矛盾开始公开化。这年九月,圣祖在部署乌兰布通之战过程中由于操劳过度突然病倒,于是急忙传召在京城监国的皇太子胤礽前来侍疾。然而，听到其父病倒消息的胤礽却没有表现出焦急之情，来到病榻见圣祖后也毫无忧戚之意，甚至还谈笑如常。这让圣祖十分不满和恼怒，当即让胤礽回京。此后，圣祖开始注意皇太子的言行以及众大臣们的反应。

经过这一事件后，胤礽并没有收敛，反而是愈发不端和暴戾，任意凌虐诸王、贝勒、王公大臣，殴打平郡王讷尔泰、贝勒海善、公普奇等，怂恿下属敲诈勒索地方官员，任意截留进贡的各种贡品，甚至兄弟之间反目成仇，毫不顾及手足之情。在朝廷中，皇太子还暗暗开始积蓄自己的力量，特别是以索额图为首的一批官员聚集在太子周围，大有与皇帝分庭抗礼之势。虽然，圣祖一再旁敲侧击地警告，甚至有时还进行一些打压，但太子始终没有多少改进。

康熙四十一年，圣祖南巡到德州，皇太子胤礽得病，在德州滞留很多天，病情仍不见好转，圣祖被迫中断南巡行程回京，同时特召索额图至德州侍太子疾。索额图是皇太子生母孝诚仁皇后的叔父，与太子的关系非同一般。索额图在德州照顾太子的一个多月里，两人忘乎所以，肆意妄为，索额图依仗自己是太子的叔外祖父，竟骑马直至太子住所中门，太子视为常事，两人还经常论及皇帝与宫廷之事，被人告发，虽然之前也有人举报索额图有不轨行为，但圣祖每次都忍下来了。但索额图在德州一个多月里的种种行为，圣祖认为他已经公然帮助太子夺位，不能再容忍。不久，圣祖下令将索额图拘禁在宗人府大牢，并说他是康熙朝第一罪人，没过多久索额图就死在狱中。

康熙四十七年五月十一日，圣祖巡幸塞外，皇太子、皇长子、皇十三子、皇十四子、皇十五子、皇十六子、皇十七子、皇十八子随行。在巡幸的途中，皇十八子胤祄患病，经过随行太医百般治疗仍不见好转，而且还日益恶化，圣祖心中甚是焦虑。随驾众大臣十分忧心。然皇太子对其父身体状况以及其皇弟之病竟无动于衷，毫无忧心之色。圣祖对胤礽的表现十分愤怒，斥责他对兄弟毫无友爱之意。听到圣祖的斥责后，太子不但没有自省反而是勃然大怒，与其父皇相抗。这种嚣张跋扈的性格还表现在随巡途中对稍不顺其意的诸王、贝勒、众大臣等动辄殴打，受到斥责之后的太子并没有收敛行迹，反而开始监视其皇父的言行。在之后的巡幸途中，每到夜晚，太子胤礽都要悄悄地靠近圣祖行宫帐篷，从裂缝向里窥视，这使得圣祖昼夜紧张，不得安宁，甚至有被暗害的担心。于是，积蓄了近二十年的矛盾终于爆发了。

康熙四十七年九月初四日，圣祖在北巡返回京城的途中颁布旨意，当众宣布皇太子胤礽的罪状，并将其拘禁。同时，下旨搜捕太子党成员，将其中罪行严重者就地正法，其他人员全部流放盛京①。

九月十六日，圣祖回京后，对前来迎驾的文武百官宣布了太子胤礽"不法祖德，不遵祖训，惟肆恶虐众，暴戾淫乱"，若让这种不仁不孝之人来做皇帝，国家必将被败坏，百姓也必将被屠戮，大清的天下绝不能交到这样的人手里。

十八日，圣祖亲自撰文，派大臣将此事祭告天地、太庙、社稷。

二十四日，正式颁布诏书，昭告天下，废黜太子胤礽，将其拘禁在咸安宫。这即是第一次废黜太子。

胤礽被废后，精神开始失常。常常是忽起忽坐，言行失常。每顿吃七八碗饭都不知道饱，喝酒二三十杯都不见醉。白天大睡，晚上清醒。遇到阴雨雷电的天气，总是惊惧而不知所措，好像是得了疯狂之病。这让圣祖非常难过。不过，最让圣祖无法容忍的是，胤礽被废后，太子之位空缺，其他众皇子蠢蠢欲动，暗中互相钩心斗角，觊觎太子之位。甚至，为了能够壮大自己

---

① 《清圣祖实录》卷234。

的力量，打击对方的势力，不顾兄弟之情互相争斗。其中，皇长子胤禔、皇八子胤禩是争夺太子之位的热门人选。太子被废后不久，皇三子胤祉向圣祖揭发，皇长子利用巫蛊之术镇魇胤礽，并当场搜出镇魇物十余件，至此，胤禔陷害胤礽，阴谋夺取太子之位的用心曝光于众人之前。

皇长子、皇太子先后失势，皇八子胤禩则乘机发展自己的势力，笼络众多党羽，巩固在朝中的地位，利用一切有利条件为争夺太子之位做准备。然圣祖早已发现胤禩野心勃勃，并对胤禩的结党营私和沽名钓誉的行为十分憎恶，特别是相面人张明德说胤禩"丰神清逸，仁谊敦厚，福寿绵延"，有贵相！这更让皇帝不能容忍，于是以交结党羽、谋害胤礽等罪名将胤禩锁拿审理，并革去贝勒爵位。对皇长子、皇八子的惩罚并没有阻止宫中众皇子争夺太子之位的步伐，朝中大臣也深陷其中，直接影响到国家的稳定和皇权的权威，圣祖已经认识到这一问题的严重性，只有将太子空缺之位补上，才能断除众皇子们的邪念。经过仔细而慎重地考虑，最终决定复立废太子胤礽。

康熙四十七年十一月十五日，颁布谕旨，为废太子胤礽平反。圣祖召见文武大臣，亲自宣布之前皇太子因为被别人用巫蛊陷害，以至于迷失本性。现在经过治疗，已经痊愈。

康熙四十八年三月初九日，正式宣布复立皇太子胤礽，并派遣大臣祭告天地、太庙、社稷。

在刚刚被复立的一段时间内，皇太子胤礽处事低调，行动谨慎。然而，江山易改，禀性难移。复立后的太子不久又恢复其原来不可一世、骄纵暴戾的性格，还时常表现出对皇帝之位迫不及待的期望，并愤愤不平地说：从古至今，放眼天下，哪有做了四十多年的太子而不即位的[①]？除此之外，最让圣祖忌惮的是太子又开始援结朋党，在太子周围再一次形成了一股很强的政

---

① 吴晗：《朝鲜李朝实录中的中国史料》。

治势力，直接威胁到皇权。其中很多都是关键衙门的大员，如步兵统领托合齐、兵部尚书耿额、刑部尚书齐世武、都统鄂善、副都统悟礼、大学士嵩祝等。

圣祖对太子重新集党之事已有觉察，并有意地加以打击和压制。康熙五十年，圣祖以步兵统领托合齐有病为由，将其解职，拘禁宗人府。圣祖把至关重要的京城军事大权从太子党人手中收回。此外，圣祖还在畅春园公开谴责了那些唯太子马首是瞻的官员们，并当场审问兵部尚书耿额、刑部尚书齐世武、都统鄂善。

次年四月，户部尚书沈天生串通户部员外郎伊尔赛等包揽湖滩河朔事案发，牵扯到耿额、齐世武和鄂善。圣祖正好以此为契机来打击太子党的势头，因此对这些犯案的太子党人往往是从重处罚。除了朝廷中朋党的出现之外，太子与诸皇子之间的矛盾随着太子的复立而重新激化，并逐步加深。由于胤礽已经被废过一次，因此其地位不再像从前那样牢固。许多人已看出太子虽然复立了，但最后结果仍难预料。被罢黜回京的王鸿绪更是一针见血地指出，太子虽然目前暂时复立了，但圣祖最后的决心还没有下，还在犹豫，所以最后太子是谁还是个未知数。终于，皇帝与太子之间的关系又一次紧张，矛盾达到了不可调和的境地。

康熙五十一年九月三十日，圣祖从塞外巡视回京当日，当着众皇子面宣布，皇太子胤礽自复立之后狂疾并未痊愈，已大失人心，祖宗的基业绝不能托付在这样的人手上，并将胤礽再次拘禁起来。

十月初一日，圣祖亲笔御书，向文武百官宣布再次废黜太子及其理由，并警告各大臣，从此之后绝不允许任何人再提立储之事。

十一月十六日，派大臣祭告天地、太庙、社稷，并将此事布告天下。第二次被废后的胤礽仍不甘心，仍然努力试图东山再起。康熙五十四年四月，准噶尔策妄阿拉布坦侵扰哈密，圣祖选派大将前往征讨。胤礽得知此事后，用矾水写信，通过太医贺孟频将信件交与正红旗满洲都统普奇，希望其能够向圣祖保举自己为征讨大将军，企图以出征恢复昔日的太子之位。事情很快被揭发，圣祖将传信的太医贺孟频处斩，将普奇拘禁，使得胤礽东山再起的愿望落空。自第二次废黜太子一直至病逝，圣祖再没有立太子之举。

康熙九子谋夺储

太子胤礽首次被废后,引起诸皇子对太子位的觊觎。当时12位成年皇子中参与夺储的除了已被废黜的胤礽外还有8人,分别是皇长子胤禔、皇三子胤祉、皇四子胤禛(即后来的雍正帝)、皇八子胤禩、皇九子胤禟、皇十子胤䄉、皇十三子胤祥、皇十四子胤禵,其中皇九子、皇十子、皇十四子与皇八子关系密切,帮助皇八子夺储,皇十三子则帮助皇四子。众皇子形成了几股势力,相互间明争暗斗,对太子位虎视眈眈。

最先站出来夺储也是最先被打倒的是皇长子胤禔。胤禔是惠妃纳喇氏所生,圣祖对他宠爱有加,在其成年后委以重任。三次亲征噶尔丹,胤禔随侍,并命他随抚远大将军福全指挥大军,领御前前锋营,参赞军机;还让他衔命前往华山祭祀,管理永定河工程。随着日渐被重用,又知其皇父与皇太子胤礽关系日渐疏远,胤禔决定夺取太子之位。他十分相信迷信巫术,花重金将喇嘛巴汉格隆请到府中,让其用"魇咒"巫术来镇魇胤礽,试图取而代之。

康熙四十七年(1708)九月,皇太子胤礽随驾塞外时被废,圣祖让胤禔负责监押回京，同时还让胤禔加意保护他，这些信号让胤禔不仅十分得意，认为夺储位的时机到了。利令智昏的胤禔竟然跑到皇父面前说：胤礽的举止行为卑污不堪，已大失人心。如要将胤礽处以极刑，不必由皇父亲自出手，由其代劳。听了胤禔这番话后圣祖十分诧异，圣祖不仅看到了此人的无情无义，置同胞手足于不顾，更重要的是暴露了他赤裸裸的夺储之心，开始提防胤禔的一举一动，同时派人暗中保护废太子胤礽，以防其被胤禔所害。同时为瓦解胤禔的势力，圣祖向诸子众大臣宣布：胤禔为人秉性躁急愚顽，这种人怎么能立为太子呢！回京后不久，皇三子胤祉向圣祖揭发，胤禔用蒙古喇嘛巴汉格隆行"魇咒"巫术镇魇皇太子胤礽，企图以巫术毒害皇太子，并当场搜出了镇魇物十余件。圣祖对此十分痛恨，斥责他为不谙君臣大义、不念父子至情，实为乱臣贼子，天理国法皆所不容。同时十一月，圣祖下令将胤禔罢官夺爵，幽禁在府中，严加看守。

康熙四十八年四月，圣祖巡幸塞外，启程之前指出：胤禔镇魇皇太子及诸皇子，不念父母兄弟，事无顾忌，万一祸发，朕在塞外，三日后才能知道消息，怎么能来得及处理？最后，又派遣八旗护军参领8人、护军校8人、护军80人在胤禔府中监视和看守。即便如此，圣祖还是不放心，后又加派了贝勒延寿，贝子苏努，公鄂飞，都统辛泰，护军统领图尔海、陈泰以及八旗章京17人轮番监视。至此，胤禔夺储彻底失败，完全退出了康熙朝的政治舞台，等待他的是26年漫长的囚禁岁月。

随着皇太子被废，皇长子被囚，皇八子胤禩逐渐成为储位的热门人选。胤禩从小聪慧，长大后又善于笼络人心，因此得到了许多大臣和皇亲国戚的称赞，甚至被认为是储位的不二人选，皇九子胤禟、皇十子胤䄉、皇十四子胤禵都站在胤禩一边。

九月二十八日，胤禩被任命为署内务府总管事，并奉旨查察原内务府总管、废太子胤礽奶娘之夫凌普家产。然而，胤禩在查抄凌普家产时却不按严格办理的旨意去做，而是私自施恩于凌普一家，以图博取虚名。圣祖非常气愤地指出：凌普贪婪巨富众皆知之，胤禩所查未尽，到处妄博虚名，让别人都来称赞他，如此欺罔，置皇帝于何地？然而，圣祖的痛斥并没有让胤禩收敛行迹，呼声颇高的胤禩反而觉得除了他之外没有人可以坐太子位，加大了夺储行动的力度。查办完凌普案后，胤禩甚至直接询问其父：他现在该怎么办？要不要装病卧床不起？以此来试探圣祖有无立他为太子的意图，当即遭到圣祖训斥。

次日，召众皇子至乾清宫，圣祖对众人道：胤礽被废后，胤禔曾经奏称胤禩好。而胤禩柔奸成性，妄蓄大志，这一点我早就知道了。在他周围集结了一批党羽，甚至打算派人谋害胤礽，如今事已败露，遂将胤禩锁拿，交议政处审理。支持和拥护胤禩的皇九子胤禟、皇十四子胤禵前去舍命力保才得以无恙。没过几天，相士张明德占卦一案查清，因张明德说胤禩日后贵不可言，甚至密谋谋害胤礽，圣祖以胤禩知情不报，革去贝勒爵位。即便如此，也不能阻止胤禩夺储的步伐，他甚至还在鼓动、暗示手下人加紧活动，好早登太子位。

十一月十四日，圣祖召集满汉文武大臣，面谕众人可从除皇长子胤禔外众阿哥中推举一人为皇太子，还特别提醒众人在推举时不许相互打听，也不许相互讨论。最后，领侍卫内大臣阿灵阿、内大臣鄂伦岱、侍郎揆叙、尚书王鸿绪等人私自讨论，暗通消息，相约在纸上书写八阿哥，然后交给太监转奏皇帝。圣祖发现诸王与满汉大臣中绝大部分属意胤禩，非常意外，如果立胤禩为皇太子，众大臣们会更加党附胤禩，势必出现另一个权力中心，这绝对是乾纲独断的圣祖所不能容忍的。于是，立即让太监梁九功向诸王和满汉大臣传旨：立皇太子之事关系重大，你们需尽心详议。八阿哥还比较年轻，最近又犯了罪，而且其出身低微，你们需要重新考虑。众臣一致推举的情形让圣祖心有忌惮，必须改变这种状况，于是次日召集满朝文武大臣，当众释放了废太子胤礽，并告诫他：如果改了以前的缺点，将会复立尔为太子；如果仍不改前愆，还要禁锢。同时，追查了众大臣一致推举胤禩为皇太子之事，惩罚了一批官员。不久，圣祖正式复胤礽太子位，同时为了缓和诸子之间的关系，恢复了胤禩的爵位，同时还晋封皇三子胤祉、皇四子胤禛、皇五子胤祺为亲王；皇七子胤祐、皇十子胤䄉为郡王；皇九子胤禟、皇十二子胤祹、皇十四子胤禵为贝子。然而事与愿违，诸子随着自己地位的提高，争夺储位有了更多的资本，使争夺储位的斗争更加激烈。

江山易改，禀性难移。复立后的胤礽并没有多大的改善，而且在皇权问题上父子之间的矛盾已不可调和，直接影响到政局。当然，除此之外，还有很多人从中作梗，胤禩党人揆叙、阿灵阿等人甚至合谋买通优童，让他们散布谣言，诬蔑胤礽。在内外综合因素推动下，康熙五十一年十月，圣祖再次废黜了胤礽。此时圣祖已进入老年，太子再废，胤禩又蠢蠢欲动，再次谋夺储位。为了关注圣祖的举动，胤禩时常派太监冯进朝等人在圣祖帷幄前偷听消息。康熙五十三年十一月，圣祖前往热河秋围，胤禩因祭奠生母而无法随驾北上，于是派太监带了两只死鹰前去向圣祖解释，这令圣祖极为愤怒，甚至一时心悸差点丧命，当即恶骂胤禩为贱妇所生，从小就心高阴险，并当着众皇子和文武大臣们的面宣布从此之后断绝与胤禩的父子关系，同时还让宗人府停发胤禩的一切用费。经过这一次事件后，胤禩在圣祖心中的地位一落千丈，后两人之间的关系虽有所缓和，但圣祖对其仍存疑心，至此胤禩夺储之路被彻底堵死。

皇十四子胤禵原是站在皇八子胤禩一边，后胤禩夺储无望，胤禵却日益受到重用。康熙四十七年，圣祖因夺储事件而锁拿胤禩，胤禵却冒着生命去求情，虽然当时气得圣祖要用佩刀杀死他。但之后却因祸得福，圣祖认为胤禵有情有义，将胤禩所辖上三旗佐领全部转赐于他。

康熙五十七年，策妄阿拉布坦乱藏，胤禵被任命为抚远大将军，总管西北各路大军。当时胤禵的爵位为贝子，但圣祖却特命准许他用正黄旗旗纛，有代表天子出征之意。出发前，圣祖亲自祭堂子送行。后来，圣祖甚至直呼其为大将军王。随着胤禵地位的提升，原来胤禩的党人在胤禩夺储无望的情况下转而支持圣眷正隆的皇十四子。皇九子胤禟等人也开始为他制造舆论，说胤禵才德双全，在众皇子中其他人皆不如他，将来必定大贵。胤禵也开始滋生了夺取储位之心，也像胤禩一样联络士人，笼络人心，他接见大学士李光地的门生程万策时，待其高坐，呼为先生；任抚远大将军后，数次派人到河北蠡县，延聘大儒李塨，种种礼贤下士的行为让其声誉在士人中颇高，以至于远在福建的戴铎写信告知皇四子胤禛：十四爷礼贤下士，颇有所图。在西北军中，胤禵请了临洮相面人张恺为其算命，张恺见机奉承，说他的命是玄武当权，贵不可言，将来必定会是九五之尊，等到39岁就会大富大贵。听了这番谄媚之词，胤禵十分高兴，更加确信自己即将实现帝王梦，不但赏赐张恺大批财物，还将其奉为上宾。胤禵在西北用兵，清除了策妄阿拉布坦的势力，稳定了西藏的局势，取得了很大成功。

康熙六十年（1721）五月，胤禵移师甘州，企图乘胜追击，直捣策妄阿拉布坦的老巢伊犁，但由于路途遥远，转运艰难，一直没有取得进展。十一月，胤禵被召回京师，最后圣祖决定放弃武力讨伐策妄阿拉布坦的计划，改行招抚。为此，胤禟指出皇父此举明明是不想十四阿哥取得成功，怕成功后难以安顿他。胤禟的这一番话虽然不一定全是事实，却透露出他对胤禵夺储之路的担忧。次年四月，胤禵又从京师回到了西北军前，远离了清朝的最高权力中心，也远离了他的夺储之路。

在储位争夺中，皇四子胤禛是最大的赢家。太子被废、胤禔被囚、胤禩被斥，都让胤禛学到了很多教训，他的行事原则与对手们相反。胤禛坚决站在圣祖这一边，对其父表现出特别孝顺，平时也拒绝与朝中大臣有过多的往来，避免朋党之嫌，对储位则表现得从不关心，他的这种"明修栈道，暗度陈仓"的办法让圣祖大为赞赏。

第一次废太子后，圣祖因劳神抑郁而病倒，胤禛率先向圣祖请求，自愿冒死外出择医，并亲自检视方药，悉心护理，极力表现出对父皇的孝顺、对君主的忠诚，病愈后的圣祖对他的评价非常高，说胤禛虽然小时候有点喜怒不定，但现在却能体察圣意，关爱之心殷勤恳切，真是诚心孝顺。胤禛明白圣祖对胤礽是既爱又恨，所以一方面表现出与圣祖一致的立场：胤礽是罪有应得；另一方面却又表现出兄弟间的手足之情。被囚禁后的太子极力向圣祖申辩绝无弑逆之事，众皇子不肯代为启奏，只有胤禛愿意代奏，为此圣祖称赞他性量过人，深知大义。当然，胤禛表面上的与世无争并没有影响其幕后的积极行动。虽然，圣祖在第一次废太子后为了避免众皇子结党，便颁下旨意规定：非本王门上之人，俱不许在别王子阿哥处行走。但这并不能影响胤禛扩大自己的势力。暗地里，胤禛结纳人才，笼络人心，扩张实力，收集信息，这一切是在绝对保密的情况下进行的。如胤禛让马尔齐哈帮他联系礼部侍郎，召其来相见。

康熙六十年，年羹尧进京，胤禛让年氏代其去请蔡珽，后蔡珽外任为四川巡抚，在热河行宫陛见，由年羹尧之子年熙引见，后又由蔡珽介绍让胤禛认识了左副都御史李绂。胤禛门下人戴铎前往福建赴任时，胤禛吩咐其给闽浙总督满保带去了厚重的礼物，以加深他们之间的感情。胤禛费尽心机，先后笼络了一些官员，如湖广提督魏经国、内阁中书博尔多、副都统常赉等人，并在其周围形成了以皇十三子胤祥、步军统领隆科多、门下人年羹尧为核心的小集团，为其帝王之路积极准备。当然，在这个小集团内，胤禛要求每个人向其绝对忠诚，绝对服从，即使如年羹尧这样的封疆大吏，在其向胤禛写信时只称官职而没有称奴才，胤禛对此非常恼怒，大骂年羹尧，最后让年羹尧将其在四川任所的家人送回京师，以示惩罚。

胤禛为了让圣祖看到他对储位并无野心，故意以一个富贵闲人的姿态出现,他经常与喇嘛谈佛论道,让圣祖对他放心。但其内心里却对储位有一种急切的渴望,康熙五十五年秋,其门下人戴铎去福建赴任,途经武夷山时遇见一道人,此人行踪神秘,与其交谈,言语也高深莫测。胤禛见到戴铎的信后立即要他与道人所谈的话一字不漏地写信告知。戴铎回信道:他以主子的前程在心中默念占卜一卦,道人说乃是一个"万"字。胤禛见信,非常高兴,告诉戴铎:与道人所说的话,不妨一句一句写出来。你遇到如此高人,真是好大的造化。虽然,圣祖早已禁止众皇子算命论相,但胤禛为了储位也顾不得这些了,这也正好说明了胤禛"外松内紧"的原则和"明修栈道,暗度陈仓"的策略,最终使他成为诸王夺储中的最大胜利者。

八 励精图治　开创盛世

SHUDU QINGSHI
KAICHUANG SHENGSHI

卷百 科学典籍修

圣祖不但善于吸收汉文化，对西学尤其是西方的科技知识也颇感兴趣，甚至拜传教士为师，勤奋学习西方科技知识，同时还注重培养科技方面的专门人才。

圣祖第四次南巡后，一批当时初露头角的数学人才如梅瑴成、何国宗、明安图等人被召进宫中，皇帝还亲自主持对这些人进行西方数学知识的培养。除了数学外，西方的天文历法一直被圣祖推崇，但他并不迷信，而是利用自己学到的知识加以检视和验证。清初一直使用的是根据汤若望编辑的《西洋历法新书》所制定的《时宪历》，该书不但内容有不少矛盾的地方，而且有的说明文字晦涩，很难理解，且随着新的计算方法的传入，其中有不少内容存在差错。

康熙五十年（1711）五月，钦天监闵明我、纪理安将推算的当年夏至时刻表呈送上来，圣祖通过杨秉义、利酬理等人的新算发现所呈报的夏至时刻有误，与实测夏至日影不符，遂发下新的计算方法要求重新推算，闵明我、纪理安却坚持原来的旧方法，并反问杨秉义新算法中数据的来源，圣祖十分不快，指出：初六日夜、初七日子时，太阳位于何宫何度？初八日子时，太阳位于何宫何度？将此两宫度数相加，然后平均，就可以得出初七日正午太阳的位置。同时告诫闵明我、纪理安：如果你们坚持七政皇历没有差错，那么把根据七政皇历算出的结果奏报上来比较一下。后经过推算验证，证明了圣祖的正确，闵明我、纪理安这两位传教士也上奏认错，称圣祖计算详细。

此事让圣祖有一个很深的体会，他对众大臣说：朕一直留心天文历法，西洋历法大的方面不会出现问题，但具体到分刻度数时却不能保证没有错误，如本年夏至时节，钦天监上报了午时三刻的太阳位置，经过仔细测量日影后得出的应是初三刻九分的位置，这就出现了一些小误差，恐怕数十年后这种误差积少成多，越来越大。当然，这是圣祖所担心的一个现实问题，另外随着康熙晚年的"中国礼仪"之争，导致中西之间产生了一些隔阂，上述事件让圣祖感觉到传教士们在传播西学时有所保留，开始考虑通过编纂历算书籍来培养自己的历算人才，摆脱传教士对先进历算学等知识的垄断和控制。针对钦天监传教士们所出现的错误，圣祖以此为契机开始着手编纂相关书籍，对西学中的历算、乐律进行总结和考订。

泰州陈厚耀向圣祖上奏，请求修步算诸书，以惠天下。康熙五十二年（1713）特设蒙养斋于畅春园内，选择精通数学的人入内做汇编官，选八旗世家子弟学习算法，准备编纂数历之书。

同年六月初二日，圣祖下令设馆修书，将律吕算法之书进行修辑，命皇三子胤祉负责此事，由其率领庶吉士何国宗等人开始着手此项工作。同时，圣祖还将自己平时所作的律吕算法等方面的书发给胤祉等人，作为参考资料。其中，历法书籍的修纂是在《西洋新法历书》基础上进行的，圣祖命令钦天监中的一部分人参与了修书。没过多久，圣祖再次颁布谕旨，除了重申命令皇三子胤祉率修书之人考订坛庙宫殿乐器、修纂律吕算法之书外，为了修书，将其培养的45个精通数学的人拨给胤祉，由其通过考试的方式加以挑选,此外还向全国征招了不少历算人才参与编撰工作,最后除陈厚耀、何国宗外,还有梅瑴成、王兰生、方苞、陈梦雷、魏廷珍等人,参加者达百人以上。

修书令颁布后三天,圣祖组织传教士开始翻译和传授西方的科学著作。他命传教士宫鲁士对《数表问答》一书进行推算,但宫鲁士却毫无头绪,多日没有任何进展,最后圣祖不得不召集所有西洋传教士,让他们对此书进行推算的同时,还要将书中每一节的计算过程详细列出,有图的也要画出来,无法知晓之处,也要清楚标出。

六月十七日,传教士纪理安、富生哲、杨秉义、杜德梅等人向圣祖奏报:他们已尽力将《数表问答》中的一部分进行了计算和翻译,不知道对错,请圣祖定夺,然后他们继续推算。圣祖要求全部算完后再看。一个月后,纪理安等人将《数表问答》一书全部计算、翻译完成,上呈圣祖,全书为1卷48篇,另附图片7幅。此外,传教士们已经编译了很多数学书籍,如《几何原本》《算法原本》等,这些资料成为编纂算学书籍的重要基础。

十一月十七日,圣祖对胤祉指出:《几何原本》一书非常好,每项每节写得都很明白,互证之处也很多,务须十分留意,并将其纳入所修纂的算学书籍中。两天后,胤祉将《几何原本》进行了详细校勘,确保书中内容不出错误,另外又核对完《几何原本》的续本,并呈递上去。圣祖花了几天的时间翻阅,看完后对胤祉提出:一部成型的好书如果里面有错字,将会产生很坏的影响,并要求胤祉必须仔细校对。

十二月初二日,圣祖将自己完成的一个新读数表交给胤祉,并让其将此表带回照样再做一个,数表修至千位数,需仔细核对,书写的字体要粗一些,然后呈报上来。

十二月十一日,胤祉向圣祖奏报数表的制作进度,并就圣祖所制数表中存在的问题提出了修改意见。圣祖阅后甚是高兴,对胤祉大加赞扬,受胤祉启发，圣祖还探索出整线、切线表的新方法，原来所写的整线加数表需要15章，若按新方法书写，或许只要用五六章。虽然当时所纂之新型数表即将完稿，还是将其中新型整线、切线数表的修纂工作暂时停止，以等圣祖这一新方法数表的完成。

十七日，圣祖告知胤祉：数表已经研究了很久，发现要比之前所修之数表用起来更容易，且更精致简练。此后，圣祖继续探研修书中的数学问题，为了能达到他所期望的修书目标，不但在内容上处处认真，一丝不苟，就是数学中数表的设计与制作也是一再商讨，细节上的问题也不允许忽略，如数表上面所需标出的度数、整线等，需要从传教士中选择写字漂亮工整的人来缮写，等等。

康熙六十一年（1722），《律历渊源》中最重要的一部书在圣祖的直接指挥下完稿，并赐名为《数理精蕴》。此书收集整理了明清之际西学东渐中传入我国的大量西方数学成果，从内容上说是一部西方数学著作的编译汇总，其中也收录了当时中国数学家们的一些研究成果。该书分为上、下两编和数学表，上编《立纲明体》5卷、下编《分条致用》40卷，最后的数学用表8卷。上编《立纲明体》主要内容包括数理本原，河图洛书和周髀经解、几何原本、算法原本；下编《分条致用》内容最为丰富，分首部、线部、面部、体部、末部等五部分，包罗了算术、代数、几何、三角等初等数学多方面的成果；数学用表4种8卷，包括素因子表、对数表、三角函数表、三角函数对数表等。

在修纂的三种科目中，乐律书籍是最早修成的，乐律的修纂是由魏廷珍、梅毂成、王兰生等人负责，而且在修纂的过程中，圣祖是全程参与讨论。

康熙五十二年（1713）十一月，胤祉等人已经完成了律吕之书的部分章节。十九日，胤祉将律吕之书中的第十四章呈递，请其皇父审阅。这一章专门论述弦音和箫音的整身音、半身音的编排，大体仿照《律吕解要》的体例编写，并在书中配图4张。二十八日，律吕之书的第十五章也修完了，这一章说明了弦音的定位、七声区分，后面配上了九寸黄钟的复原图、弦音的限度、箫音的限制等，以及相关规则说明，胤祉也很快将第15章书稿呈递给圣祖审阅。不久，圣祖对胤祉所呈递的两章律吕书稿甚是满意，并指示胤祉等人修书就应该如此。

康熙五十三年（1714），律吕之书全部修完，圣祖赐名为《律吕正义》。成书后的《律吕正义》分为3编5卷，上编《正律审言》2卷、下编《和声定乐》2卷和续编《协韵度曲》1卷。其中上编和下编详细记载了圣祖所定的十二律及管弦和乐器的制造等内容，续卷则主要记载西洋乐理，解释五线界声（五线谱）的编制和用法。同年年底，圣祖将已经修成的《律吕正义》与还未修成的历法、算法两书合为一部书，命名为《律历渊源》。

康熙五十三年十月初一日，在修历法书的过程中，圣祖指出北极高度、黄赤距离纬度是历法中最重要的部分。因此，为了历算书的修纂需要，特意派人前往各地测量北极高度。十一月，胤祉遵照皇帝的意见，选派人员前往各地测量，让何国栋前往广东，索柱前往云南，白映棠前往四川，贡额前往陕西，那海前往河南，李英前往江南，照海前往浙江。除此之外，圣祖还亲自定下了这次修历法书的原则：用古人的规模大小，用今人的书目。

康熙五十四年十一月，法国传教士傅圣泽写成了《历法回答》一书，阐述了当时西方最先进的开普勒天文学知识，圣祖看过后发现其使用的方法和钦天监中其他传教士所传播的天文学知识与方法极不相同，对傅圣泽此书不太相信，于是便让其他传教士仔细审查和验证，验证结果消除了圣祖的怀疑。接着，圣祖下令，让修书处的人员大量吸收傅圣泽《历法回答》一书中的内容。

康熙六十一年，在《西洋新法历书》的基础上同时又吸收了最新传入的天文学知识，最终修成了《历象考成》一书。《历象考成》共42卷，分为上编《揆天察纪》16卷、下编《明时正度》10卷和运算表16卷。上编主要说明了西方天文学基础知识，包括天文计算的基本知识及其应用、天文观测结果的常数处理方法、观测应用实例；下编则根据古代正史中典志的体例，按照天体分别记载了具体的演算方法。

至此，历时十个年头的这部大型自然科技总结性巨著《律历渊源》最终完稿，圣祖亲自作了序文，盛赞此书为古所未有。雍正元年（1723），此书刊行。

两年重建太和殿

作为紫禁城中三大殿之一的太和殿，是清朝统治者用来举行各种典礼的主要场所。然而太和殿却在康熙十八年（1680）腊月惨遭大火焚毁。圣祖心中非常紧张和不安，他认为太和殿遭大火焚毁是上天示警，表示自己及众官员要多加自省，另一方面要整修太和殿，以挽回天意。

次年，工部请求批准，动帑修建。然而当时正是平定三藩之乱到了最后的关键阶段，各路大军南下，军费浩繁，国家财政消耗过多，已无财力再去大兴土木了，圣祖当即否决了工部的请求，表示修建太和殿之事等日后再说。又过了两年，三藩之乱完全平定，工部再次奏请重建太和殿，理由是：各国使节前来朝贡，礼仪都在太和殿举行，如果不修建好，事关天朝颜面，因此必须立即动工修建。但修建工程的经费很大，圣祖一下子拿不定主意，让九卿、詹事科道等商议讨论，结果是理应重建。同时，由于工程需用楠木、杉木很多，除了购买一部分外，有一部分由官员捐献。

重建太和殿已形成决议，同年下半年选派四人南下采购木料，刑部郎中洪尼喀前往江南、江西，吏部郎中昆笃伦前往浙江、福建，工部郎中图鼐前往湖南、湖北，户部郎中前往四川。在采办木料之时，圣祖传旨晓谕采办人员：尔等都是我亲自选出来的干员，到了地方后可与督抚努力干事，切勿借口骚扰地方、侵害百姓。凡是房屋、衙门、寺庙、坟墓等都不允许拆毁，先将这些禁令颁布，预防地方一些不法分子借机浑水摸鱼。此次采办规模很大，派出了四路大臣外出采办，其中仅四川的任务就是合式楠木4503根，合式杉木4056根。但没过多久，圣祖得到奏报，四川采木艰难，四川产木的沙坪关口，贾家山、何家山等处都是峻岭悬崖，而从出山到大江的路程或百余里或七八十里不等，一路上都是深涧幽壑，一溪之行，纡折盘旋，一旦水中有一石横亘河中，木料就无法通过，必待暴水大涨后才能通过。而遵义、马糊等府所产的楠木都在深山老林之中，均为人迹罕至之地，非但采伐不易，就连勘察都很困难。

四川地方官一再请求，圣祖免除了四川杉木和楠木1800根。此外，湖广、浙江等地官员也奏报因各种原因楠木、杉木不能如期运至，请宽限期限。圣祖也明白，采运楠木从山至河，民力告竭，地方苦累等情况，一方面尽量予以宽容，一方面再三告诫官员们千万不可骚扰百姓。江南的官员则从商人手中购买了大量的杉木。

康熙二十五年（1686），鉴于采买木料中的种种困难，颁布命令：塞外的松木材大可用的非常多，如果用这些松木来修建太和殿，只要耐用，何必非要用楠木？命令停止四川省采运楠木的任务。最后，四川仅采运了400多根楠木。经过一年多的采办，康熙二十七年（1688）下半年，购买与各省所捐献的楠木、杉木已基本满足太和殿之需，金砖也已备足，琉璃瓦、红黄土等一应杂物也由相关部门备办齐全。这些建筑材料运到北京后，为了使用方便，都存在了皇宫内。柱子、柁等大木与柱顶石放在文华殿周围，砖灰等物放在武英殿周围，两殿之处的安全保卫由三旗护军统领派出护军看守；斗拱等放在东西长安门内，由两门步军章京派出步军看护。

太和殿的规模颇大，正堂为九间，东西边厢各一间。其中皇帝宝座所在的正堂面阔二丈六尺三寸五分，其他八间每间都是宽一丈七尺三寸，东西两厢每间宽一丈一尺一寸。檐柱高二丈三尺，金柱高三丈九尺五寸，正中的柱子高七丈四尺五寸九分。当中明间龙井天花，安照壁。周围隔井天花，两旁垂花门，装有菱花隔扇。庑殿重覆檐，鎏金斗科，上覆檐单翘三昂，下覆檐单翘重昂。整个太和殿的台基高五尺，地面上铺有二尺大小的御砖。同时，安砌新旧角柱，柱顶是莲瓣座子。太和殿墙垣下肩里面用琉璃圭文砖，外墙用临清砖干摆，墙的上部与群肩背都要用新样城砖灰砌灌浆，里外还要抹上红黄泥。

康熙三十四年（1695），礼部与钦天监遵照皇帝的意思，选了二月二十五日辰时作为太和殿动土开工的良辰吉日。太和殿重建在旧址上，因此需要将原来的旧基先拆掉。旧址地面上台基高三尺，必须先将三尺高的旧泥土渣统统清理掉，然后再挖深二尺。前檐柱、正堂柱子以及基座周围等根据重量不同而使用不同质地的砖头。其中负荷最重的正堂主柱等使用的是质地细密、耐压性强的临清砖，其他的部位使用京窑烧制的一般城砖。四周的墙体也是根据上轻下重的原则而使用不同的砖头，墙体下部需要负荷，因此使用临清砖，上部则用京师城砖。此外，里面承受重量的40根柱子的垫石墩则是用京郊大石窝采制而来，原来旧的石墩则移作外面檐柱石墩。墙面用红黄泥涂抹，红黄泥中加入了江米、白矾和毛头纸，这样就增加了泥土的黏性、拉力和光度。由于当时采办楠木比较困难，因此太和殿72根柱子中绝大部分使用的是松木，而非楠木。檐柱直径二尺四寸，内部柱子直径达三尺二寸。如此粗大的柱子，其原木并不是整木，而中间用整木，外面再用散木包裹，有的柱子更是用短柱拼接成的。总之，从殿顶到地基，无不体现了古代工匠们的独特匠心。

主持太和殿工程技术的是一位七十多岁的老匠师梁九。此人生于明天启年间，木匠出身，师从于明末杰出的建筑师冯巧，梁九尽得冯巧之真传。冯巧病故后，皇宫内所有土木工程都是由梁九负责。在没有近代设计工具的情况下，如此巨大的太和殿工程全凭梁九一个人筹划，从外形轮廓、内部构造组合，梁枋檩柱到斗拱飞檐，构件有数万种，只要一个部件出现问题，就会影响整体。为了确保工程质量以及顺利施工，梁九耗尽毕生所学，别出心裁，先按照一定的比例做出了一个太和殿模型，这个模型是以寸比照尺，以尺比照丈，从里到外，从门到床，在模型中一个也不缺。这个精巧的太和殿模型在施工过程中起到了关键的指导作用，工匠们严格按照模型施工，最后是每一部件安装上去都严丝合缝，丝毫不差。

康熙三十六年初秋，只用了两年多的时间，太和殿便告竣完工，一座巍峨壮丽的大殿又屹立在紫禁城的中央。重建后的太和殿让圣祖非常满意，参与其事的各级官员都受到了封赏，而参与工程的工匠们最多只是得些小恩惠。当时参与太和殿工程的各种工匠达360人，其中除梁九是技术总负责外，还有另外16名技术负责人，头等匠役马天禄等79人，二等匠役李保等120人，三等匠役宋奇奎等64人，领催白黑等4人，作头张建等3人，打造匠郑大等17人，窑户徐珍芳等22人，这些人中除一些领头工匠等少数被提及外，其余大多数都被淹没在历史洪流中，但他们所创造的辉煌成就却永远在历史的天空中闪耀。

盛世两举千叟宴

康熙五十二年（1713），8岁登基的圣祖迎来了他的花甲之寿，在其长达52年风风雨雨的统治中，他有过彷徨，有过孤独，有过危险，但他却以"千古一帝"的风范开启了一个"盛世"之幕。花甲之寿对于一个普通人来说是不同寻常的，更何况是统治已经达半个多世纪的最高统治者，因此圣祖60岁寿辰庆典是整个国家当时最重要的事情之一，庆贺气氛从这一年开头就开始弥漫整个国家，庆贺活动也特别盛大，其中最典型的就是举办千叟宴。

各省文武官员为了给皇帝祝寿，组织了本地士绅、耆老等前往京城祝贺，这些经官府组织起来的祝寿人员于二月中下旬陆续抵达京城。大量外地祝寿人员进京，其中有大批老年人，还有不少儿孙跟随或搀扶，使得京城人口顿时增加，街道上到处是拥挤的行人，馆肆满员，京城粮价也跟着上涨。圣祖在从畅春园回皇宫的途中，了解到大量外来人口的涌进导致米价上涨的情况，回宫后立即下令从京通两仓调拨10 000石粮食投放市场，稳定粮价，如若不够，再投放10 000石，投放市场的粮食价格比市价要低，务必使京城粮价降下来，使各地来京祝寿的人员可以得享恩惠。

随着各省进京祝寿人员的增多，很多人到京后因长途劳累、冷热不均以及水土不服等原因病倒了，其中老年人占绝大多数。

三月初八日，得知此情况后，圣祖下令让太医院免费为进京祝寿的老人治病施药，务必让到京祝寿的老人迅速康复，让他们实实在在地感受到皇帝的"圣德"。

十五日，圣祖颁布谕旨：全国各地来京参加寿辰庆典的文武百官中，已满60岁的文武官员，若犯有各种轻罪或错误而受到降级降职、停发薪俸及撤职者，均恢复原来品级；之前未受到过任何处罚年满60岁的文武官员除了给予未致仕的待遇外，还一律在原品级的基础上晋升一级。大学士及各部衙门遵照圣祖谕旨，令武官原任提督王世臣等2人，文官原任侍郎彭会洪、李录予等23人，均享受原品级待遇；满蒙汉八旗官员中，除年龄未满60岁及犯重罪者外，犯有轻罪和各种错误而受到撤职、降级等处分的文武官员，文官有原任刑部尚书郭世隆，总督石文晟、喻成龙，侍郎常书、敦多礼、巴锡、戴都里、多奇，巡抚王国昌、许嗣兴，府丞李法祖，御史穆恕、迈色、舒述布，郎中津达善、硕木霜，知府孔兴远、范承训、姜承基，员外郎范时彦、李勋、黑色礼、李起鳌、陈怀德、白靖、塔海，主事吾拜，治中吴泰，知县蒲敏政、徐秉元、杨起凤等123人，武官原任都统扎喇克图，侍卫吴勒、塞勒，参将苏继武，拖沙喇哈番费雅哈、查林，步军校沙海，防御绰英额，守备张显位，骁骑校多起等48人，都给予原品级待遇；年满60且未受过任何处分的均晋升一级。

十七日，圣祖与皇太后从畅春园回宫，车驾在途中受到了各省进京祝寿人员的夹道跪拜。有一些年岁大的耆老还跪着捧献寿酒，圣祖见状立即停下车辇，上前慰劳，向老人们遍赐了寿桃和食品。各王、贝勒、贝子、公、宗室、觉罗人等及文武大臣、兵丁都跪迎，并在一些地方安排了诵经祝寿，遍赐了食物。其中镶蓝旗蒙古副都统赖都母年已九十，带着子孙在路上跪迎，圣祖看到后亦停下御辇，予以问候，并赐寿桃。

十八日，是圣祖的寿辰，被称为万寿节。圣祖率诸王、贝勒、贝子、公、内大臣、大学士、都统、尚书、精奇尼哈番侍卫等向皇太后行礼；皇帝回宫，诸王以下文武各官及致仕给还原品官员等向皇帝行庆贺礼。此时，八旗兵丁、各省耆老士庶都齐集午门外、大清门内叩祝万寿之庆；内大臣、侍卫、内阁、翰林院、礼部、都察院、詹事府等衙门侍直官员至乾清门行庆贺礼；之后，圣祖陪同皇太后游畅春园，诸王以下满汉文武官员、各省耆老士庶仍在沿途各处诵经贺寿，跪送车驾。同时，派官员前往真武、东岳、城隍等庙进行祭祀，派官员前往东陵祭奠，并向天下臣民颁布诏书。

二十五日，举行宴会，全国各地进京祝寿的汉文武大臣、士绅、耆老等参加盛宴。其中90岁以上33人，80岁以上538人，70岁以上的1823人，65岁以上的1846人，共计4240位老人。因有数千人，且都是老人，因此被称为"千叟宴"，是为第一次千叟宴。宴会在畅春园正门前举行。宴会上，圣祖让他的子孙与皇室成员亲自，给老人们斟酒，而老人们也遵命不拘礼节，不必起立。席间，圣祖让人搀扶着80岁以上的老人至其御座前，亲赐御酒，并亲自看着他们一一饮完。宴会后，圣祖向赴宴的致仕尚书宋荦和现任大学士李光地等人赐袍帽等物和银两。

二十七日，再举行宴会，这一次宴会是宴请满洲、蒙古、汉军八旗，包括文武大臣、护军、兵丁、有衔无职的闲散人员，其中90岁以上的7人，80岁以上的192人，70岁以上的1394人，65岁以上的1012人，共计老人2605人。宴会也是在畅春园正门举行。宴会上，圣祖让众皇子招呼众老人，宗室皇亲执酒壶斟酒，并让80岁以上的老人一一来到御座前，亲赐御酒，且目视其饮毕。宴会后，向赴宴的八旗官员赏赐了袍帽等物，赴宴的老人则受赐银两。

二十八日，满洲、蒙古、汉军八旗70岁以上的老妇被召集至畅春园皇太后宫门前，随后召90岁以上的入宫门内，80岁以上的至殿阶下，70岁以上的在宫门外，众大臣的妻子符合年龄要求的也被召至宫门内赐座，皇太后和圣祖向他们颁赐了茶果、酒食等物。其他人则由诸皇子率领皇室宗亲依次颁给果品酒食，对年已86岁的和硕庄亲王博果铎母妃和年已90岁副都统赖都母赐给御书匾额，最后还向被召集来的众大臣夫人赐赏衣饰、彩缎、素珠和银两。

已经退休回乡的原任尚书徐潮、徐元正，侍郎仇兆鳌和丁忧回乡内的阁学士顾悦履等人，为了庆祝寿辰，千里迢迢来京，圣祖特别施恩：准予他们享受与现任同级官员可直接有一子免于科举直接做官的待遇。

圣祖还分3批设宴，宴请了汉人、旗人及旗人妇女。这便是圣祖举办的第一次"千叟宴"。之后又对全国汉族老人予以赏赐：各省70岁以上的老人，各赏布、绢等若干，仅此一项折合成白银，共计约需89万两；每人又赏给粮米，共用去近17万石。此外，对满蒙汉八旗老年男女，无论是致仕、现任官员，或乡野小民，皆另给赏赐。

康熙六十一年春节，整个大清沉浸在一片欢乐祥和的新年气氛中，已经69岁的圣祖又举办了第二次千叟宴。

正月初二日，满洲、蒙古、汉军八旗的文武百官以及致仕的和罢官免职的年满65岁以上的老人共680名被召见在乾清宫前设宴。宴会上，圣祖命诸王、贝勒、贝子、公及闲散宗室等人在席间伺候服务，专为老人们斟酒、分发食物。

初四日，圣祖又召集汉族文武官员及致仕的和罢官、免职且年满65岁以上的老年人340名，于乾清宫前设宴。同样，诸王、贝勒、贝子等仍在宴会上伺候服务，斟酒劝饮，分发食物。在宴会上，圣祖即兴作七言律诗一首，并让在座的每位老人作诗一首，记录这次盛会，最后总其名叫千叟宴诗。当然，这次宴会虽然比第一次要小得多，却留下了《御制千叟宴诗》一部，收录1000多首诗文，这是第一次千叟宴无法相比的。

重视西学五十年

"汤若望事件"后,圣祖已认识到西学的长处,开始对当时的西方科技知识产生了兴趣,积极向传教士学习各门自然科学。

众所周知,在古代天文历算,天文历法不仅直接影响王朝的统治,更与百姓的日常生活息息相关,因而天文历法往往与数学放在一起统称为历算学,虽没有上升到"经"的重视度,却是长盛不衰。圣祖接触西学后,正是受到传统习惯的影响,在所有西学中,用力最深的也是数学和天文历法。先是,圣祖以传教士南怀仁为师,南怀仁对圣祖的评价很高,说他虽然年幼,但非常聪明,好学不倦,尤其喜欢西学。圣祖每天都要召南怀仁入宫,一直持续了5个月,有的时候还将南怀仁留在宫中一整天,让南怀仁给他讲解数学、天文,此后还让南怀仁给他讲授利玛窦所翻译的欧几里得《几何》一书,以及其他传教士翻译成中文的天文、风俗等方面的书,有的时候也讲解一些有关哲学、音乐等方面的知识。

康熙二十四年(1685),传教士安多抵达北京,协助南怀仁处理钦天监工作和传授圣祖西方数学知识。

康熙二十六年（1687），白晋、张诚等被称为国王数学家的5位法国传教士来到中国，并带来了大批的科学仪器，西学在中国的地位进入到一个新阶段。这5名传教士到京后，张诚、白晋两人开始教授圣祖西方的科学知识，成为圣祖的西学老师。张诚、白晋两人主要向圣祖传授了数学知识，他们以《几何原本》作为教科书。圣祖学习非常认真，听讲后，反复练习，亲自绘图，不懂的地方立即提出来，每次学习历时几个小时。一次讲授结束后，圣祖会把文稿留在身边，回到寝宫后反复阅读。为记住一些数学定律及其推理过程，圣祖还经常练习运算。经过五六个月的学习，圣祖在几何学上取得了很大的进步，精通了几何学原理。此外，张诚、白晋还教会了圣祖一些数学计算器具的使用方法和相应的计算公式，圣祖出巡时，经常让传教士张诚随行，随时协助其运用所学的数学知识做一些实地测量工作。圣祖还向传教士安多学习对数的使用和运算、开立方的方法。安多也编写了中文的三角函数表、对数表以及三次方程根表。洪若翰、刘应教授了如何使用从西方带来的各种天文仪器，后来圣祖不但能熟练地使运用这些天文仪器，还可以通过观测来发现并纠正钦天监的错误数据。

随着时间的推移，原来在中国的传教士已经远远不能满足清政府的需求，为此，圣祖先后命白晋和洪若翰返回本国，招募更多精通自然科学知识的传教士来中国。之后，巴多明、杜德美、傅圣泽等耶稣会士陆续来到中国，相继成为向圣祖传授西学知识的"洋教师"，他们的到来促使西学在中国的发展达到了一个新的水平。

正如上文所述，圣祖学习《几何原本》中的知识后甚是满意，为了让八旗子弟们都能掌握这一先进的西方数学，随即让张诚、白晋等人将《几何原本》翻译成满文本7卷和《算法原本》1卷。

康熙五十一年（1712）夏天，法国传教士傅圣泽向皇帝介绍了西洋数学的最新发展成果符号代数，并指出这种新数学要比旧数学更简单，圣祖颇感兴趣，要求傅圣泽写一篇文章详细地介绍这种新代数。不久，傅圣泽作了《阿尔热巴拉新法》一文，由传教士杜德美翻译和解释，后因杜德美生病，翻译和解释工作一直拖了下来。

次年，圣祖和几位皇子开始对傅圣泽的这篇文章进行研习，但最终因该文中所讲述的知识晦涩难懂而终止。虽然，这次新数学的教授失败了，但从另一个侧面反映了圣祖对西学的重视和推动，这为西学在康熙朝的繁荣提供了前提保障。康熙五十三年，为了使西方先进的知识不被垄断，圣祖在畅春园设蒙养斋算学馆，从全国选拔精通算学的才俊入馆学习西方数学知识。不久，圣祖又下令组织算学馆的一批人才编纂《数理精蕴》，对西方数学知识进行总结和汇编。

康熙五十五年（1716），德籍耶稣会士戴进贤来华，皇三子允祉向圣祖奏报称：戴进贤带来了多本西洋算书。圣祖指示胤祉：此人如果有新方法，或有简便计算数表、开方方法，即带进宫。圣祖对西方数学的兴趣非常浓厚，他不仅努力学习各种数学知识，还动手进行数学方面的研讨，《积求勾股法》就是他学习西方数学知识而撰写出来的。由于圣祖的提倡和榜样示范作用，以及先后来华的传教士们将西方大量的数学知识介绍到中国，西学，尤其是西方算学在当时的中国盛极一时。大量的西方数学书籍被翻译过来，除了上面所提及的数学论著外，还先后编译了《算法纂要总纲》《借根方算法节要》《勾股相求之法》《测量高远仪器用法》《比例规解》等，以及大量的数学用表。这些著作不仅为圣祖编纂《数理精蕴》奠定了坚实基础，更重要的是对于这一时期西方历算学在中国的传播起了非常大的促进作用。

圣祖一直推崇和赞赏西方的天文、历法。先是传教士汤若望在《崇祯历书》的基础上重新修成了《时宪历》，后因历法之争而被废弃不用，但由于《时宪历》的准确性为其他旧历法不能比拟，圣祖亲政后立即任命传教士南怀仁为钦天监监副，并恢复使用《时宪历》。南怀仁任职钦天监后，圣祖命其编成了《康熙永年历法》32卷，此历法将时间推算至两千年以后，这是中国天文史上的一件大事，具有重要的意义。为了便于观测天象，南怀仁对之前西方传来的天文仪器进行了改造，并陆续制成了黄道经纬仪、赤道经纬仪、地平经仪、地平纬仪、经限仪和天体仪。此外，他还编辑《灵台仪象志》16卷，书后附图说明这些天文仪器的制作原理、安装使用方法以及使用这些仪器所测得的记录。以后，大量传教士东来，西方的最新天文历法知识源源不断地传到中国，圣祖在天文历法上的造诣也越来越高，他不仅向传教士学习理论知识，熟悉并掌握这些知识，还尽量学会动手，掌握天文仪器的使用，并进行实地测量。第一次东巡夜间宿营时，圣祖拿出传教士几年前给他制作的小型星座图表，他能根据星的位置说出时刻来。

康熙三十一年（1692）初，大学士、九卿等被召集至宫门前，圣祖命人取来日晷，根据其天文学知识用笔画出了正午时光影应在的位置，然后众大臣证明他的预测，至正午时光影与圣祖的标识丝毫不差，这让所有的大臣啧啧称奇。圣祖通过类似这样的实践活动推动了西学的繁荣。

康熙三十二年，圣祖将《时宪历》颁行于内札萨克科尔沁等24个部落。随着新的数学计算方法和工具的传入，原来的天文历法也开始出现越来越多的偏差甚至是错误。圣祖通过亲自使用仪器在皇宫中实测日蚀，发现用西洋新法编制的历书中有关日食的推算出现了误差。

康熙五十年（1711），圣祖发现钦天监所推算的当年夏至时刻与自己用天文仪器的实测不符，于是命令钦天监重新推算，同时向刚来到北京的传教士杨秉义请教相关天文知识，杨秉义将西方最新的天文知识传授给他，随后圣祖利用西方利酌理的天文表进行计算，得出的结果与自己的观测一致，与钦天监的奏报不符。经过这件事后，圣祖开始关注西学中的最新知识，向杨秉义和傅圣泽学习新的西方天文学知识。傅圣泽为此编译了《历法问答》等天文学著作，介绍卡西尼、开普勒、腊义耳等人的学说和成果。

康熙五十二年（1713），圣祖命胤祉等人修纂和汇总天文历法之书，遂于次年在《时宪历》的基础上重新修成了《历象考成》。之后，圣祖又命蒙藏官员、活佛哲布尊丹巴等多人将《历象考成》译成藏文，命名为《康熙御制汉历大全》（俗称《汉历大全》），书后还附有浑天仪等天文仪器的绘图，于康熙五十四年（1715）颁行西藏地区。

康熙五十四年，钦天监传教士纪理安督造出一件具有法国路易十四时代风格的地平经纬仪，同时还编写了多种天文学方面的书籍，把当时清代天文观测水平提到新的高度。

东来的很多传教士都精通西医，而西医在某些疾病的治疗上确实有非常明显的效果，因此得到了一定程度的传播和发展。传教士白晋、张诚都曾向圣祖传授过西方医药知识，如烧伤药的应用等。

康熙二十九年，张诚等人听从圣祖的建议，在宫中设立了一个制药试验室，用西法制药。张诚等人根据当时法国药物学家爱拉主编的《皇家药典》，在三个月内制成了多种丸散膏丹等药品，圣祖多次前来观看。

康熙三十二年（1693）五月，皇帝患上了疟疾，太医院的御医们用尽了中医上的所有办法，结果均不见好转。传教士张诚、白晋告诉圣祖，西方有一种叫金鸡纳霜的药，可以很快治愈这种病。一开始，圣祖并不相信，但传统中医对此病又束手无策，最后不得不服用了金鸡纳霜，结果很快得到了康复。这让圣祖对西医有了兴趣，开始相信西医，用西医治病，还推荐大臣们请西医治病。病愈后的圣祖视金鸡纳霜为"圣药"，将其作为很高的奖品赏赐给他的亲近臣下。由于圣祖对西医西药发生了浓厚的兴趣，张诚、白晋就迎合圣祖的旨趣，把他们所知道的西药配方、疗效和制作方法，用满文写成了3本小册子，一共介绍了30多种药品。张诚等人因治好了圣祖的病而受到了厚重的奖赏，圣祖赏给他们京城西蚕池口地方的一块地，让他们建造教堂，教堂完工后，圣祖还亲题"万有真原"横匾及长联。

康熙四十七年（1708），因制西药需要，圣祖特令两广总督赵弘灿将已送往澳门准备遣返的会制西药的传教士魏哥儿立即召回，并派人护送至京师制药。所制西药除了皇帝自用外，还经常特恩赏赐给大臣。圣祖还让人特别制造了一些特殊的药壶、药瓶，把西药装进去，随时赐给臣下。在皇帝的鼓励和倡导下，京城的达官贵人们基本上都接受西医，平民百姓也不再排斥西医。

九月，圣祖最喜爱的十八阿哥胤祄因病医治无效而死，加上太子再度被废，接二连三的打击让皇帝内心郁结成病，引发了严重的心悸症。十一月十八日，圣祖在众皇子和满朝文武大臣的跪请下才开始用药，但病情很重，太医院的御医们皆束手无策，最后不得不请西医来诊治。传教士罗德先精通药理，他曾为圣祖治愈过脸上的疮，此次他配制了胭脂红酒让圣祖服用，首先缓解了严重的心悸病；随之又建议圣祖服用产自加那利群岛的葡萄酒，没过多久圣祖的身体就完全康复了。康复后的皇帝就让传教士罗得先、安泰作为他的扈从医生，随行左右，让精通外科的传教士罗怀忠在内廷行走，还命传教士巴多明将法国皮理所著的《人体解剖学》用汉文和满文翻译出来。圣祖还让俄国商人科密萨尔转告俄国皇帝选派一些优秀的外科医生来华，后俄罗斯将瑞典医生兰给选派到中国，于康熙五十四年来京，居住京师三年后返回俄国。

康熙五十八年（1719），兰给又以参赞身份随俄使伊兹玛依洛夫来华，又留京数年。由于圣祖的重视、鼓励和提倡，不断有西洋医生和懂西医的传教士来华，掀起了西医进京的高潮。

康熙年间，西学中的地理测绘知识得到了非常广泛的传播，并应用于当时国家的地图测绘活动，是西学繁荣的另一个重要表现。在进行正式测绘之前，圣祖已经做好了充足的准备：为了储备专门人才，不但让白晋从西洋召来了测绘专门人才，还让传教士们培训中国人才；派传教士到广州、澳门等地采办测绘仪器，甚至让一些传教士回国采购。

康熙四十六年（1707）十二月，测绘工作开始。首先由传教士张诚进行试测，最后绘制出京城、直隶的地图一幅。圣祖见新制地图远远比旧图好后非常高兴，遂下定决心开始进行全国性地图测绘。

康熙四十七年，圣祖下令进行全国性地图测绘，命令外国传教士分赴蒙古各部、中国各省，遍览山水城郭，用西方测量的方法绘制地图。为了尽快绘制出精准的中国地图，西方传教士们以三角测量为主，并通过测量太阳正午时的高度和北极高度来进行校验。受命测绘的传教士们前往各省进行实测，查阅各府州县的方志，咨询当地官员和耆老，工作非常繁重辛苦，有的传教士为此而献出了生命。为了加快速度，圣祖加派人手，组成数支测绘组，每组皆由传教士率领，争取在最短的时间内完成测绘工作。

康熙五十二年（1713）四月，圣祖命令钦天监：将各省、蒙古诸处及哈密等地以城池及房屋为准，重新测定北极高度，按新的测绘结果以京城为准推算东西偏度。

六月初九日，圣祖派西洋人麦大成、汤尚贤等人南下，测绘江西、广东、广西等省，次年十月初五日，广东舆图绘制完成。

康熙五十七年，各省所测绘制成的地图交给法国传教士杜德美，由其绘制成全国地图。后又有两位学过西方数学及测量知识的喇嘛绘制出了西藏地图，经传教士雷孝思、杜德美审定后制成了新图。总图共计32帧，总称《皇舆全览图》。看到绘制完成的全国地图，圣祖非常满意，感叹说：花了30年的心力，现在终于大功告成了。

当然，康熙年间，西学在中国的传播和发展不仅仅只是上述几项，其他如物理、化学、生物、哲学、艺术等，都得到了很大的发展。圣祖在其亲政后的半个多世纪里，一直都在接触、学习、应用和鼓励西学，圣祖亲政后统治的50年，也是西学繁荣的50年。

减赋免粮逾万万

农业是传统社会赖以存续的支柱和根本,历朝历代统治者都对此十分重视。圣祖统治的前30年基本上处于战争状态,一场接一场的大战不但耗费了国家大量的人力、物力和财力,更重要的是造成了社会的不稳定,农业遭到破坏,社会一片萧条,甚至很多地方出现了"荒草没阡陌,千里无鸡鸣"的凄凉景象。

为了发展农业,圣祖除了颁布减免赋税、蠲免钱粮等一系列惠民利农政策以及进行屯田外,在其一生中更是躬耕垄亩,以身实践,为世人树立了一个重农的典范。圣祖的躬耕并不像历代统治者那样只是走走过场,而是身体力行。为此,他在西苑中兴建了一座青砖灰瓦、卷棚无脊的丰泽园,园中置禾田数亩,园后种桑数千株;同时还在避暑山庄开垦了一片御瓜圃,就是在这两处地方亲自下田耕种,凡是所得各地五谷菜蔬,一定会亲自去栽种,以观察其收成。其中有些是没有成功的,圣祖曾从江南带来了江南香稻、菱角,在丰泽园旁的水田内种植,结果由于北方气候寒冷,都没有结实。由于气候的原因,水稻在北方很难种植,圣祖就在丰泽园旁的水田内进行试验。

八 励精图治 开创盛世

经过实践，他从试种的水稻中发现有的稻谷提前成熟，于是将早熟的稻穗留作下年种子，就这样经过多年的试验和积累，终于培育出一个高产早熟的稻种，这种稻谷所产之米色微红而细长，气香而味丰腴，最后圣祖因这种稻生自丰泽园的试验田，所以赐名为御稻米[①]。虽然培育出了新的稻种，但圣祖却不太确定这种稻种是否能够在华北大规模种植，于是在丰泽园的水田和承德避暑山庄内进行了多年试验。

康熙三十一年（1692），圣祖在丰泽园旁的水田里种植的御稻长势非常好，前来觐见的尚书库勒纳、马齐等人奏报：稻秧已经有一尺多高了，如此茂盛的水稻之前在北方是没有的。圣祖告诉众臣其选种的过程和方法，同时还让众臣观看了其所栽种的人参、修竹以及各种花卉。他指着一棵高大的修竹对大臣们说：北方寒冷风大，不会有如此大的修竹，这一棵是我亲自栽种的，每年培养得法，才长得这么大，从这一情况来看，天下没有栽不成的东西。皇帝还告诫在达尔湖等地屯田的都统瓦岱等人：边外寒冷，应该及时广种小麦，将田垄深耕，草根除尽。播种也不要太稠密，否则会影响收成。此外，还可以就近造船捕鱼。

康熙三十九年（1700），直隶巡抚李光地上奏，提出在天津一带地势低洼、水源充裕的地方推广种植"早御稻"。紧接着，天津总兵蓝理也奏请在天津推广种植水稻。但圣祖都没有答应，因为天津一带多盐碱地，且水源缺乏，天气又比较寒冷，水稻不易种植，所以推广水稻不能轻率从事。

康熙四十二年（1702），避暑山庄开始兴建，在建造过程中，圣祖特意命令山庄万树园东南部热河泉一带原有的庄田勿动，将此开垦成一片"瓜圃"，在其东北部低洼处开垦出一片水稻田。圣祖在御瓜圃中种瓜豆果蔬，在水稻田中播种亲自培育出来的御稻。承德避暑山庄在长城之北，下霜的时

[①] 《康熙几暇格物编译注》。

间要比京城早，白露之后水稻就无法再长了，所以一直不能种植水稻。而圣祖所培育出来的早御稻，恰恰是早熟品种，都是在白露之前就可以收割了，因此在避暑山庄的种植取得了很好的效果。圣祖每年在避暑山庄所用之米全部来自御稻田中所种植的早御稻，而且每年还有不少剩余。

康熙四十三年（1703），直隶巡抚赵宏燮和天津总兵蓝理分别奏请在京郊玉泉山和天津附近试种早御稻。由于早御稻在避暑山庄的种植取得了成功，这一次奏请便得到批准。天津总兵蓝理在天津丰润、宝坻一带开垦出水田，招募闽中农民200余人以及江南一带无业之民垦科，提供耕牛和种子。刚开始，种植早御稻50顷。后由于水利的兴修，稻田种植扩大到150顷之多，从而结束了长城沿线无法种水稻的历史。

康熙五十三年（1713），圣祖赐给苏州织造李煦一石御稻种，让他带回江南在全省各地试种，以实现江南一年可达两熟、粮食产量可增加一倍的愿望。李煦将御稻种带回江南后，当地官绅纷纷请种，最后河道总督赵世显得种5升，两江总督赫寿、江宁织造曹頫各得1斗，苏州乡绅慕琛、陈世安、王斌各得5升，最后李煦自己留下6斗，于四月初十日插秧，七月十三日收割，种了6亩半，共收获18石2斗5升。收割后，立即栽种第二季水稻，也取得了较好的收成。之后，圣祖不仅再次发给御稻种，还让李煦等人将他们已收获的御稻分发给前来求取稻种的人。

康熙五十五年，苏州已栽种了御稻50亩，第一季早稻六月初四收割，每亩得稻子3石7斗；紧接着将原田翻整好后于六月十六日第二次插秧，种第二季稻，九月十五日收割。康熙五十六年，苏州双季稻种植增加到80亩，第一季六月二十一日收割，每亩得稻子4石1斗；第二季十月初二收割，每亩得稻子2石5斗，合计亩产达6石6斗，比以前江南一糯一稻的种植模式每亩多收近3石。渐渐地，以御稻种为主的双季稻种植开始在江苏、浙江、安徽、江西等省大面积推广。

圣祖的第二个重农措施是蠲免钱粮，减轻百姓负担。圣祖在位期间，将全国的钱粮蠲免了一遍，包括灾蠲、欠蠲和常蠲在内大大小小的蠲免共达545次①。

康熙二十四年（1685），圣祖因国库充足，决定蠲免次年钱粮。次年，免除河南、湖北两省地丁钱粮的一半，另外，还将前一年未完地丁钱粮也予以免除。

二十六年，蠲免江宁等七府、陕西全省钱粮共600多万两白银，当时户部还因蠲免数额太大，奏请再作考虑，圣祖当即表示600余万不算多，并指出：为了民生着想，无论多少都会蠲免，并打算在三年之内，将全国各地钱粮全部蠲免一遍②。

二十八年七月，圣祖南巡至邳州，见当地百姓因水灾而生活凄苦，遂下令将当地被淹田地次年所缴纳的各项赋税全部蠲免，历年所欠的钱粮也全部免掉。其他各地若有旱涝之灾，也予以蠲免钱粮，同时还予以赈济。

三十年九月，圣祖颁布谕旨，将河南第二年的钱粮全部蠲免，山西、陕西两省受灾州县也予以蠲免地丁钱粮。

三十年十二月，圣祖下旨免除江苏全省康熙三十四年所缴纳的漕粮，免除安徽全省康熙三十五年所缴纳的漕粮。

三十三年（1694），顺天、河间、保定、永平四府的地丁钱粮全部蠲免，所有历年积欠也予以免除。

四十一年（1702），户部银库存银已达4500万两，国家用费非常充足。对此，圣祖指出：国家征税原为国家用度不足，国家支出若够了，收那么多钱干什么用啊？在这样一个原则下，将云南、贵州、四川、广西以及广东等

---

① 钟安西、楼毅生：《试论康熙的经济政策》，《中国古代史论丛》1981年第2辑。
② 王庆云：《石渠余记》。

省康熙四十三年的地丁钱粮全部予以免除。另外，还蠲免了山东受灾州县次年除漕粮外的钱粮，免除安徽江北各州县第二年除漕粮外的钱粮，免除河西一带次年的地丁钱粮。

四十二年（1703）正月，圣祖南巡至山东，一路上看见民生颇为艰苦，遂下令将山东德州、平原、历城等20州县前一年未完地丁钱粮全部免除，济南、兖州两府所属部分州县因农业歉收，未完钱粮也予以免除，其中泰安、鱼台、济宁等7州县虽然受灾很轻，圣祖也下令将前一年的钱粮予以免除。

四十五年十月，圣祖发现各地历年所积欠的钱额很多，各省虽然已经依次蠲免过一年的钱粮，但这种做法仍是杯水车薪。鉴于这种情况，圣祖下令将陕西、山西、安徽、江苏、甘肃、浙江、江西、湖北、湖南、福建、广东等省康熙四十三年之前所有积欠的地丁银2 102 700两白银、粮105 700石全部予以豁免。

四十六年，江浙一带发生了严重的旱灾，清政府当即蠲免了各省当年地丁钱粮。次年，这一带又发生了水灾，圣祖鉴于这一带民力还未恢复，又遭水灾，民生必定艰难，颁布命令，蠲免江浙各省田赋丁银以及拖欠的漕银共1270余万两。

四十七年，直隶保定所属50个州县遭遇大水灾，户部题请将这些地方的钱粮蠲免再增加一成，圣祖则表示即使如此，恐怕百姓仍很困苦，因此在户部题请蠲免的基础上又增加一成。

四十九年，户部存银达5000多万两，当时已无战事，又无大的土木工程，这为再次大规模蠲免全国钱粮奠定了坚实的基础。十月，圣祖下令，从次年开始普免天下钱粮，并打算在三年时间内将全国所有省份钱粮蠲免一遍；直隶、奉天、浙江、福建、广东、广西、四川、云南、贵州等九省的地丁钱粮全部免掉，且历年拖欠未清赋税也一律免除。为了确保在免除历年欠赋中百姓得到实惠，要求地主免除七成，佃户免除三成。

随着政治的稳定，人口数量激增，而田亩却增加缓慢，无法满足日益增长的人口需求，虽然一再蠲免地丁钱粮，但百姓的生活仍然非常艰难。

四十八年（1709），圣祖明确指出：现在国家人口日益繁盛，但田亩却没有增加，百姓生活无法得到保障和改善。为此，于康熙五十一年（1712）二月二十九日，在普免全国钱粮的基础上，又做出一个重大决定，以当年的全国人丁数为征收赋税的标准，之后所滋生的人口不再征收赋税，"承平日久，生齿日繁。嗣后滋生户口，毋庸更出丁钱，即以本年丁数为定额。著为令"。即"滋生人丁，永不加赋"[1]。这一政策的确定，极大地刺激了人口的繁衍，至康熙六十年全国人丁增至2500余万。然而，这一政策导致了新增人丁不征税，旧额人丁不减税的矛盾，旧丁缺额无法补充，永不加赋与保持丁银总额之间出现了尖锐的矛盾。

五十三年，云南道御史董之燧鉴于这一政策所存在的矛盾，通过了解和比较，奏请将丁粮均摊到地亩中，按地亩来收赋税，后被户部否决。

五十五年二月，董之燧再次上奏，提出：将人头税分摊到地亩中征收。此时的圣祖也知道税收制度改革的必要性，但遇到的阻力非常大，在这种情况下最终决定选择了一个折中途径，选广东、四川两省为实验区，首先在这两个省份推行，这也为雍正朝全面推行摊丁入亩拉开了序幕。

圣祖还大力进行边疆屯田，不但为内地大量滋生的人口提供了谋生的机会，更重要的是开发了边疆，充实和巩固了边疆。康熙二十六年（1687）十月，圣祖令将黑龙江省内的无主土地分给游手好闲无事之人，让他们广开田亩，以为恒产。此外，在墨尔根、齐齐哈尔、呼兰等地又设立了很多官屯和公田，让大量的无地百姓前往耕种。康熙三十年十二月，又筹建了归化城和西拉木伦两个屯田区，令理藩院动用库银打造农具，由驿站运送，朝廷提

---

[1] 赵尔巽：《清史稿》卷8。

供耕牛，招募百姓屯耕。此外，皇帝还亲自传授如何在边外进行耕种才能获得丰收的技术，并派人前往边疆进行指导。康熙五十四年（1715）七月，派傅尔丹率领土默特兵1000人前往乌兰古木、科布多等地屯田，此外还带去了发遣犯人、自愿前往的八旗废官。次年二月，又命驻扎于甘肃酒泉的富宁安在甘肃赤金堡、布隆吉、玉门等地设立屯田，进行耕种。同时，还命副都统苏尔德在哈密东北部图呼鲁克及其附近的杜尔博尔金、哈喇乌苏等地进行屯田。康熙五十六年，在新疆巴里坤设屯田。圣祖去世的前一年，又颁布命令在新疆吐鲁番设屯田耕种，令与哈密回族人一起垦种。

总之，圣祖在其一生的统治中，始终坚持以农桑为本，通过各种措施及颁布大量惠农政策，将农业推向了一个新的发展阶段，从而促进了康熙朝社会的稳定和发展。

第二个政治中心

避暑山庄初称"热河上营",后又称"热河行宫",是圣祖命令修建的,皇帝在此进行木兰秋围,处理朝政,年班接见蒙藏上层王公贵族、宗教首领以及外国使节,其重要性仅次于紫禁城,因此被称为清廷的"第二个政治中心"。

所谓木兰秋围就是在金秋时节,皇帝狩猎习武,训练部队,同时在木兰围场处理蒙古事务,因此急需在塞外找一个位置恰当的地方设立一个仅次于京师的政治军事中枢机构,可以察民生、备边防,理政视事皆能自如。而热河"左通辽沈,右引回回,北压蒙古,南制天下",正是符合要求的一个绝佳地点[1]。首先热河是一个盆地,四周皆被山环绕,有四方朝揖之象,符合最高统治者天下唯我独尊的心理。此地地势很高,空气清爽,相对温度较低,因此很适合避暑。其次,此处东面辽沈、南向京师、西接准部之地、北靠蒙古之地。其中特别重要的是离北京不远,各省督抚大臣有关国家政务的

---

[1] 柳得恭:《滦阳录》,《辽海丛书》第1册。

奏折能很快送来，在这个地方总理万机，处理国家的政务，与宫中无异。此处还是蒙古的牧场，人烟稀少，在此进行大规模土木建设不会侵占民田或民居，而且这个地方有沼泽，有平地，便于大规模的营造皇家园林。

康熙四十一年（1702）七月，圣祖北巡至热河，与诸皇子及众大臣踏勘热河山川，然后传谕工部派官至热河开始划界打桩，并立即在选址内禁止打猎和放牧，同时还令在山东、直隶等省招募工匠，在木兰围场周边伐木，选山开石，提前设立窑厂。

九月，工部和内务府上奏，要求到江苏、安徽采办昆山石和太湖石，圣祖当即以道路遥远耗资费时为由予以否决。接着，工部又奏请在京师房山采办象皮青石，作为热河行宫内假山的原材料，圣祖仍认为道路遥远，运送十分艰难，坚持就地取石，省财省力。

十一月初三日，圣祖正式发布在热河建造行宫的命令，并令工部和内务府参考南北名园，设计方案，并画成图样上呈。

康熙四十二年元宵节过后，工部、内务府率属员、工匠、夫役前往热河，开始测量、绘图，就地采办各种料物。

六月二十五日，圣祖出古北口至喀喇河屯驻扎，并于此地召集众大臣商讨避暑山庄的建设方案，听取工部和内务府的筹建工作汇报，对建造工作做出了具体指导，并赐宴群臣。圣祖在此驻留4天后，于六月二十九日回京。

七月初六日，皇帝率一些大臣又从京城出发，巡幸塞外。十一日，至避暑山庄工地。二十日，率众臣为热河行宫的开工奠基前往70里外的汤泉沐浴斋戒3天。二十三日，避暑山庄举行开工仪式。之后，大量的工匠夫役深挖湖泊，深挖沼泽，掘塘堆山，引水灌湖，热河行宫开始了紧张的建造施工。总体工程的第一步是修筑堤坝，疏通河道，并将武烈河（即热河）河道向东推移，扩大热河行宫的面积。然后是扩大湖区的面积，形成洲岛堤岸，按照古代"一池三山"的标准修筑了芝径云堤、环碧岛、如意洲岛、月色江声岛。

随着洲岛的形成,岛上的宫殿和湖畔的亭榭也相继建成。

在建设过程中,为了监督行宫的进度和质量,圣祖每年都要来热河视察工程。四十三年,圣祖在热河驻留了18天;四十四年,驻留19天;四十五年,驻留52天;四十六年,驻留28天;四十七年,驻留45天。至康熙四十七年,行宫已粗具规模,初步形成16景,即澄波叠翠、曲水荷香、芝径云堤、长虹饮练、芳渚临流、双湖夹境、暖流喧波、西岭晨霞、万壑松风、金莲映日、锤峰落照、石矶观鱼、南山积雪、梨花伴月、莺转乔木、莆田丛樾[①]。随后,延薰山馆、水芳岩秀、云帆月舫、一片云、萍乡泮、龙王庙、金山岛也先后建成。在此基础上,又修建了正宫。正宫的位置按照原来规划是要修在如意洲上,但由于如意洲的限制,宫殿狭小,圣祖不甚满意,遂命人将万壑松风西南的土丘铲平,形成了一块宽阔的台地,然后命人将正宫改建在这块台地上。

康熙五十年(1711),圣祖为正宫题写"避暑山庄"四个大字,然后制成镏金云龙匾挂于内午门上,由此热河行宫正式定名为"避暑山庄"。圣祖选园中佳景以四字命名,将已建成的建筑或景观组成36景,每一景题诗写序,介绍其位置和意境。至此,避暑山庄及康熙三十六景初步建成。后来,在已经修好的上湖、澄湖、下湖、西湖、如意湖、半月湖等6个湖泊的基础上,又向东开挖了镜湖、银湖。在下湖的水闸上修建了3座重檐亭榭,在东湖区内修建了"清舒山馆"。此外,还重新修建了长达20里的高大宫墙。

避暑山庄的占地面积非常大,现在测量的面积约为564万平方米,相当于8个紫禁城,由此可见当年避暑山庄开工时的规模。总体来看,避暑山庄可分为宫殿区、湖泊区、平原区、山峦区四大部分。

宫殿区位于湖泊区的南岸,此处地势平坦,至康熙末年建成了正宫、万

[①] 牛伯忱、陈继富:《关于"曲水荷香"的一些问题》,《文物春秋》1992年12月。

璧松风、阿哥所、帑档房、仓房，是皇帝处理朝政、举行庆典和生活起居的地方，共占地10万平方米。湖泊区在宫殿区的北面，整个避暑山庄的风景精华基本上都集中在这个区，圣祖曾夸耀此区"天然风景胜西湖"。湖泊面积包括洲岛约占43公顷，有8个小岛屿，湖面被长堤和洲岛分割成5个湖，各湖之间又有桥相通，两岸绿树成荫，层次分明，洲岛错落，碧波荡漾，富有江南鱼米之乡的特色。

湖区的建筑大多是仿江南名胜的样式建造的。如"烟雨楼"，是模仿浙江嘉兴南湖烟雨楼的形状而修建的；金山岛的布局皆仿自江苏镇江的金山。湖中有两个岛分别叫"如意洲""月色江声"。"如意洲"上有假山、凉亭、殿堂、庙宇、水池等建筑，布局巧妙，是风景区的中心。"月色江声"是由一座精致的四合院和几座亭、堂组成。每当月上东山的夜晚，皎洁的月光，映照着平静的湖水，山庄内万籁俱寂，只有湖水在轻拍堤岸，发出悦耳的声音，"月色江声"便由此而来。湖区的东北角有清泉，即著名的热河泉。

平原区在湖区北面的山脚下，地势开阔，有万树园和试马埭，放眼望去，碧草茵茵，林木茂盛。平原区西部绿草如茵，一派蒙古草原风光；东部古木参天，具有莽莽森林的景象。试马埭的作用主要是调试马匹，选择良马供打猎用。当时内外蒙古、新疆等地贡送到避暑山庄来的马，都要在这个地方试马，然后选择优良的马匹，到木兰围场去打猎。

山峦区在山庄的西北部，面积约占全园的五分之四，这里山峦起伏，沟壑纵横，众多楼堂殿阁、寺庙点缀其间。整个山庄东南多水，西北多山，是中国自然地貌的缩影。在避暑山庄东面和北面的山麓中，分布着宏伟壮观的寺庙群——外八庙，其名称分别为：溥仁寺、溥善寺（已毁）、普乐寺、普宁寺、安远庙、须弥福寺、普陀宗乘之庙、殊像寺。外八庙以汉式宫殿建筑为基调，吸收了蒙古、藏、维吾尔等民族优秀的建筑艺术精华于一身，建造了多元统一、独具特色的寺庙。

山庄整体布局巧用地形，因山就势，分区明确，景色丰富，与其他园林相比，有其独特的风格。山庄融汇了南北建筑艺术精华，园内建筑规模不大，殿宇和围墙多采用青砖灰瓦、原木本色，淡雅庄重，简朴适度，与京城故宫的黄瓦红墙、描金彩绘形成了明显的对比。

避暑山庄初步建成之后，圣祖几乎年年都要来此地，名为"巡幸"，实则住一段时间，既处理政务，又会见蒙古等各部首领，率满蒙王公、朝廷诸臣及八旗将士围猎，举行秋狝大典，从而开创了政治中心由京师向山庄转移的新变化。在圣祖晚年，坚持"校射习网，阅马合围"，不肯求一日之安逸。历代离宫别苑专供皇帝后妃逸乐之用，圣祖却开始把它变成又一个国家政治生活的中心，在某种意义上说，避暑山庄是京师之外设立的第二个都城。

编纂典籍近百种

圣祖平定"三藩"之乱、统一台湾后，国内大的战事基本结束，清朝统治得到了初步巩固，社会趋于稳定。为了适应这种新情况，清政府开始在统治思想及文化政策方面做了相应的调整，大力编纂、刊印和颁发各种书籍成为当时一项重要的文化措施。

首先集中在儒家经典上。儒家思想一直是历朝历代帝王所秉持的统治思想，儒家典籍自然受到格外重视，清朝也不例外。康熙朝时，圣祖出于巩固统治地位和充分实行文治教化的需要，不但自己努力钻研儒家经典、在全国提倡程朱理学，还积极推动大规模编纂和颁发儒学书籍，为思想学术订立标准，以控制占领意识形态阵地。一时间，各种"御纂""钦定"的儒学注解、讲义纷纷出版，一些大型的丛书、类书也相继问世，烘托出一派"盛世"来临的景象。

清朝"御纂"儒学经典的工作，是在圣祖的亲自过问下进行的。一些汉族儒臣和深受儒学熏陶的满族大臣则是这项工作的积极执行者。圣祖还把采集、整理儒家典籍扩大到经史子集，"稽古崇文之至意"。

康熙三十八年（1699），王掞等人奉圣祖之命编成《春秋传说汇纂》，用以汇总各种解释《春秋》的各传，删掉其中离经叛道、不符合儒家理念的部分。此书完成后，圣祖亲自作序。五十一年，决定抬高朱熹在孔庙配享的地位，升附于大成殿十哲之次，对朱熹的推崇达到了顶点。圣祖还认为，学习圣人之道，必须遵循程、朱指示的治学途径，即先《四书》而后《五经》，《四书》不仅是通达《五经》的阶梯，而且集中了《五经》的精华。

五十二年（1713），又命李光地编纂《周易折中》，要求参考众家之说，不偏爱一家，折中而取。此后还陆陆续续编纂了不少儒家典籍。圣祖推崇程朱理学的思想成为当时官方在编纂、整理儒学典籍工作的指导原则。康熙朝颁发的第一部儒学书籍是成书于康熙十六年（1677）的《日讲四书解义》。以后各种儒学经典讲本、解说以及研习儒学的工具书不断问世，在圣祖统治的一生中已经把编纂儒学书籍当作一件经常性的工作，因此到他晚年有大量儒家典籍被编纂完成，计有：《日讲四书解义》26卷，康熙十六年大学士库勒纳等奉敕编；《日讲书经解义》13卷，康熙十九年翰林院掌院学士兼礼部侍郎库勒纳等奉敕编；《御定孝经衍义》100卷，康熙十九年翰林院学士兼礼部侍郎叶方蔼等奉敕编撰；《日讲易经解义》18卷，康熙二十二年翰林院掌院学士兼礼部侍郎牛纽、孙在丰等奉敕编；《钦定春秋传说汇纂》40卷，康熙三十八年大学士王掞等奉敕编撰；《御纂朱子全书》66卷，康熙五十二年圣祖亲定，李光地主编；《御纂周易折中》22卷，康熙五十四年大学士李光地等奉敕编撰；《御纂性理精义》12卷，康熙五十六年康熙帝御定，李光地主编；《钦定诗经传说汇纂》21卷，康熙六十年户部尚书王鸿绪等奉敕编；《钦定书经传说汇纂》24卷，康熙六十年大学士王顼龄等奉敕编；还有《日讲春秋解义》64卷、《日讲礼记解义》64卷、《日讲诗经解义》等。

圣祖特别重视历代帝王的治国经验，因此在提倡程朱儒学、编纂儒家经典的同时，还积极组织人员整理和编纂史籍。

康熙二十一年（1682），圣祖将《明史》的纂修纳入思想文化建设的范畴，任命满汉大学士及部分内阁、翰林院学士为监修及总裁官。在《明史》纂修的过程中，皇帝亲自参与，不但经常过问编写进度，还亲自审阅稿件，发现问题，及时商改。经过反复增删，至康熙六十一年（1722），《明史》310卷修成。此外，与《明史》同时启动的还有当代史的纂修。

同年十月，圣祖决定组织人员纂修《平定三逆方略》（60卷），选大学士勒德洪等为总裁官，内阁学士阿兰泰等为副总裁官、纂修官，主要记述了清廷平叛"三藩"始末，历时四年，大学士勒德洪等将修成的《方略》进呈，圣祖阅后发现其中存在一些错误，当即令纂修官一一修改。《平定三逆方略》一书开清代纂修"方略""纪略"之先河。此后，每当一次政治、军事行动后，皇帝都要下诏设馆撰书，记其始末。还有记平定察哈尔布尔尼叛乱事的《平定察哈尔布尔尼方略》（2卷）也在同年开始编纂。次年，记平定台湾郑氏事的《平定海寇纪略》（4卷）开始纂修。

康熙二十四年，圣祖命人开始纂修《平定罗刹方略》（4卷），此书主要记述清政府在雅克萨等地抗击沙俄入侵之事始末，历时四年完成。

康熙二十六年年底，圣祖决定在内廷设局，翻译《通鉴纲目》，并亲自校阅、注疏翻译文稿。

康熙二十九年四月，圣祖采纳了山东道御史徐树毂建议，下令纂修太祖、太宗、世祖三朝的历史，命为《三朝国史》（150卷），设立三朝国史馆，任命大学士王熙等为监修总裁官，开辟了清代国家主持编纂纪传体国史之先河。

康熙三十六年（1697），圣祖命温达等人纂修其三次亲征噶尔丹事件始末的《御制亲征平定朔漠方略》48卷，附"御制亲征朔漠纪略"1篇。至康熙四十六年，在圣祖的提倡和直接推动下，又编辑成《御批通鉴纲目》59卷、

《通鉴纲目前编》18卷、《外记》1卷、《通鉴纲目续编》27卷。其中若有不符合要求的地方，圣祖会亲自动手修改。

康熙五十一年（1712），修成《钦定历代纪事年表》100卷。

圣祖还组织人员编纂类书、文学与文字学方面的典籍，可以说是无所不包。康熙二十四年（1685），内阁学士徐乾学等奉命编注《古文渊鉴》64卷。此书收录上起《春秋左传》，下迄于宋，凡是秦汉唐宋各种名著，以及有关风化、有益世用者皆被收入，皇帝逐篇亲加评论。

康熙三十三年（1694），圣祖命张英等人根据《唐类函》体例，编《渊鉴类函》续集，后因征准噶尔而没有启动。战事结束后，圣祖决定编一部新式大型类书，当时定名为《汇编》。三十七年，陈梦雷被释回京，经皇三子推荐，承担其汇编大型类书之责。

康熙四十年（1701），陈梦雷根据"协一堂"藏书和家藏图书共15 000余卷，开始分类编辑。皇帝对陈梦雷的工作给予了特别的鼓励和支持，除了予以指示外，还亲自前往其家中，并题对联赐赠。陈梦雷感知遇之恩，对编书工作极其勤奋，进度也非常快。经过五年的辛勤劳动，终于在康熙四十五年四月全书初稿告成。同时，陈梦雷还向圣祖提出了校订、修改的办法。圣祖对《汇编》的初稿极其重视，特赐名《古今图书集成》，同时派人进行编校，并铸造铜活字准备付梓，后因故在康熙朝一直未能刊印。《古今图书集成》全书分为6汇编、32典、6109部，共10 000卷，目录40卷，按天、地、人、物、学术、事依次分类，层层隶统，凡天文地理、人伦规范、文史哲学、自然艺术、经济政治、教育科举、农桑渔牧、医药良方、百家考工等无所不包，图文并茂。

康熙四十二年（1703），圣祖已经开始考虑编纂《全唐诗》。四十四年三月，圣祖第五次南巡至江苏时，将主持修书的任务交给了江宁织造曹寅，同时将内府所藏季振宜《唐诗》一部颁给曹寅，作为校刊底本。同年五月，由曹寅主持，在扬州开局修书，参加校刊编修的有彭定求、沈三曾、杨中讷、潘从律、汪士纮、徐树本、车鼎晋、汪绎、查嗣瑮、俞梅等10人。至次年十月，全书编成，命名为《御定全唐诗》，共900卷，收诗48 900余首，涉及的作者达2200余人。不久，便在扬州刊刻发行。除此之外，圣祖还命人编成《历代题画诗》120卷、《御定佩文斋咏物诗选》486卷、《四朝诗》312卷、《全金诗》74卷、《御选唐诗》35卷、《御定历代赋汇》140卷、《御定千叟宴诗》4卷等文学类书籍。

在文字学方面，圣祖所做出的贡献至今仍有着深远的影响。作为满洲人，圣祖害怕本民族子民入关后忘记本民族的语言，特意于康熙十二年（1673）四月，命翰林院学士傅达礼主持编修满文字典《清文鉴》，两年后傅达礼去世，便另派马齐、玛尔汉等主持其事。傅达礼、马齐等"博咨于故老，参考于旧编"，在编纂的过程中，皇帝亲自把关，经过35年努力，至四十七年（1708）六月全书告成，共有21卷，书前有圣祖亲自所作的序言，由武英殿刊行。

康熙四十九年（1710）三月，圣祖提出修纂汉文字辞书的初步设想，目的是要修正过去字典的不足。随后，便成立编书机构，任命大学士张玉书、陈廷敬为总纂官，凌绍雯、史夔、周起渭、陈世儒、贾国维等人为修纂官。字典的编纂悉取旧籍，次第排纂，凡是过去历代字书一音一义能采用的皆没有遗漏。历时6年，于五十五年（1716）修成，圣祖钦定书名为《字典》，后人通称《康熙字典》。字典采用部首分类法，按笔画排列单字，字典全书分为12集，以十二地支标识，每集又分为上、中、下三卷，并按韵母、声调以及音节分类排列韵母表及其对应汉字，共收录汉字47 035个。此外，在辨形、注音、释义、引例等方面都比之前的字书完备。体例则采用明代《字汇》《正字通》两书行之有效的部首检字法，并将部首及部中之字皆按笔画为序，查阅非常便捷。《康熙字典》是中国第一部以字典命名的汉字辞书，为汉字研究的主要参考文献之一，影响深远。康熙五十四年，圣祖命大学士李光地等人撰修《御定音韵阐微》，直到圣祖去世后4年才告完成。

除了组织人员编纂前人的典籍外，圣祖还组织整理、编纂他本人的诗文、谕旨等。康熙五十年之前的诗文、谕旨在皇帝的亲自主持下，由致仕大学士和致仕詹事府詹事高士奇协助编辑，共编成3集140卷。康熙五十一年至六十一年间的诗文、谕旨等，在圣祖逝世后由世宗主持编成。前后4集共176卷，全称为《圣祖仁皇帝御制文集》。此外，圣祖每当出师、行猎、出巡各地，都会对各地的风俗习惯、语言方言、物产资源、高山大川、动物植物、风云雷电、潮汐地震等留心考察，认真思考，结合所学之西学进行研究，并于晚年写成心得笔记——《康熙几暇格物编》上下两册，可惜一直到清末才得以付梓。

没有文化的繁荣和发展，一个社会经济无论多么发展都是黯淡的。而圣祖在推动政治、经济等方面向前发展时，也在大力发展文化，不仅影响了当时，更对之后几朝的文化发展和繁荣有着深远的影响。圣祖所推动的文化发展为"康乾盛世"增添了光辉的一面。

圣祖在位一甲子

圣祖晚年年老体衰，心力消耗过大。康熙四十七年（1708）再废太子后，由于伤心神太过，已经觉得身体渐渐不及以往。康熙五十四年（1715），圣祖因病右手已无法写字。同年秋天，圣祖再没有像往常那样和众皇子们一起射箭习武，只是观看。到了冬季，皇帝的身体每况愈下，心神恍惚，经常出现头晕目眩的情况，而且在很多情况下还需要人搀扶。五十七年二月的一天，圣祖起床稍早，顿觉手颤肉摇。日常生活中，时常心跳突然加快，面部表情顿改。后经过御医精心调理，情况虽然有些好转，但毕竟是上了年岁的老人，时好时坏，很不稳定。

六十一年四月，圣祖率众人前往热河避暑。八月初三日开始行围打猎，至九月初二日返回热河行宫。在避暑山庄休整了半个月后，踏上归途，九月二十七日抵达京城，驻跸在畅春园。十月二十一日，赴南苑行围，一直到十一月初七日回畅春园。

十一月，皇帝一边在南苑行围打猎，一边处理国事。是月初四日，颁旨，将江西按察使石文焯升为安徽布政使。初五日，又升湖广岳常道赵弘运为湖北按察使。初六日，处理的事务比较多。皇四子和硕雍亲王胤禛和宗室延信等前来汇报京城海运八仓、清河本裕一仓共5562廒的勘查结果。经查，仓廒原任监督穆钦、彭象晋、吴尔赛、文柱、王凤孙、卓洛、郭毓麟、谢载秩、顾伯、王国治、达兰泰等任内收贮米石疏忽，以致仓米多有霉烂，仓米亏损，前后监督之间迟延交代或干脆不交代账目及仓米亏损情况。胤禛奏请由新任监督尽快清查，如果还有余剩之米在廒，由仓场总督验明米色，尽快支放粜卖，亏欠数额由各任监督分别以家产赔补。这一天胤禛等人奏报了很久才离开，而这一天皇帝的身体情况不容乐观，据宗室延信说：此时圣祖气色虚弱，颜面也消瘦了很多。当天晚上，南苑突然刮起了冰冷的北风，圣祖顿感严寒彻骨，体力有些不支[①]。

十一月初七日早，圣祖身体开始有恙，传旨众人：偶冒风寒，本日即透汗。自初十日至十五日静养斋戒，所有大臣不必启奏。不久，便搬回畅春园居住。圣祖从身体出现状况至病逝一直住在畅春园，而在这七八天里，圣祖的具体活动在《清实录》中有明确的记载。

初七日，圣祖身体开始不舒服，然后从南苑回驻畅春园。即便如此，圣祖还坚持处理政务，赐已故汉军都统苏尔法祭葬如例；任命固山贝子允裪为镶黄旗满洲都统，镇国公吴尔占为镶白旗满洲都统。

初八日，颁旨：因旱灾，免除山西平、汾二府和泽、沁二州所属州县卫所康熙六十年的赋税。同时，让已故一等阿思哈尼哈番刘得礼亲叔刘英承袭一等阿思哈尼哈番世职。

初九日，圣祖因身体不豫，定于本月十五日的南郊大祀不能亲自前往，特命皇四子和硕雍亲王胤禛恭代行礼。皇四子胤禛以圣躬违和恳求侍奉左右，圣祖谕曰：郊祀上帝，朕躬不能亲往，特命尔恭代斋戒大典，必须诚敬

[①] 严嘉乐：《中国来信（1716—1735）》。

严恪，尔为朕虔诚展祀可也。皇四子胤禛遵圣祖旨意，于斋所致斋。

初十日，皇四子胤禛三次遣护卫太监等至畅春园候请圣安。上传谕：朕体稍愈。此外，宗室延信等众大臣也前去畅春园给圣祖请安，圣祖传旨：尔等不要再来①。

十一日，皇四子胤禛遣护卫太监等至畅春园候请圣安。上传谕：朕体稍愈。

十二日，皇四子胤禛遣护卫太监等至畅春园候请圣安。上传谕：朕体稍愈。

十三日凌晨，圣祖的病情突然严重，派人前往斋所急召皇四子胤禛，命他急速来见。而本由皇四子承担的南郊祀典改派公吴尔占前往。然后，召皇三子诚亲王胤祉、皇七子淳郡王胤祐、皇八子贝勒胤禩、皇九子贝子胤禟、皇十子敦郡王胤䄉、皇十二子贝子胤祹、皇十三子胤祥、理藩院尚书隆科多等人至御榻前，圣祖对众人说：皇四子胤禛人品贵重，深肖朕躬，必能克承大统，著继朕登基，即皇帝位。之后，皇四子胤禛闻召驰至，中午时驰进圣祖寝宫，圣祖告诉皇四子胤禛其病情逐渐见好。当日，皇四子胤禛连续三次进圣祖寝宫问安。当晚，圣祖驾崩于寝宫。

在圣祖病逝的当口，欧洲传教士们也有亲身经历。马国贤等人当时居住在佟国舅位于畅春园附近的府宅中，他们吃过晚餐后，马国贤正与传教士洛神甫聊天，突然，他们听到从畅春园中传来阵阵嘈杂声，低沉混乱，不同寻常，除此之外，好像还有一些其他声音从宫中渐渐响起。鉴于对中国情况的了解，马国贤马上把门锁上，并对同伴说：要么是皇帝病逝，要么就是北京爆发了叛乱。为了摸清具体情况，马国贤爬上住所的墙头，他吃惊地发现墙外一条环绕的马路上有着数不清的骑兵，这些人谁也不说话，骑着马疯狂地

---

① 《康熙朝满文朱批奏折全译》。

向四面八方奔驰而去。观察了一段时间后，马国贤终于听到步行的人说皇帝死了。随后，传教士马国贤等人被告知：当御医们宣布无法救活圣祖时，他指定其第四子为继承人，即皇帝位①。

当天夜里，胤禛命淳郡王胤祐守卫畅春园，固山贝子胤裪至乾清宫敷设几筵，皇十六子胤禄、世子弘昇护卫宫禁，皇十三子胤祥、尚书隆科多备仪仗、清御道，用銮舆运圣祖遗体像平常皇帝出行一样扶回乾清宫。胤禛骑马前导，至隆宗门跪接，亲扶銮舆而入，安奉圣祖遗体于乾清宫内。次日，大殓。

十六日，颁布圣祖遗诏。

二十八日，胤禛及诸王公、文武大臣等经过商量，将康熙的谥号定为：合天弘运文武睿哲恭俭宽裕孝敬诚信功德大成仁皇帝，庙号：圣祖。

至此，一个时代结束，一个新的时代开始。爱新觉罗·玄烨8岁登基，14岁亲政，在位61年，是中国历史上在位时间最长的皇帝，他励精图治，捍卫和巩固了中国统一的多民族国家，奠定了清朝兴盛的根基，开启了"康乾盛世"的序幕，在中国历史上留下了浓墨重彩的一笔。

---

① 马国贤：《清廷十三年：马国贤在华回忆录》。

主要参考文献

[1]《清圣祖实录》,中华书局,1985年。

[2]《康熙起居注》,中华书局,1984年。

[3]《康熙朝汉文朱批奏折汇编》,档案出版社,1985年。

[4]《康熙朝满文朱批奏折全译》,黄山书社,1998年。

[5]《内务府行文档》,中国第一历史档案馆藏。

[6]《关于江宁织造曹家档案史料》,中华书局,1976年。

[7]《李煦奏折》,中华书局,1976年。

[8]《孙文成奏折》,台湾文史哲出版社。

[9]《文献丛编》,北京图书馆出版社,2008年。

[10]《清代中俄关系档案史料选编》,中华书局,1981年。

[11]《上谕内阁》,上海古籍出版社,1987年。

[12]《清史稿》,中华书局,1977年。

[13]《雍正朝起居注》,中华书局,1985年。

[14]《清史资料》,中华书局,1980年。

[15]《朝鲜李朝实录中的中国史料》，中华书局，1980年。

[16]《清史列传》，中华书局，1987年。

[17]《雍正朱批谕旨》，北京图书馆出版社，2008年。

[18]《明清史料》，中华书局，1985年。

[19]（雍正）《大清会典》，台湾文海出版社，1995年。

[20]《明清时期澳门问题档案文献汇编》，人民出版社，1999年。

[21]《四库全书总目提要》，商务印书馆，1933年。

[22]［俄］尼古拉·班蒂什-卡缅斯基：《俄中两国外交文献汇编（1619—1792）》，商务印书馆，1982年。

[23]《康熙几暇格物编译注》，上海古籍出版社，2007年。

[24]《平定准格尔方略》，中国藏学出版社，1990年。

[25]《熙朝崇正集、熙朝定案（外3种）》，中华书局，2006年。

[26]温达：《亲征平定朔漠方略》，中国书店，1986年。

[27]汤池安：《颇罗鼐传》，西藏人民出版社，2002年。

[28]吴丰培：《抚远大将军允禵奏稿》，全国图书馆文献缩微复制中心，1991年。

[29]吴丰培：《川藏游踪汇编》，四川民族出版社，1985年。

[30]［俄］伊兹勃兰特·伊台斯、亚当·勃兰德：《俄国使团使华笔记（1692—1695）》，商务印书馆，1980年。

[31]蒋良骐：《东华录》，齐鲁书社，2005年。

[32]金友理：《太湖备考》，江苏古籍出版社，1998年。

[33]徐珂：《清稗类钞》，中华书局，2010年。

[34]江藻：《太和殿纪事》，北京大学图书馆藏。

[35]葛虚存：《清代名人轶事》，山西古籍出版社，1997年。

[36]顾公燮：《消夏闲记摘抄》，商务印书馆，1924年。

[37]褚人获：《坚瓠八集》，广陵古籍刻印社，1984年。

[38] 钮琇：《觚剩》，上海古籍出版社，1986年。

[39] 王士禛：《居易录》，上海古籍出版社，1993年。

[40] 王士禛：《池北偶谈》，上海古籍出版社，1993年。

[41] 萧奭：《永宪录》，中华书局，2007年。

[42] 宋荦：《漫堂年谱》，上海古籍出版社，2012年。

[43] 陈康祺：《郎潜纪闻初笔、二笔、三笔》，中华书局，2006年。

[44] 龚炜：《巢林笔谈》，中华书局，2006年。

[45] 昭梿：《啸亭杂录》，中华书局，2006年。

[46] 王应奎：《柳南续笔》，中华书局，2006年。

[47] 王之春：《清朝柔远记》，中华书局，1989年。

[48] 陈其元：《庸闲斋笔记》，中华书局，2006年。

[49] 王士禛：《分甘馀话》，中华书局，1989年。

[50] 钱泳：《履园丛话》，中华书局，1979年。

[51] 孙静庵：《栖霞阁野乘》，北京古籍出版社，1999年。

[52] 南怀仁：《熙朝定案》，中华书局，2006年。

[53] 冯景：《解春集文钞》，中华书局，1985年。

[54] 黄叔璥：《赤嵌笔谈》，台湾文献史料丛刊，人民日报出版社，2009年。

[55] 郁永河：《裨海记游》，台湾文献史料丛刊，人民日报出版社，2009年。

[56] 周光培：《清代笔记小说》，河北教育出版社，1996年。

[57] 宣鼎：《夜雨秋灯录》，齐鲁书社，2004年。

[58] 王庆云：《石渠余记》，北京古籍出版社，1985年。

[59] 吴炽昌：《客窗闲话》，河北人民出版社，1985年。

[60] 柳得恭：《滦阳录》，辽海丛书，辽沈书社，1985年。

[61] 徐秉义：《恭迎大驾记》，上海书店出版社，1994年。

[62] 王士禛：《迎驾纪恩录》，《小方壶斋舆地丛钞》，西泠印社，2004年。

[63] 李士桢：《抚粤政略》，文海出版社，1994年。

[64] 《圣驾五幸江南全录》，近代中国史料丛刊，文海出版社，1966年。

[65] 张诚：《张诚日记》，商务印书馆，1979年。

[66] 陈梦雷：《松鹤山房文集》，续修四库全书，上海古籍出版社，1995年。

[67] 李光地：《榕村语录续集》，四库未收书辑刊，北京出版社，2000年。

[68] 余文仪：《续修台湾府志》，成文出版社，1979年。

[69] 吴棠：《清河县志》，咸丰四年刻本，中国国家图书馆藏。

[70] 曹炳麟纂修：（民国）《崇明县志》，中国地方志集成，上海书店，2010年。

[71] 刘禹轮修、李唐纂：《丰顺县志》，民国三十二年铅印本，国家图书馆藏。

[72] 陈琮：《永定河志》，续修四库全书，上海古籍出版社，1995年。

[73] 方长生：《普陀山志》，上海书店，1995年。

[74] 薛利华：《洞庭东山志》，上海人民出版社，1991年。

[75] 宋金镜等：《馆陶县乡土志》，中国方志丛书，成文出版社，1968年。

[76] 王庭祯等：同治《江夏县志》，中国地方志集成，江苏古籍出版社，1996年。

[77] 黎世序：《续行水金鉴》，凤凰出版社，2011年。

[78] 印鸾章：《清鉴》，中国书店，1985年。

[79] 《圣祖仁皇帝御制文集》，吉林出版集团，2005年。

[80] 姚廷遴：《历年记》，《清代日记汇抄》，上海人民出版社，1982年。

[81] 鄂尔泰等：《八旗通志初集》，台湾学生书局，1986年。

[82] 钱仪吉：《碑传集》，中华书局，1993年。

[83] 曹一士：《四焉斋文集》，四库全书存目丛书，齐鲁书社，1994年。

[84] 施琅：《靖海纪事》，福建人民出版社，1983年。

[85] 魏源：《圣武记》，中华书局，1984年。

[86] 魏源：《皇朝经世文编》，中华书局，1992年。

[87] 章学诚：《章学诚遗书》，文物出版社，1985年。

[88] 张伯行：《正谊堂文集》，商务印书馆，1937年。

[89] 魏声龢：《鸡林旧闻录》，吉林文史出版社，1986年。

[90] 顾公燮：《丹午笔记》，江苏古籍出版社，1985年。

[91] 靳辅：《靳文襄公（辅）奏疏》，文海出版社，1966年。

[92] 郭琇：《郭华野先生疏稿》，近代中国史料丛刊续编，文海出版社，1974年。

[93] 庄吉发：《满汉异域录校注》，文史哲出版社，1983年。

[94] 刘世馨：《粤屑》，中国国家图书馆藏。

[95] 丁宗洛：《陈清端公年谱》，台湾文献丛刊，台湾银行经济研究室，1963年。

[96] 连横：《台湾通史》，九州出版社，2008年。

[97] 白晋：《康熙皇帝》，黑龙江人民出版社，1981年。

[98] 多卡瓦·策仁旺杰著、汤池安译：《颇罗鼐传》，西藏人民出版社，2002年。

[99] 章嘉·若贝多杰著、蒲文成译：《七世达赖喇嘛传》，中国藏学出版社，2006年。

[100] ［意］伯戴克著、周秋有译：《十八世纪前期的中原和西藏》，西藏人民出版社，1987年。

[101] ［意］德西迪利著、杨民译：《西藏纪行》，西藏人民出版社，2005年。

[102] 严嘉乐著、丛林、李梅译：《中国来信（1716—1735）》，大象出版社，2002年。

[103] 李凤彩：《藏纪概》，中国藏学出版社，1994年。

[104] 马国贤：《清廷十三年：马国贤在华回忆录》，上海古籍出版社，2013年。

[105] 戴逸：《简明清史》，人民出版社，2002年。

[106] 孟昭信：《康熙大帝全传》，吉林文史出版社，1987年。

[107] 白新良：《康熙皇帝传》，百花文艺出版社，2007年。

[108] 蒋兆成、王日根：《康熙传》，人民出版社，2011年。

[109] 阎宗临：《传教士与法国早期汉学》，大象出版社，2003年。

[110] 王开玺：《清代外交礼仪的交涉与论争》，人民出版社，2009年。

[111] 吴莉苇：《中国礼仪之争：文明的张力与权力较量》，上海古籍出版社，2007年。

[112] 华尔嘉：《清代贪污受贿大案》，群众出版社，2007年。

[113] 杜文凯编：《清代西人见闻录》，中国人民大学出版社，1985年。

[114] 顾卫民：《中国与罗马教廷关系史略》，东方出版社，2000年。

[115] 王宏涛：《西安佛教寺庙》，西安出版社，2010年。

[116] ［法］伊夫斯·德·托玛斯·德·博西耶尔夫人：《耶稣会士张诚——路易十四派往中国的五位数学家之一》，大象出版社，2009年。

[117] 李明：《中国近事报道（1687—1692）》，大象出版社，2004年。

[118] 故宫博物院明清档案部编：《清代中俄关系档案史料选编》，中华书局，1979年。

[119] ［俄］加斯东·加恩：《彼得大帝时期的俄中关系史》，商务印书馆，1980年。

[120] 常建华：《康熙朝开矿问题新探》，《史学月刊》2012年第6期。

[121] 邢玉林：《乌兰布通之战》，《民族研究》1986年第4期。

[122] 杨余练：《康雍时期矿业政策的演变》，《社会科学辑刊》1983年第2期。

[123] 杜常顺：《简论拉藏汗》，《青海师范大学学报》（社科版）1988年第2期。

[124] 范金民、孔潮丽：《噶礼张伯行互参案述论》，《历史档案》1996年第4期。

[125] 刘盛：《康熙中晚期的江南三织造》，《史学集刊》1991年第4期。

[126] 朱诚如：《康熙年间台湾的进一步开发》，《辽宁师范大学学报（社会科学版）》1979年第4期。

[127] 邓锐龄：《1720年清军进入西藏的经过》，《民族研究》2000年第1期。

[128] 刘云波：《督抚互参案与张伯行的悲剧》，《船山学刊》2003年第4期。

[129] 张书才、李国荣：《康熙五十年辛卯科江南乡试贿卖举人案》，《故宫博物院院刊》1988年第4期。

[130] 李治亭：《避暑山庄：清朝第二个政治中心》，《人民论坛》2004年第9期。

[131] 韦庆远、鲁素：《清代前期矿业政策的演变》，《中国社会经济史研究》1983年第3期

[132] 杨余练：《康雍时期矿业政策的演变》，《社会科学辑刊》1983年第2期。

[133] 吴伯娅：《武昌兵变与康熙》，《清史研究》1991年第4期。

[134] 吴伯娅：《康熙时期的"禁教"与"容教"》，《中国文化报》2011年5月27日。

[135] 吴伯娅：《康熙与〈律历渊源〉的编纂》，《故宫博物院院刊》2002年第4期。

[136] 《康熙四十六年王鸿绪密查苏州地方拐骗女子的几件档案》，《历史档案》2003年第4期。

[137] 袁飞：《小议康乾时期治河活动中的利益冲突》，《安徽农业大学学报》（社会科学版）2008年第6期。

[138] 龚缨晏、陈雪军：《康熙1692年宽容敕令与浙江》，《浙江社会科学》2007年第2期。

[139] 周勋初：《叙〈全唐诗〉成书经过》，《文史》第8辑，中华书局，1980年。

[140] 冯尔康：《康熙朝储位之争和胤禛的胜利》，《故宫博物院院刊》1981年第3期。

[141] 杜江：《清代离宫——避暑山庄》，《故宫博物院院刊》1981年第3期。

[142] 刘玉文：《避暑山庄初建时间及相关史事考》，《故宫博物院院刊》2003年第4期。

[143] 王英华：《康乾时期关于治理下河地区的两次争论》，《清史研究》2002年第4期。

[144] 唐博：《18世纪中国政治视野下的"张元隆案"》，《史林》2009年第1期。

[145] 黄希明：《康熙重建太和殿经略》，《紫禁城》2006年Z1期。

[146] 丁进：《康熙与永定河》，《史学月刊》1987年第6期。

[147] 王佩环：《从康熙东巡的膳食用品看满族的生活习惯》，《满族研究》1985年第1期。

[148] 钟安西、楼毅生：《试论康熙的经济政策》，《中国古代史论丛》1981年第2辑，福建人民出版社1981年。

[149] 韩琦：《自立精神与历算活动——康乾之际文人对西学态度之改变及其背景》，《自然科学史研究》2002年第3期。

[150] 牛伯忱、陈继富：《关于"曲水荷香"的一些问题》，《文物春秋》1992年12月。

[151] 赵晖：《西学东渐与清代前期数学》，浙江大学博士学位论文2005年。

[152] 冯志伟：《东西方文化交流史上的光辉一页——来华西方传教士学术成就琐议》，《古今艺文》（台湾）1998年第1期。

[153] 刘潞：《康熙与西学》，《中国档案》1998年第8期。

[154] 汤开建、蒋素芝：《康熙后期陈璸治台事迹述评》，《暨南学报》（哲社版）2003年第6期。

[155] 刘清华：《康熙时期艾若瑟出使罗马始末考察》，暨南大学硕士学位论文2008年。

[156] 杨艳丽：《康熙皇帝与中西医结合》，《文史天地》2012年第12期。

后记

《数读清史丛书》历经七年的艰辛，终于得以付梓，真是值得高兴的事。作为主编，我们深感编辑这部有一定特色的"清史丛书"实非易事，个中甘苦，唯亲历者知之。

本套丛书的编辑工作启动于2012年，两位主编在深思熟虑之后，明确宗旨，确定选题，拟就编写计划，制订《编写则例》。接着，又约请京内外九位中青年学者承接编写工作。作者们对于本丛书的写作十分认真，兢兢业业，数易其稿，付出了艰辛劳动。编纂伊始，还承蒙北京青年政治学院（通过作者之一谭绍兵）赞助，使得来自四面八方的作者能齐聚一堂，共襄盛举。

由于多种原因，原接洽的出版社临时变卦，致使丛书出版中途搁浅。面对意外变故，我们作为主编没有气馁，又积极与辽宁民族出版社沟通。承蒙不弃，该社社长兼总编辑李凤山先生、副总编辑吴昕阳女士鼎力相助，慨然允诺出版本套丛书。责任编辑李璜女士及杜璐珊、黄金刚等编辑负责联系、审稿，多有辛劳。此外，又通过邹建达、张立程两位作者得到了云南师范大学和浙江大学的出版资助，最终得以克服困难,仅仅用了不到一年时间就把此书奉献给广大读者,这是我们全体编著者要特别感谢的。在丛书编撰过程中,编著者的家人、朋友给予了大力的支持和帮助,杨阳、黄彦震等同志也协助做过一些事务性工作,在此一并致谢。

2019年4月于北京